ALEMÃO
PASSO A PASSO

ALEMÃO
PASSO A PASSO

Charles Berlitz

Charles Berlitz, lingüista mundialmente famoso e autor de mais de 100 livros de ensino de línguas, é neto do fundador das Escolas Berlitz. Desde 1967, o Sr. Berlitz não está vinculado, de nenhuma maneira, às Escolas Berlitz.

Martins Fontes
São Paulo 2000

*Esta obra foi publicada originalmente
nos Estados Unidos da América com o título GERMAN Step-by-Step.
Copyright © 1979 by Charles Berlitz.
Copyright © 1994, Livraria Martins Fontes Editora Ltda.,
São Paulo, para a presente edição.*

*A edição brasileira da série Passo a Passo
foi coordenada por Monica Stahel.*

1ª edição
julho de 1994
3ª edição
dezembro de 1998
2ª tiragem
agosto de 2000

Tradução
GLÓRIA PASCHOAL DE CAMARGO

Revisão da tradução
Monica Stahel
Revisão gráfica
Rosali Petrof
Marise Simões Leal
Regina Edwiges I. F. Couto
Produção gráfica
Geraldo Alves
Capa
Katia Harumi Terasaka

Dados Internacionais de Catalogação na Publicação (CIP)
(Câmara Brasileira do Livro, SP, Brasil)

Berlitz, Charles
  Alemão passo a passo / Charles Berlitz ; [tradução de Glória
Paschoal de Camargo ; revisão da tradução Monica Stahel]. – 3ª ed.
– São Paulo : Martins Fontes, 1998.

  Título original: German step-by-step.
  ISBN 85-336-0996-5

  1. Alemão – Estudo e ensino 2. Alemão – Gramática 3. Alemão –
Livros-texto para estrangeiros – Português I. Título.

98-5551   CDD-438.2469

Índices para catálogo sistemático:
1. Alemão : Livros-texto para estrangeiros : Português   438.2469

Todos os direitos para a língua portuguesa reservados à
Livraria Martins Fontes Editora Ltda.
*Rua Conselheiro Ramalho, 330/340
01325-000 São Paulo SP Brasil
Tel. (11) 239-3677 Fax (11) 3105-6867
e-mail: info@martinsfontes.com
http://www.martinsfontes.com*

SUMÁRIO

PREFÁCIO	IX
COMO PRONUNCIAR O ALEMÃO	XI
CONVERSAÇÃO: NUM CAFÉ	3
PASSO 1: LUGARES E OBJETOS	8
CONVERSAÇÃO: UMA CORRIDA DE TÁXI	14

Os gêneros — os artigos — os demonstrativos — fazendo perguntas: "o que é isto?", "como se chama isto?", "quanto custa?"

PASSO 2: O PRESENTE DOS VERBOS	18
CONVERSAÇÃO: APRESENTANDO PESSOAS	24

Pronomes pessoais — tratamento formal — nacionalidades — possessivos — o verbo *sprechen* — a negação — o verbo *kommen*

PASSO 3: LOCALIZAÇÃO DE OBJETOS E LUGARES	29
CONVERSAÇÃO: NUM ESCRITÓRIO	34

O caso dativo — contração de preposições e artigos — os verbos *sitzen, stehen* e *sagen* — dativo dos adjetivos

PASSO 4: NÚMEROS — COMO USÁ-LOS	39
CONVERSAÇÃO: NA UNIVERSIDADE	47

Perguntando preços — números de telefone — endereços — numerais ordinais — as horas — alguns cumprimentos

PASSO 5: SITUAÇÕES DE VIAGEM	52
CONVERSAÇÃO: NA ALFÂNDEGA — NO HOTEL	59

Plural dos substantivos — nominativo plural dos possessivos — o caso acusativo — verbos com prefixos "separáveis" — *zu, nach* e *in* — plural dos adjetivos — os verbos *wünschen* e *lassen*

PASSO 6: QUANTOS? O QUÊ? ONDE?	67
CONVERSAÇÃO: RECEBENDO CORRESPONDÊNCIAS E RECADOS	74

Es gibt = há — o verbo *haben* — o adjetivo como predicativo — caso dativo dos pronomes

PASSO 7: RELAÇÕES DE PARENTESCO 78
CONVERSAÇÃO: FALANDO SOBRE UMA FAMÍLIA 83
O caso genitivo — *der, die* e *das* nos vários casos — os demonstrativos — artigos indefinidos — *was für?...* — o pronome impessoal *man*

PASSO 8: COMO LER, ESCREVER, SOLETRAR E PRONUNCIAR O ALEMÃO 91
CORRESPONDÊNCIA: BILHETE DE AGRADECIMENTO E CARTÃO-POSTAL 98
O alfabeto — o uso e a pronúncia do *Umlaut* — "pôr" ou "colocar": *stellen, legen, stecken*

PASSO 9: PROFISSÕES E TRABALHO 102
CONVERSAÇÃO: NUMA FESTA 105
Profissões e seus verbos — "a fim de" — o verbo *tun* — chave das terminações verbais — *der, die, das* como pronomes relativos — "achar", "conhecer" e "saber" — *mal*, uma palavra importante

PASSO 10: INFORMAÇÕES SOBRE A DIREÇÃO A SEGUIR — VIAGEM DE AUTOMÓVEL 112
CONVERSAÇÃO: DANDO ORDENS 119
Halten e *folgen* — posição dos pronomes objeto — adjetivos e advérbios de fonemas semelhantes — o prefixo dá o sentido do verbo — o imperativo de verbos de prefixo separável — vocabulário: no cabeleireiro e no barbeiro

PASSO 11: DESEJOS E NECESSIDADES (QUERO, POSSO, PODERIA, PRECISO, GOSTARIA DE) 126
CONVERSAÇÃO: UM PROGRAMA DE TELEVISÃO 132
"Querer" = *wollen*, "poder" = *können* — inversão de palavras com "por que" e "porque" — *wenn* e *wann* — vocabulário para consertar o carro — *fern* como prefixo

PASSO 12: PREFERÊNCIAS E OPINIÕES 138
CONVERSAÇÃO: FAZENDO COMPRAS 144
As cores — graus dos adjetivos e advérbios — "gostar" e "preferir" — variação dos adjetivos após *ein* — "ouvir" e "escutar" — o verbo *sollen* — adjetivos no plural — termos carinhosos e insultos

PASSO 13: COMPRAS NO MERCADO E NOMES DE ALIMENTOS 156
CONVERSAÇÃO: NO RESTAURANTE 161
Lojas e seus serviços — nomes de alimentos: carnes, legumes e frutas — o verbo *dürfen* — pedidos no restaurante

PASSO 14: USO DO TRATAMENTO FAMILIAR (*DU*) 168
CONVERSAÇÃO: NUM TERRAÇO DE CAFÉ 178
Du, um tratamento muito familiar — dativo, acusativo e genitivo de *du* — um uso da vírgula — a expresão "não tem importância" — palavras que dão ênfase — o diminutivo — *ihr*, plural de *du* — o imperativo familiar

PASSO 15: DIAS, MESES, ESTAÇÕES DO ANO, O TEMPO 183
CONVERSAÇÃO: FALANDO SOBRE O TEMPO 189
Duas palavras para "sábado" — como expressar as datas — o pronome *sich* — "ter lugar", "ocorrer" — "quando" = *wann, als, wenn* — *zu* com infinitivo

PASSO 16: USO DOS VERBOS PRONOMINAIS 194
CONVERSAÇÃO: INDO A UM ENCONTRO DE NEGÓCIOS 198
Verbos reflexivos e pronomes — "sentar-se" — "vestir-se" — o verbo *essen* — verbos pronominais e as emoções — o genitivo após advérbios

PASSO 17: FORMAÇÃO DO FUTURO 202
CONVERSAÇÃO: PLANOS PARA UMA VIAGEM À ALEMANHA 210
O verbo *werden* na formação do futuro — vocabulário: no médico — mais inversões de palavras — o presente expressando futuro — um verbo com dois prefixos separáveis — o verbo *meinen*

PASSO 18: FORMAÇÃO DO PASSADO COM *HABEN* 217
CONVERSAÇÃO: O QUE ACONTECEU NO ESCRITÓRIO 226
O particípio passado — como formar o pretérito perfeito — os avisos das placas — os sentidos do pretérito perfeito — o particípio passado no final da oração — *irgend* e suas combinações

PASSO 19: FORMAÇÃO DO PASSADO COM *SEIN* 233
CONVERSAÇÃO: O QUE ACONTECEU NA FESTA 243
Passado com *sein*: verbos de movimento ou permanência — verbos relacionados a esportes — a importância dos prefixos — a voz passiva — nomes de países

PASSO 20: O IMPERFEITO — TEMPO USADO NAS
NARRATIVAS 249
CONVERSAÇÃO: REUNIÃO DE FAMÍLIA — RECORDANDO
O PASSADO 259
Sentido do imperfeito — formação do imperfeito — verbos "fortes" e "fracos" — imperfeito de alguns verbos "fortes" — imperfeito dos verbos auxiliares — o presente no lugar do gerúndio — as formas básicas dos verbos

PASSO 21: MAIS-QUE-PERFEITO — PASSADO *ANTERIOR*
AO PASSADO 268
O mais-que-perfeito: particípio passado associado ao imperfeito de *haben* e *sein* — "almoço" e "jantar" — o passado da voz passiva — o futuro perfeito

PASSO 22: COMO REPRODUZIR CONVERSAS 278
CONVERSAÇÃO: UM RECADO POR TELEFONE 283
O subjuntivo para o discurso indireto — ordem das palavras nas orações subordinadas — o subjuntivo II — o futuro do pretérito — o subjuntivo II de *mögen* e *werden*

PASSO 23: CONDIÇÕES E SUPOSIÇÕES 288
CONVERSAÇÃO: O QUE VOCÊ FARIA COM 100.000 MARCOS? 294
Condições "irreais" — "em vez de" — suposições a respeito do passado: o mais-que-perfeito do subjuntivo — como reconhecer um prefixo separável — *sollen*: quase uma obrigação

PASSO 24: COMO LER O ALEMÃO 299
Uma carta comercial — um artigo de jornal — uma anedota — um trecho de um poema de Goethe — um poeme de Heine — o alfabeto gótico

VOCÊ SABE MAIS ALEMÃO DO QUE IMAGINA 309

VOCABULÁRIO PORTUGUÊS-ALEMÃO 310

PREFÁCIO

Alemão Passo a Passo distingue-se nitidamente de outras obras destinadas a ensinar ou recordar o idioma alemão.

Este livro será um guia valioso para o seu aprendizado do alemão, passo a passo, desde o primeiro contato com o idioma até a conversação avançada. Você aprenderá a se exprimir corretamente no alemão coloquial, sem necessidade de explicações extensas e complicadas. A partir da primeira página você irá se deparar com um material de conversação de aplicação imediata.

Esta obra atinge plenamente seus objetivos pela sua maneira lógica e peculiar de apresentar o idioma, através da abordagem "passo a passo". Cada construção, cada uso verbal, cada expressão do idioma alemão, os mais diversos tipos de situações e emoções da vida cotidiana, tudo isto é apresentado em modelos de conversação concisos e fáceis de serem seguidos.

Os diálogos, além de interessantes, irão fixar-se facilmente em sua memória, pois baseiam-se em palavras imediatamente utilizáveis na comunicação.

Se você for principiante, ficará surpreso com a facilidade com que aprenderá a falar o alemão de maneira a ser entendido por pessoas que falam essa língua. Se você já conhecer um pouco do idioma, perceberá que este livro desenvolverá sua compreensão, sua fluência, sua habilidade para incorporar novas palavras a seu vocabulário e, principalmente, sua confiança para expressar-se em alemão.

Este livro foi organizado em 24 "passos", que irão levá-lo do simples pedido de um café até a habilidade de compreender e construir uma narrativa que envolva um vocabulário mais extenso e tempos verbais complexos. Ao longo do caminho, você aprenderá a iniciar diálogos, contar fatos, pedir informações, usar adequadamente frases de cumprimento e agradecimento, tornando-se apto a participar das mais diversas situações da vida cotidiana dos países de língua alemã. Simultaneamente você absorverá um vocabulário de milhares de palavras, o uso das várias formas verbais e de uma infinidade de expressões idiomáticas.

Ao longo dos textos, são introduzidas de maneira simples e gradual, sem sobrecarregá-lo, as explicações necessárias para que você possa incorporar os novos conhecimentos e continuar avançando. No final de cada "passo" você encontrará uma parte de aplicação prática, constituída quase sempre por um trecho de conversação que, além de fixar os conceitos aprendidos, mostra hábitos e formas de expressão dos alemães.

Ao final do livro você descobrirá que, passo a passo, e com prazer, aprendeu a falar e entender o idioma alemão.

COMO PRONUNCIAR O ALEMÃO

Todas as frases nas lições e diálogos deste livro estão escritas em três linhas consecutivas. A primeira linha está em alemão, a segunda indica como se deve pronunciá-la e a terceira é a tradução para o português. Para pronunciar bem o alemão, você deve ler a segunda linha como se fosse português, isto é, dando às letras a pronúncia do nosso idioma. Foram usados alguns sinais especiais, dos quais falaremos abaixo, mas que não atrapalharão em nada sua leitura. Seu objetivo é fazer você se aproximar mais de alguns sons específicos do alemão. Veja um exemplo:

Ich bin müde und durstig.
içh bin mûde unt DURStiçh.
Estou cansada e com sede.

Ach, Verzeihung, gnädige Frau.
acH, ferTSAIu:nk, GNE:digue frau.
Ah, desculpe, minha senhora.

À medida que você for progredindo, tente pronunciar o alemão sem olhar para a segunda linha, que estará sempre lá se você precisar dela. Seguem-se algumas observações que você deverá ter em mente ao longo do seu curso:

1. Antes de mais nada, é preciso dizer que os acentos utilizados na linha fonética não têm qualquer precisão gramatical. Sua função é ajudá-lo a encontrar a pronúncia correta de algumas vogais, quando houver possibilidade de dúvida.
— em casos em que tenderíamos a fechar ou nasalizar a pronúncia de uma vogal, o acento agudo indica que sua pronúncia é aberta.
Zahn / **tsá:n**   Leute / **LÓIte**
— o acento circunflexo indica um som atenuado e fechado da vogal.
vier / **fiâr**   November / **noVEMbâr**

2. Para indicar as sílabas fortes foram utilizadas letras maiúsculas. Lembre-se de que a entonação de uma palavra pode variar conforme sua localização, a inflexão da frase em que está inserida, etc. Portanto, não se surpreenda se encontrar pequenas diferenças nas indicações de pronúncia de uma mesma palavra.

3. Para alguns sons da língua alemã que não existem em português, utilizamos símbolos especiais. Veja quais são eles e como devem ser pronunciados:

ĕ símbolo para a pronúncia do *o*, a vogal "o" com o som modificado pelo ¨, sinal de metafonia, que em alemão se chama *Umlaut*. Deve ser pronunciado com os lábios para diante arredondados. O som produzido será entre o "e" e o "o" do português. Veja alguns exemplos:
können / **KĔ:nen**   böse / **BĔze**

ŭ símbolo da pronúncia do *u*, a vogal *u* com o timbre modificado. Seu som é entre o "i" e o "u" do português. Deve ser pronunciado com os lábios em círculo apertado, para a frente, como se fosse para assobiar.
grün / **grŭn**   kühl / **kŭ:l**

çh símbolo do som de *ch*. É um som parecido com o de "ch" da palavra "chá", mas é pronunciado com a língua por baixo dos dentes inferiores. Não é difícil, mas exige treino.
ich / **içh**   recht / **réçht**

h o *h* em alemão, quando inicia uma sílaba, é sempre aspirado. Para lembrá-lo disso, na linha da pronúncia ele aparecerá sublinhado.

cH símbolo de um som gutural desconhecido em português. É como um "h" aspirado forte, um som semelhante ao do "j" em espanhol. Para produzi-lo, procure pronunciar um "r" gutural, com a ponta da língua encostada contra a parte interna da gengiva inferior.
ach / **acH**   macht / **macHt**

: símbolo que indica a presença de uma vogal longa. Em alemão, as vogais curtas e longas são sons distintivos, determinando palavras diferentes, com sentidos distintos. Portanto, é preciso prestar atenção a elas.
wen / **ve:n**   wenn / **ven**   den / **de:n**   denn / **den**

4. Há certos idiomas, como o inglês, que possuem vários sons diferentes para uma mesma grafia. Isso não acontece no alemão, que nesse sentido apresenta uma relativa facilidade de pronúncia para os estrangeiros. Basta acostumar-se aos sons da língua. Os ditongos, por exemplo, são sempre pronunciados da seguinte maneira:

au / **au**	Ex.: Baum / **baum**
ei / **ai**	Ex.: leider / **LAIdâr**
eu / **ói**	Ex.: Leute / **LÓIte**
ie / **i:**	Ex.: wie / **vi:**
äu / **ói**	Ex.: Bäume / **BÓIme**

5. O *qu* tem o som de "kv", o "k" e o "v" sendo pronunciados numa mesma emissão de voz.
Qualität / **kvaliTE:T**   bequem / **be:KVE:M**

6. Há alguns erros de pronúncia do alemão bastante freqüentes entre os falantes do português. Tente prestar atenção para não cometê-los. Assim:
— pronuncie claramente as vogais finais de cada palavra. Não as omita ao ligar uma palavra com a outra na frase;
— não pronuncie o te final como "tchi", conforme se faz em algumas regiões do Brasil;
— não nasalize as vogais que ocorrem antes de *m* ou *n*. Em alemão não há sons nasais. Treine, por exemplo, com
kann / **kán**

7. Para facilitar a leitura e a compreensão da linha de pronúncia das lições deste livro, seguem-se algumas observações importantes:
— a letra *j* tem som de "i" breve (Jahr / **iá:r**);
— a letra *g* tem o som do "g" em português, como em "gato", mesmo quando precede *e* ou *i*. No final das palavras, sua pronúncia pode ser também [k] ou [çh]. São exceções algumas palavras de origem estrangeira:
gehen / **GUE:en**
wichtig / **VIÇHtiçh** / **VIÇHtik**
Garage / **garRA:ge**;
— em geral, o *v* tem som de "f", como em "faca", e o *w* tem som de "v" como em "vaca". Mas há casos em que o v tem mesmo som de "v":
wie / **vi:**   Vieh / **fi:**   November / **noVEMbâr**;
— é importante treinar o som das consoantes *m*, *n* e *l* no final das palavras. As consoantes devem ser pronunciadas claramente, sem se acrescen-

tar nenhuma vogal depois. Atenção para não pronunciar o l final como "u", o que ocorre freqüentemente no português falado;
— o β, chamado *Eszett*, não existe no nosso idioma. Corresponde ao "ss" do português, e muitas vezes já é grafado com *ss*, devido à dificuldade de encontrar esse símbolo nas máquinas de datilografia e composição;
— o *s*, quando forma sílaba com uma vogal, tem o som de "z" (Sommer / **ZOmâr**);
— nos encontros consonantais como *sp*, *st*, o som do *s* é o do "ch" em "chá". Assim:
später / **CHPE:târ**

8. Na linha de pronúncia, o traço de união será utilizado para separar alguns grupos que possam apresentar dificuldade maior de pronúncia. Isso ocorre principalmente nas palavras compostas longas.

É muito importante que você tenha sempre em mente as observações deste capítulo. Depois de ler cada lição pela primeira vez, leia novamente em voz alta. Vá aumentando sua velocidade de leitura, até chegar ao ritmo normal de conversação. Aos poucos, tente desligar-se da linha da pronúncia, considerando-a como um auxiliar nos momentos de dúvida. Estudando sozinho ou com outra pessoa, tente ler os diálogos desempenhando os diferentes papéis, representando expressões e gestos. Acostumando-se a falar com naturalidade, logo você atingirá o ritmo e a fluência necessários para se fazer entender pelos alemães.

ALEMÃO
PASSO A PASSO

CONVERSAÇÃO: NUM CAFÉ

— Guten Tag!
GU:ten ta:k!
Bom dia!

Um cumprimento útil
Guten Tag — *"bom dia"* — *pode ser usado o dia todo, desde bem cedo até bem tarde.*

Ist dieser Tisch frei?
ist DI:zâr tich frai?
Esta mesa está vazia?

— Jawohl, mein Herr.
iaVO:L, máin hér.
Sim, senhor.

Herr, Frau, Fräulein
A palavra para "senhor" é Herr. *Entretanto, quando o garçom usa* Herr *sem o nome, ele diz* mein Herr.
"Senhora" é Frau, *e, quando nos dirigimos a uma senhora sem mencionar o nome dela, devemos dizer* gnädige Frau — *algo como "minha senhora".*
"Senhorita" é Fräulein, *que pode ser usado sozinho, mas é preferível que seja acompanhado do nome.*

Bitte, nehmen Sie Platz.
BIte, NE:men zi: plats.
Por favor, sente-se.

— Ach, Verzeihung, gnädige Frau.
acH, ferTSAIu:nk, GNE:digue frau.
Ah, desculpe minha senhora.

Ach!
Ach *significa "Ah!", expressando surpresa, desapontamento, admiração, ou qualquer emoção forte. Neste caso é usado para introduzir um pedido de desculpa por alguém que esbarrou na mesa de uma senhora.*

— Aber bitte!
A:bâr BIte!
De nada!

Os vários usos de bitte
Bitte *pode significar "por favor", "de nada", "pois não", "tenha a bondade", "com licença", dependendo do contexto. O* e *final deve ser pronunciado, mas não muito forte.*

— Herr Ober! Ein Glas Bier, bitte.
hér O:bâr! áin glas biâr, BIte.
Garçom! Um copo de cerveja, por favor.

Para ser bem atendido
"Garçom" é Kellner; *"maître" é* Oberkellner. *Quando nos dirigimos a um garçom, geralmente o chamamos de* Herr Ober, *e não de* Kellner. *Uma garçonete é chamada simplesmente de* Fräulein.

— Jawohl, mein Herr. Sofort.
iaVO:L, máin hér. zoFÓRT.
Pois não, senhor, imediatamente.

— Ah, Herr Strauβ!
a:, hér chtrauss!
Ah, Sr. Strauss!

Wie geht es Ihnen?
vi: gue:t es I:nen?
Como vai?

— Danke, gut. Und Ihnen?
DÁ:Nke:, gut. unt I:nen?
Bem, obrigado. E o senhor?

— Nicht schlecht. Nehmen Sie Platz, bitte.
niçht chléçht. NE:men zi: plats, BIte.
Nada mau. Sente-se, por favor.

Hier ist ein Stuhl.
hiâr ist áin chtu:l.
Aqui está uma cadeira.

— Mit Vergnügen.
mit fe:rGNÜguen.
Com prazer.

***O* Umlaut**
O ¨ sobre o u, *como em* Vergnügen, *é chamado de* Umlaut *(metafonia), e indica uma mudança de timbre da vogal* u. *Para pronunciá-la corretamente mantenha os lábios arredondados, emitindo um som entre "u" e "i".*

Herr Ober! Noch ein Bier, bitte.
hér O:bâr! nócH áin biâr, BIte.
Garçom! Mais uma cerveja, por favor.

— Danke schön.
DÁ:Nke: chễn.
Obrigado.

Das Bier ist sehr gut, nicht wahr?
da:s biâr ist zéâr gut, niçht va:r?
A cerveja está muito boa, não é?

— Ja, es ist nicht schlecht.
iá, es ist niçht chléçht.
É, não está ruim.

Ch — *um som gutural*
Sempre que você vir [ch] na transcrição fonética, pronuncie quase como o "ch" na palavra "rocha", mas apoiando a língua nos dentes inferiores.

— Herr Ober, die Rechnung, bitte.
h̲ér O:bâr, di: RÉÇHnunk, BIte.
Garçom, a conta, por favor.

— Danke sehr, mein Herr!
DÁ:Nke: zéâr, máin h̲ér!
Obrigado, senhor!

— Und vielen Dank für das Bier!
unt FI:len dánk fůr da:s biâr!
E muito obrigado pela cerveja!

— Auf Wiedersehen!
auf VI:dâ:rze:en!
Até logo!

Substantivos com inicial maiúscula
Você deve ter notado que todos os substantivos são escritos com inicial maiúscula em alemão. Assim fica fácil distinguir o que é substantivo do que não é.

TESTE SEU ALEMÃO

Faça a correspondência entre frases. Marque 10 pontos para cada resposta correta. Veja as respostas abaixo.

1. Bom dia.   A. Mit Vergnügen.

2. Por favor, sente-se.   B. Verzeihung, gnädige Frau.

3. Com prazer.   C. Guten Tag.

4. Desculpe-me, senhora.   D. Auf Wiedersehen.

5. Aqui está uma cadeira.   E. Nehmen Sie Platz, bitte.

6. Garçom, uma cerveja por favor.   F. Wie geht es Ihnen?

7. Pois não, senhor, imediatamente. G. Sehr gut, danke. Und Ihnen?

8. Como vai?   H. Herr Ober, ein Bier, bitte.

9. Muito bem, obrigado. E o senhor? I. Jawohl, mein Herr, Sofort.

10. Até logo.   J. Hier ist ein Stuhl.

Respostas: 1-C; 2-E; 3-A; 4-B; 5-J; 6-H; 7-I; 8-F; 9-G; 10-D.

Resultado: _____ %

passo 1 LUGARES E OBJETOS

Das ist ein Haus.
da:s ist áin haus.
Isto é uma casa.

> *Os gêneros em alemão*
> *Em alemão tudo tem um gênero. Há três gêneros: o masculino, o feminino e o neutro. O artigo "um", "uma", é* ein *para o masculino e o neutro, e* eine *para o feminino. Veremos adiante a importância gramatical desta atribuição de um gênero a todos os substantivos. Em alemão todos os substantivos são escritos com letra maiúscula.*

Das ist eine Straße.
da:s ist ÁIne CHTRASse:.
Isto é uma rua.

Das ist ein Hotel,
da:s ist áin hoTÉL,
Isto é um hotel,

ein Restaurant,
áin resto:RRÂN,
um restaurante,

eine Bank.
ÁIne bánk.
um banco.

Was ist das?
Das, *neste caso, equivale a "isto", "isso" ou "aquilo".*
Was ist das *pode ser traduzido como "O que é isso (isto)?", ou "O que é aquilo?"*

— Ist das ein Restaurant?
ist da:s áin resto:RRÂN?
Isto é um restaurante?

— Ja, das ist ein Restaurant.
iá, da:s ist áin resto:RRÂN.
Sim, é um restaurante.

— Ist das nicht ein Hotel?
ist da:s nicht áin hoTÉL?
Não é um hotel?

— Nein, das ist kein Hotel.
náin, da:s ist káin hoTÉL.
Não, não é um hotel.

Um artigo negativo
Kein *(para o masculino e o neutro)* e keine *(para o feminino)* *é um artigo negativo para os artigos indefinidos "um", "uma". Em português a negação é feita com o auxílio do advérbio "não".*

— Was ist das?
vas ist da:s?
O que é isso?

— Das ist ein Restaurant,
da:s ist áin resto:RRÂN,
É um restaurante,

ein Wagen, ein Taxi, ein Autobus.
áin VA:guen, áin TAKsi, áin AUtobu:s.
um carro, um táxi, um ônibus.

Achtung! = *Atenção!*
O g é sempre pronunciado como o "g" de "gato", mesmo antes de e ou i. São exceções algumas palavras de origem estrangeira, como Garage.

— Ist das ein Taxi oder ein Autobus?
ist da:s áin TAKsi O:dâr áin AUtobu:s?
Isto é um táxi ou um ônibus?

— Das ist kein Taxi, das ist ein Autobus.
da:s ist káin TAKsi, da:s ist áin AUtobu:s.
Não é um táxi, é um ônibus.

Hier ist ein Taxi,
hiâr ist áin TAKsi,
Aqui está um táxi,

ein Theater, ein Laden,
áin teAtâr, áin LA:den,
um teatro, uma loja,

ein Museum, eine Kirche.
áin mu:ZE:um, ÁIne KI:Rçhe.
um museu, uma igreja.

— Ist das ein Laden?
ist da:s áin LA:den?
Isto é uma loja?

— Ja, das ist ein Laden.
iá, da:s ist áin LA:den.
Sim, é uma loja.

— Ist das eine Kirche?
ist da:s ÁIne KI:Rçhe?
Isto é uma igreja?

— Nein, das ist keine Kirche.
náin, da:s ist KÁIne KI:Rçhe.
Não, não é uma igreja.

— Was ist das?
vas ist da:s?
O que é isto?

— Das ist ein Museum.
da:s ist áin mu:ZE:um.
É um museu.

Der Platz, die Straße, das Denkmal.
de:r plats, di: CHTRASse:, da:s DENKmal.
A praça, a rua, o monumento.

> *Três palavras para os artigos definidos "o", "a"* — **der, die, das**
> *Der, die e das são os artigos definidos para o masculino, feminino e neutro. Para saber se um substantivo é masculino, feminino ou neutro, consulte o vocabulário no final deste livro e encontrará* der, die *ou* das *antes da palavra.*

— Welcher Platz ist das?
VÉLçhâr plats ist da:s?
Que praça é esta?

— Das ist der Bahnhofsplatz.
da:s ist de:r BÁ:N-hofspla:ts.
É a praça da estação.

— Welche Straße ist das?
VÉLçhe CHTRASse: ist da:s?
Que rua é essa?

> *O β*
> *O "s duplo" às vezes é escrito* β, *um resquício dos tempos antigos, em que o alemão costumava ser escrito no alfabeto gótico (veja o Passo 24). Mas — felizmente para os estudantes — praticamente tudo agora é escrito no alfabeto latino.*

— Das ist die Goethestraße.
da:s ist di: GĒ:techtrasse.
É a rua Goethe.

— Welches Denkmal ist das?
VÉLçhes DENKmal ist da:s?
Que monumento é esse?

> **"Quê?" — "Qual?"**
> *"Que" ou "qual" é expresso por* welcher *(masculino),* welche *(feminino) ou* welches *(neutro).*

— Das ist das Schillerdenkmal.
da:s ist da:s CHI:lâr-DENKmal.
É o monumento a Schiller.

— Wie heißt dieses Restaurant?
vi: haist DI:zes resto:RRÂN?
Como se chama este restaurante?

> **Wie heißt das?**
> *"Como é o nome de...", ou "Como se chama?" É expresso por* Wie heißt...? *É uma expressão bem útil quando visitamos um local desconhecido.*

— Das ist das Restaurant Rumpelmayer.
da:s ist da:s resto:RRÂN RUMpelmaiâr.
É o restaurante Rumpelmayer.

— Wie heißt dieses Gebäude?
vi: haist DI:zes gue:BÓIde?
Como chama este edifício?

> ***O demonstrativo "este", "esta"***
> *As palavras para o demonstrativo são* dieser *(masculino),* diese *(feminino) e* dieses/dies *(neutro).*

— Ist das das Hotel Siegfried?
ist da:s da:s hoTÉL ZI:Gfri:t?
E o Hotel Siegfried?

— Nein, das ist nicht das Hotel Siegfried.
náin, da:s ist nicht da:s hoTÉL ZI:Gfri:t.
Não, não é o Hotel Siegfried.

Das ist das Hotel Kaiserhof
da:s ist da:s hoTÉL KAIzer-ho:f
É o Hotel Kaiserhof.

CONVERSAÇÃO: UMA CORRIDA DE TÁXI

— Taxi, sind Sie frei?
TAKsi, zint zi: frai?
Táxi, o senhor está livre?

— Ja, wohin, bitte?
iá, vo<u>H</u>IN, BIte?
Sim. Para onde, por favor?

— Zum Hotel Rheinland. Ist es weit?
tsu:m <u>h</u>oTÉL RÁINlá:nt. ist es vait?
Para o Hotel Rheinland. É longe?

— Nein, nicht weit. Es ist ganz nahe.
náin, niçht vait. es ist gá:nts NA:e:.
Não, não é longe. É bem perto.

— Entschuldigen Sie. Wo ist das Hotel Bismarck?
entCHU:Ldi:guen zi:. vo: ist da:s <u>h</u>oTÉL BISmark?
Desculpe. Onde é o Hotel Bismarck?

— Dort-links.
dórt-links.
Lá à esquerda.

— Wie ist dieses Hotel? Gut oder schlecht?
vi: ist DI:zes <u>h</u>oTÉL? gut O:dâr chléçht?
Como é esse hotel? Bom ou ruim?

— Sehr gut... und sehr teuer.
zéâr gut... unt zéâr TÓIâr.
Muito bom... e muito caro.

— Wo ist das Nationalmuseum?
vo: ist da:s na:tsioNA:L-mu:ZE:u:m?
Onde é o Museu Nacional?

— Um die Ecke — rechts.
u:m di: ÉKe: — réçhts.
Virando a esquina — à direita.

Dort drüben.
dórt DRŮben.
Lá adiante.

Das groβe Gebäude dort drüben.
da:s GRO:Sse: gue:BÓIde: dórt DRŮben.
O edifício grande lá adiante.

Da sind wir schon.
da zint viâr chon.
Aqui estamos.

Ordem invertida das palavras
Quando uma frase em alemão começa com um advérbio ou uma preposição, a ordem das palavras freqüentemente se inverte: wir sind *torna-se* sind wir, *porque a sentença começa com* da — *"aqui".*

Das ist das Hotel Rheinland.
da:s ist da:s hoTÉL RÁINlá:nt.
Este é o Hotel Rheinland.

— Sehr gut. Danke. Wieviel bitte?
zéâr gut. DÁ:Nke:. vi:FI:L BIte?
Muito bom. Obrigado. Quanto é, por favor?

"Quanto é...?"
Uma forma idiomática de perguntar a tarifa seria Was macht das? — *"Em quanto fica?" Ao fazer compras, apontando um objeto, pode-se dizer* Was kostet das? — *"Quanto custa isso?"*

— Vier Mark.
fiâr mark.
Quatro marcos.

— Einen Moment, bitte — eins, zwei, drei, vier-und fünf.
ÁInen moMENT, BIte — áints, tsvai, drai, fiâr-unt fůnf.
Um momento, por favor. Um, dois, três, quatro e cinco.

— Danke schön.
DÁ:Nke: chên.
Muito obrigado.

— Bitte.
BIte.
De nada.

TESTE SEU ALEMÃO

Preencha os espaços com *ein* ou *eine*. Marque 10 pontos para cada resposta correta. Quando há dois espaços em uma sentença, marque 5 pontos para cada um. Veja as respostas abaixo.

1. Ist das _____ Kirche?

2. Ist das _____ Laden oder _____ Restaurant?

3. Das ist _____ Straße.

4. Ist das _____ Taxi oder _____ Autobus?

Preencha os espaços com *der, die* ou *das*.

5. Ist _____ Restaurant gut?

6. Das ist _____ Schillerdenkmal.

7. Wo ist _____ Goethestraße?

8. Das ist nicht _____ Nationalmuseum.

9. Das ist _____ Bahnhofsplatz.

10. Wo ist _____ Hotel Metropol?

Respostas: 1. eine 2. ein... ein 3. eine 4. ein... ein 5. das 6. das 7. die 8. das 9. der 10. das.

Resultado: _____ %

passo 2 — O PRESENTE DOS VERBOS

Das Zeitwort *sein*
da:s TSÁITvórt záin
O verbo ser/estar

— Wer ist hier?
   vé:r ist h̲iâr?
   Quem está aqui?

— Ich bin hier.
   içh bin h̲iâr
   Eu estou aqui.

   Und Sie sind auch hier.
   unt zi: zint aucH h̲iâr.
   E o senhor também está aqui.

   Wir sind beide hier.
   viâr zint BAIde h̲iâr.
   Estamos ambos aqui.

— Ist Herr Bauer hier?
   ist h̲ér BAUâr h̲iâr?
   O Sr. Bauer está aqui?

— Nein, er ist nicht hier.
   náin, é:r ist niçht h̲iâr.
   Não, ele não está aqui.

— Wo ist er?
   vo: ist é:r?
   Onde ele está?

— Er ist in Bremen.
é:r ist in BRE:men.
Ele está em Bremen.

— Ist Frau Bauer auch in Bremen?
ist frau BAUâr aucH in BRE:men?
A Sra. Bauer também está em Bremen?

— Nein, sie sind nicht zusammen in Bremen.
náin, zi: zint nicht tsuZA:men in BRE:men.
Não, eles não estão juntos em Bremen.

Frau Bauer ist zu Hause, in Hamburg.
frau BAUâr ist tsu: HAUze:, in HA:Mbu:rk.
A Sra. Bauer está em casa, em Hamburgo.

— Sind Sie Deutscher?
zint zi: DÓITcher?
O senhor é alemão?

> **Sie — sie**
> Sie *(com inicial maiúscula) é o pronome de tratamento formal, correspondente a "o senhor", "a senhora", "os senhores", "as senhoras". Por uma questão cultural, o tratamento formal na Alemanha é muito mais freqüente do que no Brasil. Assim,* sie *é empregado em muitas situações em que nós usaríamos "você" ou "vocês". O pronome* sie *(com inicial minúscula) significa "ela" ou "eles", "elas".*
> *Para o tratamento informal usa-se* du *("você"), que veremos mais adiante.*

— Ja, ich bin Deutscher.
iá, ich bin DÓITcher.
Sim, sou alemão.

> **Nacionalidades**
> *Eis algumas nacionalidades, em suas formas masculina e feminina:*

	masculino	*feminino*
Alemanha	ein Deutscher	eine Deutsche
Inglaterra	ein Engländer	eine Engländerin
França	ein Franzose	eine Französin
Estados Unidos	ein Amerikaner	eine Amerikanerin
Rússia	ein Russe	eine Russin
Suíça	ein Schweizer	eine Schweizerin
Áustria	ein Österreicher	eine Österreicherin
Japão	ein Japaner	eine Japanerin
China	ein Chinese	eine Chinesin
Itália	ein Italiener	eine Italienerin
Espanha	ein Spanier	eine Spanierin
Brasil	ein Brasilianer	eine Brasilianerin
Portugal	ein Portugiese	eine Portugiesin

— Ist Ihre Frau auch Deutsche?
ist I:re: frau aucH DÓITche:?
Sua esposa também é alemã?

— Nein, meine Frau ist Amerikanerin.
náin, MÁIne frau ist a:meri:KÁne:rin.
Não, minha esposa é americana.

— Ist das Ihr Sohn?
ist da:s iâr zo:n?
Esse é seu filho?

Os possessivos
Os possessivos variam de acordo com o objeto possuído. que pode ser masculino, feminino ou neutro.

	masc.	fem.	neutro
meu, minha	mein	meine	mein
nosso, nossa	unser	unsere	unser
seu, sua (do senhor, etc.)	Ihr	Ihre	Ihr
seu, sua (dele)	sein	seine	sein
seu, sua (dela, deles, delas)	ihr	ihre	ihr

As formas masculina e neutra são iguais. Para o plural

> usa-se a mesma forma do possessivo feminino. A forma
> correspondente ao pronome de tratamento formal é escrita com letra maiúscula.

— Ja, das ist unser Sohn Fritz.
  iá, da:s ist U:Nzer zo:n frits.
  Sim, é nosso filho Fritz.

— Und das ist Ihre Tochter?
  unt da:s ist I:re TÓ:ÇHtâr?
  E essa é sua filha?

> *"Esta" ou "aquela"*
> Das *pode significar "esta" ou "aquela", dependendo do contexto, pois a filha está, evidentemente, distante.*

— Ja, das ist unsere Tochter Liesl.
  iá, da:s ist U:Nzere TÓ:ÇHtâr li:zl.
  Sim, é nossa filha Liesel.

— Wie hübsch sie ist!
  vi: hůpch zi: ist!
  Como ela é bonita!

Das Zeitwort "sprechen".
da:s TSAITvórt "CHPRÉ:çhen".
O verbo "sprechen" (falar).

> **Sprechen = *"falar"***
> *Ao procurar um verbo alemão no dicionário, você o encontra no infinitivo, que sempre termina em* n. *A seguir, as formas mais importantes do verbo* sprechen:
>
> | | |
> |---|---|
> | *eu falo* | ich spreche |
> | *ele (ela) fala* | er (sie, es) spricht |
> | *nós (os senhores, eles)* | wir (Sie, sie) sprechen |
>
> *Lembre-se:*
> *As formas do presente para* Sie, wir *e* sie *(plural) são iguais ao infinitivo para todos os verbos, com exceção*

de sein, *que você já conhece. A forma para* ich *geralmente termina em* e *e a forma para* er, sie *ou* es *geralmente termina em* t.

Não há tempo contínuo em alemão, ou seja, não há diferença entre "eu falo" e "eu estou falando".
A mesma forma — ich spreche *— é usada para os dois casos.*

O imperativo para Sie *(tratamento formal da segunda pessoa) é igual ao infinitivo, com o pronome* Sie *depois do verbo:*
  Fale! = Sprechen Sie!

— Ich spreche Deutsch.
  içh CHPRÉçhe dóitch.
  Eu falo alemão.

Sprechen Sie Englisch?
CHPRÉçhen zi: E:Nglich?
O senhor fala inglês?

— Ja, ich spreche Englisch.
  iá, içh CHPRÉçhe E:Nglich.
  Sim, eu falo inglês.

— Sprechen Sie Deutsch?
  CHPRÉçhen zi: dóitch?
  O senhor fala alemão?

— Ja, aber meine Frau spricht nicht sehr gut Deutsch.
  iá, A:bâr MÁIne frau chpriçht niçht zéâr gut dóitch.
  Sim, mas minha esposa não fala muito bem alemão.

  A forma negativa dos verbos
  Para negar, simplesmente usa-se nicht *após o verbo.*

Bitte, sprechen Sie langsam.
BIte, CHPRÉçhen zi: LA:NKza:m.
Por favor, fale devagar.

— Wir sprechen Deutsch mit Karl und Greta.
viâr CHPRÉchen dóitch mit karl unt GRE:ta.
Nós falamos alemão com Karl e Greta.

Aber sie sprechen sehr schnell.
A:bâr zi: CHPRÉchen zéâr chnél.
Mas eles falam muito depressa.

CONVERSAÇÃO: APRESENTANDO PESSOAS

Eine kurze Unterhaltung
Álne KU:Rtse: u:nterHA:Ltu:ng
Uma conversa curta

— Mein Name ist Müller.
máin NÁme: ist MÜlâr.
Meu nome é Müller.

— Freut mich sehr. Ich bin Gustav Schmidt.
fróit miçh zéâr. içh bin GUStaf chmit.
Muito prazer. Eu sou Gustav Schmidt.

Sind Sie Amerikaner?
zint zi: a:meri:KÁner?
O senhor é americano?

— Ja, ich bin Amerikaner.
iá, içh bin a:meri:KÁner.
Sim, sou americano.

— Aber Ihr Name ist Deutsch, nicht wahr?
A:bâr iâr NÁme: ist dóitch, niçht va:r?
Mas seu nome é alemão, não é?

> *Uma expressão freqüente*
> Nicht wahr? (*"Não é verdade?"*) é uma maneira simples de pedir confirmação, equivalente a *"não é?"*, *"você não acha?"*, dependendo do contexto.

Und sie sprechen sehr gut Deutsch.
unt zi: CHPRÉçhen zéâr gut dóitch.
E o senhor fala muito bem alemão.

— Sie sind sehr liebenswürdig.
zi: zint zéâr LI:bensvůrdik.
O senhor é muito gentil.

Meine Eltern sind Deutsche.
MÁIne ÉLtern zint DÓItche:.
Meus pais são alemães.

> *Plural dos possessivos*
> Eltern, *um substantivo no plural, significa "pais" (pai e mãe). Os possessivos no plural são formados com a adição de um e final para todos os gêneros, tornando-se portanto* meine, unsere, ihre, *etc. (O plural dos substantivos será abordado no Passo 5.)*

Sie sind beide aus München
zi: zint BAIde aus MŮNçhen.
Os dois são de Munique.

— Wirklich? München ist eine schöne Stadt!
VI:Rkliçh? MŮNçhen ist ÁIne CHÊne chta:t!
Verdade? Munique é uma cidade bonita!

— Ja, das stimmt.
iá, da:s chtimt.
Sim, é verdade.

— Sprechen Sie zu Hause in Amerika Deutsch?
CHPRÉçhen zi: tsu: HÁUze: in a:ME:ri:ka dóitch?
O senhor fala alemão em casa nos Estados Unidos?

— Ja. Oft. Meine Eltern sprechen nur Deutsch zu Hause.
iá. óft. MÁIne ÉLtern CHPRÉçhen nuâr dóitch tsu: HAUze:.
Sim, freqüentemente. Meus pais só falam alemão em casa.

— Ist Ihre Frau auch hier?
ist I:re: frau aucH hiâr?
Sua esposa também está aqui?

25

— Ja. Meine Frau kommt bald.
iá. MÁIne frau ko:mt ba:lt.
Sim. Minha esposa já está chegando.

> **O verbo kommen**
> *"Vir"*, *"chegar"* é kommen, *verbo muito importante. Eis suas formas mais usadas:*
>
> ich komme = *eu venho*
> er (sie, es) kommt = *ele (ela) vem*
> wir (sie, Sie) kommen = *nós vimos, o senhor (a senhora, etc.) vem.*

Ach, da ist sie schon!
ach, da ist zi: chon!
Ah, ela já está aqui.

Greta, das ist Herr Schmidt.
GRE:ta, da:s ist hér chmit.
Greta, este é o Sr. Schmidt.

Herr Schmidt — meine Frau.
hér chmit — MÁIne frau.
Sr. Schmidt — minha esposa.

— Sehr angenehm, Herr Schmitd!
zéâr A:Ngue:ne:m, hér chmit!
Muito prazer, Sr. Schmidt!

— Freut mich sehr, gnädige Frau!
fróit miçh zéâr, GNE:digue frau!
O prazer é meu, minha senhora!

Sind Sie hier auf Urlaub?
zint zi: hiâr auf UÂRlaup?
A senhora está aqui em férias?

— Mein Mann ist hier auf einer Geschäftsreise,
main mán ist hiâr auf ÁInâr gue:CHÉ:FTS-raize:,
Meu marido está aqui em viagem de negócios,

Um caso que será abordado adiante
Einer *corresponde a* eine *(fem.) no caso dativo (veja o Passo 3), usado após várias preposições. Foi mencionado aqui apenas por se tratar de uma frase-padrão muito utilizada quando estamos viajando.*

aber ich bin hier zum Vergnügen.
A:bâr içh bin hiâr tsu:m ferGNÜguen.
mas eu estou aqui para me divertir.

TESTE SEU ALEMÃO

Combine estas frases. Marque 10 pontos para cada resposta correta. Veja as respostas abaixo.

1. O senhor fala inglês?
2. Eu falo alemão.
3. Sou de Munique.
4. Ele está em viagem de negócios.
5. Meus pais são alemães.
6. O senhor fala alemão muito bem.
7. Aí vem minha esposa.
8. O senhor é americano?
9. O senhor fala alemão em casa?
10. Esta é minha esposa.

A. Das ist meine Frau.
B. Sprechen Sie zu Hause Deutsch?
C. Ich bin aus München.
D. Meine Eltern sind Deutsche.
E. Er ist auf einer Geschäftsreise.
F. Ich spreche Deutsche.
G. Sprechen Sie Englisch?
H. Da kommt meine Frau.
I. Sie sprechen sehr gut Deutsch.
J. Sind Sie Amerikaner?

Respostas: 1-G; 2-F; 3-C; 4-E; 5-D; 6-I; 7-H; 8-J; 9-B; 10-A.

Resultado: _____ %

passo 3 LOCALIZAÇÃO DE OBJETOS E LUGARES

Der Wagen, die Straße, das Haus.
de:r VA:guen, di: CHTRASse:, da:s haus.
O carro, a rua, a casa.

Der Wagen ist auf der Straße vor dem Haus.
de:r VA:guen ist auf de:r CHTRASse: fo:r dem haus.
O carro está na rua na frente da casa.

> *O caso dativo*
> *Os três artigos der, die, das se modificam quando estão no caso dativo. Neste passo apresentamos um aspecto simples do uso do dativo, ou seja, após preposições, como* in *("em", "dentro de"),* auf *("sobre", "em cima de"),* über *("acima de"),* unter *("abaixo de", "embaixo de"),* vor *("na frente de"),* von *("de", indicando procedência),* an *("em", indicando contato na vertical),* zu *("para", "a", indicando direção).*
> *Neste caso, as formas dos artigos se alteram do seguinte modo:*
>
> > der *torna-se* dem
> > die *torna-se* der
> > das *torna-se* dem

— Ist der Wagen in der Garage?
ist de:r VA:guen in de:r gaRA:ge?
O carro está na garagem?

— Nein, dort ist er nicht.
náin, dórt ist é:r nicht.
Não, lá ele não está.

Er ist auf der Straβe.
é:r ist auf de:r CHTRASse:.
Ele está na rua.

— Wer sitzt im (in dem) Wagen?
vé:r zitst im (in dem) VA:guen?
Quem está sentado no carro?

> ***Contração de preposições + artigos***
> *Eis algumas contrações de preposições com os artigos no dativo:*
>
> in + dem = im
> an + dem = am
> zu + dem = zum
> zu + der = zur
> von + dem = vom

— Herr Peters sitzt im Wagen.
hér PE:ters zitst im VA:guen.
O Sr. Peters está sentado no carro.

Frau Peters sitzt nicht im Wagen.
frau PE:ters zitst niçht im VA:guen.
A Sra. Peters não está sentada no carro.

Sie steht vor der Tür, vor dem Hause.
Zi: chte:t fo:r de:r tůâr, fo:r dem HAUze:.
Ela está de pé na frente da porta, na frenta da casa.

Ein Hund sitzt unter dem Wagen.
áin hu:nt zitst U:Ntâr dem VA:guen.
Um cachorro está sentado embaixo do carro.

> **Sitzen, stehen, sagen**
> *Três verbos importantes:* sitzen *significa "estar sentado";* stehen, *"estar de pé";* sagen, *"dizer", "falar". Eis suas formas mais importantes:*

ich	sitze	stehe	sage
er (sie, es)	sitzt	steht	sagt
wir (Sie, sie)	sitzen	stehen	sagen

Frau Peters sagt:
frau PE:ters za:kt:
A Sra. Peters diz:

— Vorsicht! Der Hund ist unter dem Wagen!
FO:Rziçht! de:r hu:nt ist U:Ntâr dem VA:guen!
Cuidado! O cachorro está debaixo do carro!

Ein Tisch, eine Flasche, ein Glas, ein Aschenbecher.
áin tich, ÁIne FLAche:, áin glas, áin A:chenbé:çhâr.
Uma mesa, uma garrafa, um copo, um cinzeiro.

Die Flasche, das Glas und der Aschenbecher stehen auf dem Tisch
di: FLAche:, da:s glas unt de:r A:chenbé:çhâr CHTE:en auf dem tich.
A garrafa, o copo e o cinzeiro estão sobre a mesa.

Das Glas steht neben der Flasche.
da:s glas chte:t NE:ben de:r FLAche:.
O copo está perto da garrafa.

Das Glas steht zwischen dem Aschenbecher und der Flasche.
da:s glas chte:t TSVIchen dem A:chenbé:çhâr unt de:r FLAche:.
O copo está entre o cinzeiro e a garrafa.

Der Wein ist in der Flasche
de:r váin ist in de:r FLAche:
O vinho está na garrafa

und auch im Glas.
unt aucH im glas.
e também no copo.

Die Zigarette liegt im Aschenbecher.
di: tsiga:REte: li:gt im A:chenbé:çhâr.
O cigarro está no cinzeiro.

Ein Schlüssel.
áin CHLÜSsel.
Uma chave.

Ich öffne die Tür mit einem Schlüssel.
içh ÖFne: di: tûâr mit Álnem CHLÜSsel.
Eu abro a porta com uma chave.

Aber wo ist mein Schlüssel?
A:bâr vo: ist máin CHLÜSsel?
Mas onde está minha chave?

Ach, hier ist er —
acH, hiâr ist é:r —
Ah, ela está aqui —

in meiner Hosentasche.
in MÁIner HOzen-TAche:.
no bolso da minha calça.

> **Achtung!**
> *Os possessivos e os adjetivos também recebem terminações distintas no dativo.*

— Mit wem spricht diese Dame?
mit vem chpriçht DI:ze: DÁme:?
Com quem está falando essa senhora?

> ***O dativo com* mit**
> Wer *("quem") torna-se* wem *no dativo, necessário aqui por causa da preposição* mit *("com").*

— Die Dame spricht mit einem Taxichauffeur.
di: DÁme: chpriçht mit ÁInem TA:ksi:-choFÉ:R.
A senhora está falando com um motorista de táxi.

> Ein *("um", masculino e neutro) torna-se* einem *no dativo, enquanto* eine *("uma") torna-se* einer.
> *A mesma mudança de terminação ocorre com os possessivos:*
>
> in seinem Koffer = *"em sua mala".*

— Mit wem spricht dieser Herr?
mit vem chpriçht DI:zâr ḫér?
Com quem este senhor está falando?

— Der Herr spricht mit seinem Freund.
de:r ḫér chpriçht mit ZÁInem fróint.
O senhor está falando com seu amigo.

— Mit wem spricht dieses Mädchen?
mit vem chpriçht DI:zes ME:Tçhen?
Com quem esta moça está falando?

— Das Mädchen spricht mit seiner Mutter.
da:s ME:tçhen chpriçht mit ZÁIner MU:târ.
A moça está falando com sua mãe.

— Sprechen Sie Deutsch mit Ihrer Frau?
CHPRÉçhen zi: dóitch mit I:râr frau?
O senhor fala alemão com sua esposa?

— Ja, aber wir sprechen Englisch
iá, A:bâr viâr CHPREçhen E:NGlich
Sim, mas nós falamos inglês

mit unserem Sohn.
mit U:Nzeren zo:n.
com nosso filho.

Er geht in England zur (zu der) Schule.
e:r gue:t in E:NGlá:nt tsuâr (tsu: dé:r) CHU:le:.
Ele vai para a escola na Inglaterra.

CONVERSAÇÃO: NUM ESCRITÓRIO

Herr Schindler ist Amerikaner.
hér CHINDlâr ist a:meri:KÁner.
O Sr. Schindler é americano.

Er ist in Bonn auf einer Geschäftsreise.
é:r ist in bón auf ÁInâr gue:CHÉ:FTS-raize:.
Ele está em Bonn em viagem de negócios.

Jetzt spricht er mit einer Sekretärin in einem Büro?
iétst chpriçht é:r mit ÁInâr ze:kre:TÉ:rin in ÁInem bůRO:.
Agora ele está falando com uma secretária em um escritório.

— Entschuldigen Sie,
  entCHU:Ldi:guen zi:,
  Desculpe,

  ist Herr Hofer in seinem Büro?
  ist hér HOfâr in ZÁInem bůRO:?
  o Sr. Hofer está no escritório dele?

— Ja, aber er ist momentan beschäftigt,
  iá, A:bâr é:r ist momenTÁ:N be:CHÉFtikt.
  Sim, mas no momento ele está ocupado.

  Er ist am (an dem) Telefon.
  é:r ist ám (án dem) te:le:FO:N.
  Ele está ao telefone.

  Ihr Name, bitte...
  iâr NÁme:, BIte...
  Seu nome, por favor...

— Ich heiße Schindler — Ruprecht Schindler.
içh HAISse: CHINdlâr — RU:préçht CHINdlâr.
Eu me chamo Schindler — Ruprecht Schindler.

Wie heißen Sie?
Ich heiße = *Eu me chamo/Meu nome é.*
Wie heißen Sie? = *Como você (o senhor, a senhora) se chama? Qual o seu nome?*

Ich bin ein Freund von Herrn Hofer.
içh bin áin fróint fo:n hérn HOfâr.
Sou amigo do Sr. Hofer.

Herrn
Herrn *é a forma dativa de* Herr. *Alguns poucos substantivos têm uma forma especial no dativo. Outro exemplo é* Haus, *embora na linguagem corrente esta forma nem sempre seja respeitada:*
zu Hause = *em casa*
Ao se endereçar uma carta para um homem, escreve-se no envelope, antes do nome, Herrin *("para o sr....").*
Frau *e* Fräulein *não têm forma especial no dativo.*

Ich komme aus New York.
içh KOme: aus niú iórk.
Venho de Nova Iorque.

— Eine Minute, bitte.
Áine mi:NU:te, BIte.
Um minuto, por favor.

Hallo! Herr Hofer?
haLO:! hér HOfâr?
Alô! Sr. Hofer?

Sind Sie jetzt frei?
zint zi: iétst frai?
O senhor já está desocupado?

Ein Herr Schindler ist hier im Büro.
áin hér CHINDlâr ist hiâr im bůRO:.
O Sr. Schindler está aqui no escritório.

— Ach, ja! Natürlich. Sehr gut!
acH, iá! naTŮRlich zéâr gut!
Ah, sim! Claro, muito bem!

— Gehen Sie direkt hinein, Herr Schindler.
GUE:en zi: di:RÉKT hiNÁIN, hér CHINdlâr.
Entre e siga em frente, Sr. Schindler.

> *Os verbos são fáceis em alemão*
> A forma do presente dos verbos para os pronomes wir, Sie, sie *é a forma do infinitivo. Isso facilita tudo, pois, quando você ouvir um verbo novo numa conversa, poderá aplicar imediatamente as outras formas no tempo presente, seguindo a tabela das páginas 30 e 31.*

Sein Büro ist dort:
záin bůRO: ist dórt:
Seu escritório é ali:

im Gang — ganz am Ende.
im gá:ng — gá:nts ám ENde:.
no final do corredor.

— Danke sehr, Fräulein.
DÁ:Nke: zéâr, FRÓIláin.
Obrigado, senhorita.

— Bitte sehr, Herr Schindler.
BIte zéâr, hér CHINdlâr.
De nada, Sr. Schindler.

TESTE SEU ALEMÃO

Preencha os espaços com a forma correta do dativo singular do artigo definido — *dem* (masc.), *der* (fem.), *dem* (neutro) — ou do artigo indefinido — *einem* (masc.), *einer* (fem.), *einem* (neutro). Não use contrações nas primeiras sete sentenças. Marque 10 pontos para cada sentença correta. Veja as respostas no final.

1. Der Wagen ist auf _____ Straβe.
   (art. def.)

2. Frau Peters steht vor _____ Haus.
   (art. def.)

3. Sitzt der Hund unter _____ Wagen?
   (art. def.)

4. Das Glas steht neben _____ Flasche.
   (art. def.)

5. Ich öffne die Tür mit _____ Schlüssel.
   (art. indef.)

6. Der Wein ist in _____ Flasche.
   (art. indef.)

7. Er spricht mit _____ Sekretärin.
   (art. def.)

Agora use as contrações apropriadas

8. Er ist _____ Telefon.
   (ao)

9. Herr Schindler ist _____ Büro.
      (no)

10. Das Bier ist _____ Glas.
      (no)

Respostas: 1. der 2. dem 3. dem 4. der 5. einem 6. einer 7. der 8. am 9. im 10. im

Resultado: _____ %

passo 4 — NÚMEROS — COMO USÁ-LOS

Von null bis zehn.
fo:n nu:l bis tse:n.
De zero a dez.

0	1	2	3	4	5
null	eins	zwei	drei	vier	fünf
nu:l	**áints**	**tsvai**	**drai**	**fiâr**	**fůnf**
zero	*um*	*dois*	*três*	*quatro*	*cinco*

6	7	8	9	10
sechs	sieben	acht	neun	zehn
zéks	**ZI:ben**	**acHt**	**nóin**	**tse:n**
seis	*sete*	*oito*	*nove*	*dez*

Von elf bis zwanzig.
fo:n élf bis tsVA:Ntsik.
De onze a vinte.

11	12	13
elf	zwölf	dreizehn
élf	**tsvêlf**	**DRAItse:n**
onze	*doze*	*treze*

14	15	16
vierzehn	fünfzehn	sechzehn
FIÂRtse:n	**FŮNFtse:n**	**ZÉKtse:n**
quatorze	*quinze*	*dezesseis*

17
siebzehn
ZI:Ptse:n
dezessete

18
achtzehn
AcHT-tse:n
dezoito

19
neunzehn
NÓINtse:n
dezenove

20
zwanzig
TSVÁ:Ntsik
vinte

Von zwanzig bis dreiBig.
fo:n TSVÁ:Ntsik bis DRAIssik.
De vinte a trinta.

21
einundzwanzig
ÁIN-u:nt-tsvá:ntsik
vinte e um

22
zweiundzwanzig
TSVAI-u:nt-tsvá:ntsik
vinte e dois

23
dreiundzwanzig
DRAI-u:nt-tsvá:ntsik
vinte e três

24
vierundzwanzig
FIÂR-u:nt-tsvá:ntsik
vinte e quatro

25
fünfundzwanzig
FŮNF-u:nt-tsvá:ntsik
vinte e cinco

26
sechsundzwanzig
ZÉKS-u:nt-tsvá:ntsik
vinte e seis

27
siebenundzwanzig
ZI:benu:nt-tsvá:ntsik
vinte e sete

28
achtundzwanzig
AcHT-u:nt-tsvá:ntsik
vinte e oito

29
neunundzwanzig
NÓIN-u:nt-tsvá:ntsik
vinte e nove

30
dreiBig
DRAIssik
trinta

Die anderen wichtigen Zahlen sind:
di: Á:Nde:ren VIÇHti:guen TSA:len zint:
Os outros números importantes:

40	50	60
vierzig	fünfzig	sechzig
FIÂRtsik	**FÜNFtsik**	**ZÉKStsik**
quarenta	*cinqüenta*	*sessenta*

70	80	90
siebzig	achtzig	neunzig
ZI:Ptsik	**AcHtsik**	**NÓINtsik**
setenta	*oitenta*	*noventa*

100	101	
einhundert	hunderteins	und so weiter (abrev. *usw.*)
ÁIN-HU:Ndert	**hundertÁINTS**	**unt zo VAItâr**
cem	*cento e um*	*e assim por diante*

1.000	100.000
eintausend	einhunderttausend
ÁINtauzent	**ÁIN-HU:NdertTAUzent**
mil	*cem mil*

1.000.000	2.000.000	1.000.000.000
eine Million	zwei Millionen	eine Milliarde
ÁIne miliO:N	**tsvai miliO:Nen**	**ÁIne miliARde**
um milhão	*dois milhões*	*um bilhão*

Zählen ist wichtig —
TSE:len ist VIÇHtik —
Contar é importante —

In einem Laden:
in ÁInem LA:den:
Em uma loja:

Der Kunde: Wieviel kostet das?
de:r KU:Nde: : VI:fi:l KÓStet da:s?
O freguês: quanto custa isto?

41

A forma feminina
Kunde *e* Verkäufer *significam respectivamente "freguês" ou "comprador" e "vendedor". As formas para o feminino são* Kundin *e* Verkäuferin: -in *é um sufixo feminino.*

Die Verkäuferin: Zehn Mark fünfzig, mein Herr.
di: fe:rKÓIfe:rin: tse:n mark FÛNFtsik, máin h̲ér.
A vendedora: Dez marcos e cinqüenta, meu senhor.

Und am Telefon:
Unt ám te:le:FO:N:
E ao telefone:

Eine Stimme: Hallo! Wer spricht?
ÁIne CHTIme:: h̲aLO:! vé:r chpri̲cht?
Uma voz: Alô! Quem está falando?

Zweite Stimme: Ist das Nummer
TSVAIte: CHTIme:: ist da:s NU:mâr
Segunda voz: É do número

zwo-acht-fünf-sechs-drei (28563)?
tsvo-acHt-fůnf-zéks-drai (28563)?
dois-oito-cinco-meia-três (28563)?

Zwo
Zwei *tem uma forma alternativa —* zwo *— usada com freqüência, principalmente ao telefone, quando a pronúncia de* zwei *poderia ser confundida com* drei.

Erste Stimme: Dies ist Nummer
É:RSte CHTIme:: di:s ist NU:mâr
Primeira voz: Aqui é do número

Numerais ordinais
Os numerais ordinais são formados com a adição de te *ao numeral cardinal. São casos especiais "primeiro"*

— erster *(masc.)*, erste *(fem.)* e erstes *(neutro)* — e "terceiro" — dritter *(masc.)*, dritte *(fem.)*, drittes *(neutro)*.

zwo-acht-fünf-null-vier.
tsvo-acHt-fünf-nu:l-fiâr.
dois-oito-cinco-zero-quatro.

Zweite Stimme: Ach, Verzeihung, bitte!
TSVÁIte: CHTIme:: acH, ferTZAIu:nK, BIte!
Segunda voz: Ah, desculpe, por favor!

Falsch verbunden!
Fa:lch fe:rBU:Nden!
Foi engano!

Zählen ist auch wichtig für
TSE:len ist aucH VIHtik fur
Contar também é importante para

die Auskunft über eine Adresse.
di: AUSkunft Ûbâr ÁIne a:DRÉSse:.
a informação sobre um endereço.

Ein Mann: Wie ist Ihre Adresse?
áin mán: vi: ist I:re a:DRÉSse:?
Um homem: Qual é o seu endereço?

EINE DAME: Friedensstraβe 14 —
ÁIne DÁme: FRI:dens-chtrasse FIÂRtse:n
Uma senhora: Rua Frieden (da Paz), 14 —

dritter Stock.
DRIter chtó:k.
terceiro andar.

Adjetivos antes de substantivos sem der, die, das
Adjetivos usados sem artigo antes de substantivo têm as terminações -er, -e, -es no caso nominativo (sujeito), conforme o substantivo seja, respectivamente, masculino, feminino ou neutro.

Und wenn man fragt: Wie spät ist es?
unt vén má:n fra:kt: vi: chpe:t ist es?
E quando se pergunta: Que horas são?

Es ist ein Uhr.
es ist áin uâr.
É uma hora.

Es ist zwei Uhr.
es ist tsvai uâr.
São duas horas.

Es ist zwei Uhr zehn.
es ist tsvai uâr tse:n.
São duas e dez.

Es ist viertel nach zwei.
es ist FIÂRtel nacH tsvai.
São duas e quinze.

> **Wieviel Uhr ist es?**
> *As estruturas usadas para indagar e indicar as horas em alemão são bastante diferentes das usadas em português:*
> Zehn nach sechs = *seis e dez (literalmente: dez após seis)*
> Zwanzig vor sieben = *vinte para as sete (literalmente: vinte antes das sete)*
>
> *Ao perguntar as horas você pode usar as seguintes expressões:*
> Wie spät ist es? *(literalmente: quanto tarde é agora?)*
> Wieviel Uhr ist es? *(literalmente: quantas horas é?)*

Es ist zwanzig nach zwei.
es ist tsVA:Ntsik nacH tsvai.
São duas e vinte.

Es ist halb drei.
es ist ha:lp drai.
São duas e meia.

Es ist drei Uhr dreiundzwanzig.
es ist drai uâr DRAI-u:nt-tsVA:Ntsik.
São três e vinte e três.

Es ist viertel vor drei.
es ist FIARtel fo:r drai.
São quinze para as três.

Es ist zehn vor drei.
es ist tse:n fo:r drai.
São dez para as três.

Es ist drei Uhr.
es ist drai uâr.
São três horas.

Für Verabredungen:
fůr ferAP-re:du:nguen:
Para marcar compromissos:

— Um wieviel Uhr?
  u:m VI:fi:l uâr?
  A que horas?

— Morgen nachmittag dann, um fünf Uhr.
  MÓRguen NAcHmitak dán, u:m fůnf uâr.
  Amanhã à tarde, então, às cinco horas.

— Jawohl. Aber wo?
  iaVO:L. A:bâr vo:?
  Certo, mas onde?

— Am Bahnhofsplatz, vor der Turmuhr.
  ám BÁ:N-hofspla:ts, fo:r de:r TU:RM-uâr.
  Na praça Banhof, na frente da torre do relógio.

— Einverstanden. Aber wenn ich um Punkt fünf nicht dort bin,
  ÁINfe:rchtá:nden. A:bâr vén içh u:m pu:nkt fůnf niçht dórt bin,
  Combinado. Mas se eu não estiver lá às cinco em ponto,

warten Sie bitte noch fünf oder zehn Minuten.
VÁRten zi: BIte nócH fůnf O:dâr tse:n miNUten.
espere por favor uns cinco ou dez minutos.

Der Verkehr ist sehr stark
de:r fe:rKE:R ist zéâr chtark
O trânsito está muito intenso

> **Achtung!**
> *Quando um adjetivo segue o verbo* sein *(ser, estar), sua forma não se altera.*

um diese Zeit.
u:m DI:ze: tsáit.
a essa hora.

CONVERSAÇÃO: NA UNIVERSIDADE

Ein junger Mann spricht mit einem Mädchen:
áin IU:Nguer mán chpriçht mit ÁInem ME:tçhen:
Um jovem conversa com uma garota:

— Guten Morgen, gnädiges Fräulein!
GU:ten MÓRguen, GNE:digues FRÓI-láin!
Bom dia, senhorita!

> *Cumprimentos*
> Guten Morgen *é usado somente de manhã.* Guten Abend *corresponde a "boa noite".* Gute Nacht *também é "boa noite", mas é empregado apenas na hora da despedida.* Gnädiges, *neste caso, torna mais formal e polido o uso de* Fräulein, *como no caso de* Gnädige Frau.

Sie sind neu hier, nicht wahr?
zi: zint nói hiâr, niçht va:r?
A senhorita é nova por aqui, não é?

— Ja, dies ist mein erstes Jahr hier.
iá, di:s ist máin É:RStes ia:r hiâr.
Sim, este é o meu primeiro ano aqui.

— Ich bin vom Studentenanmeldungsbüro.
içh bin fo:m chtu:DÉNten-Á:Nméldu:ngs:-bůRO.
Sou do escritório de cadastramento de estudantes.

> *Palavras compostas*
> *O alemão tem uma forte tendência a ligar várias palavras para formar apenas uma, bem longa. Não se intimide com esta peculiaridade da língua. Separe as palavras e seu significado se tornará compreensível.*

Mein Name ist Heinrich Dorn.
máin NÁme: ist HÁInriçh dórn.
Meu nome é Heinrich Dorn.

— Sehr angenehm.
   zéâr A:Ngue:ne:m.
   Muito prazer.

— Und Ihr Name bitte?
   unt iâr NÁme: BIte?
   E seu nome, por favor?

— Ich heiβe Marlene Kern.
   içh HAISse: marLE:ne ke:rn.
   Eu me chamo Marlene Kern.

— Sehr erfreut.
   zéâr erFRÓIT.
   Muito prazer.

> *"Muito prazer"*
> Sehr erfreut e Sehr angenehm *são expressões usadas em apresentações.*

Und wie ist Ihre Telefonnummer?
unt vi: ist I:re: te:le:FO:N-NU:mâr?
E qual é o seu telefone?

— Mein Telefonnummer ist 346272.
   máin te:le:FO:N-NU:mâr ist drai-fiâr-zéks-tsvo-ZI:ben-tsvo.
   Meu telefone é 346272.

— Danke, und Ihre Adresse?
   DÁ:Nke, unt I:re: a:DRÉSse:?
   Obrigado, e seu endereço?

— Wagnerstraβe 25,
   VA:Gner-chtrasse: 25,
   Rua Wagner, 25,

vierter Stock.
FIÂRter chtó:k.
quarto andar.

— Ausgezeichnet. Das ist alles.
ausgueTSAIÇHnet. da:s ist A:les.
Ótimo. É só isso.

Danke sehr, und bis bald.
DÁ:Nke: zéâr, unt bis ba:lt.
Obrigada, e até logo.

Ein anderer junger Mann kommt. Er fragt:
áin ÁNderer IU:Nguer mán ko:mt. é:r fra:kt:
Um outro jovem chega. Ele pergunta:

— Woher kennen Sie ihn?
VOhér KEnen zi: i:n?
De onde você o conhece?

— Er ist jemand vom Studentenanmeldungsbüro.
é:r ist IE:má:nt fo:m chtu:DÉNten-Á:Nméldu:ngs-bůRO.
É alguém do escritório de cadastramento de estudantes.

— Ach Unsinn! Das ist nicht wahr.
acH U:Nzin! da:s ist ni:çht va:r.
Ah, que absurdo! Não é verdade.

Er ist ein Student, genau wie wir alle.
é:r ist áin chtu:DÉNT, gue:NAU vi: viâr A:le.
Ele é um estudante, igualzinho a nós.

Also Vorsicht, verstehen Sie?
A:Lzo FO:Rziçht, fe:rCHTE:en zi?
Portanto, cuidado, está entendendo?

> ***Also** não é o mesmo que o inglês "also"*
> *Se você tem algum conhecimento de inglês, deve ter notado semelhanças entre muitas palavras do inglês e do*

alemão, como Mann, Student, Telefonnummer, Adresse, *etc. Mas em alguns casos a semelhança é só na forma.* Also, *por exemplo, não tem nada a ver com o inglês* also *(também). Em alemão significa "portanto", ou "assim".*

— Ach, jetzt verstehe ich. Danke.
acH, iétst fe:rCHTE:e: içh. DÁ:Nke:.
Ah, agora estou entendendo, obrigada.

TESTE SEU ALEMÃO

Traduza estas sentenças para o português. Marque 10 pontos para cada resposta certa. Veja as respostas abaixo.

1. Wieviel kostet das? _____

2. Sechs Mark fünfzig, mein Herr. _____

3. Wer spricht? _____

4. Wie ist Ihre Adresse? _____

5. Wie spät ist es? _____

6. Es ist dreiviertel vier. _____

7. Um fünf Uhr nachmittags. _____

8. Und Ihr Name, bitte? _____

9. Wie ist Ihre Telefonnummer? _____

10. Ich verstehe sehr gut. _____

Respostas: 1. Quanto custa isto? 2. Seis marcos e cinqüenta, meu senhor. 3. Quem está falando? 4. Qual é seu endereço? 5. Que horas são? 6. São quinze para as quatro. 7. Às cinco horas da tarde. 8. E seu nome por favor? 9. Qual o número de seu telefone? 10. Estou entendendo muito bem.

Resultado: _____ %

passo 5 SITUAÇÕES DE VIAGEM

Für Ihre Reise
fûr I:re RAIze
Para sua viagem

der Paß	das Geld	die Brieftasche	die Schlüssel
de:r pass	**da:s guélt**	**di: BRI:Ftache**	**di: CHLÛSsel**
o passaporte	*o dinheiro*	*a carteira*	*as chaves*

die Armbanduhr	die Aktentasche	der Handkoffer
di: ARMbantuâr	**di: A:Ktentache**	**de:r HÁ:NTkófâr**
o relógio de pulso	*a pasta*	*a valise de mão*

das Gepäck	die Flugkarten	der Platz
da:s gue:PÉK	**di: FLU:Gkarten**	**de:r plats**
a bagagem	*as passagens de avião*	*o lugar*

Plural dos substantivos

O singular de Flugkarten é die Flugkarte. O acréscimo de -n formou o plural. O plural em alemão não é formado pelo acréscimo da letra "s", mas com as terminações -n, -en, -r, -er, -e, ou com a metafonia (Umlaut), seguida algumas vezes de -e. Há substantivos que não se modificam no plural. Nesses casos o plural é identificado só pela alteração do artigo. Alguns exemplos de plurais:

singular	*plural*
die Flugkarte	die Flugkarten
die Armbanduhr	die Armbanduhren
der Paß	die Pässe
der Schlüssel	die Schlüssel

der Handkoffer	die Handkoffer
der Platz	die Plätze
der Mann	die Männer
die Frau	die Frauen
das Fräulein	die Fräulein
das Kind	die Kinder

No vocabulário que se encontra no final deste livro, cada substantivo vem acompanhado da indicação do seu plural. Quando nada está indicado, é porque sua forma não se altera no plural.

Herr von Heldt fährt
hér fo:n hélt fe:rt
O Sr. von Heldt está viajando

mit seiner Frau und seinem Kind
mit ZÁIner frau unt ZÁInem kint
com sua esposa e seu filho

nach Wien.
nacH vi:n.
para Viena.

Sein Paß, sein Geld und seine Schlüssel
záin pass, záin guélt unt ZÁInem CHLÜSsel
O seu passaporte, seu dinheiro e suas chaves

O nominativo plural para os possessivos
Os possessivos recebem um -e quando o substantivo a que se referem está no nominativo plural.

liegen auf dem Tisch.
LI:guen auf dem tich.
estão sobre a mesa.

Er nimmt den Paß und steckt ihn
é:r nimt de:n pass unt chtékt i:n
Ele pega o passaporte e o coloca

O caso acusativo

Der Paβ *se torna* den Paβ *quando é objeto direto. É o que o alemão chama de acusativo. Os substantivos estão no acusativo quando alguém ou alguma coisa está fazendo algo a eles. Quando o passaporte, o dinheiro e as chaves estavam na mesa, eles estavam no nominativo; mas, quando* Herr von Heldt *começa a apanhá-los e os coloca em diversos lugares, eles passam ao acusativo. No caso acusativo,* der *se torna* den, *mas* die *e* das *não se modificam.* Ein *se torna* einen, *mas* eine *e* ein *(neutro) não se modificam. O acusativo plural de* der, die *e* das *é* die. *A forma objetiva de* er *(ele) é* ihn. Sie *(ela) ou* es *(ele/a para o neutro) não se alteram.* Sie *é o acusativo plural para os três gêneros (*er, sie, es*). Exemplo:*

Vou levá-los = Ich nehme sie.

in seine Aktentasche.
in ZÁIne A:Ktentache.
em sua pasta.

Er nimmt sein Geld
é:r nimt záin guélt
Ele pega seu dinheiro

und steckt es in die Brieftasche.
unt chtékt es in di: BRI:Ftache.
e o coloca em sua carteira.

Er steckt die Brieftasche in seine Rocktasche.
é:r chtékt di: BRI:Ftache in ZÁIne RÓ:Ktache.
Ele coloca a carteira no bolso de sua calça.

Aber er findet die Flugkarten nicht.
A:bâr é:r FINdet di: FLU:Gkarten niçht.
Mas ele não encontra as passagens de avião.

"Wo sind die Flugkarten?" ruft er.
"vo: zint di: FLU:Gkarten?" ru:ft é:r.
"Onde estão as passagens?" ele grita.

"Einen Moment", sagt seine Frau —
"ÁInen moMENT", za:kt ZÁIne frau —
"Um momento", diz sua esposa —

> **Einen Moment, bitte!**
> Einen Moment *está no acusativo, porque a esposa do Sr. Heldt está dizendo para ele "esperar um momento", colocando "momento" no caso acusativo.*

"Ich finde sie sofort..."
"içh FINde: zi: zoFÓRT..."
"Eu já vou achá-las..."

> *O presente pelo futuro*
> *O tempo presente pode ser usado coloquialmente pelo futuro:*
>
> Ich komme um sechs Uhr *pode ser traduzido por "Estou chegando às seis", "Chego às seis", "Chegarei às seis", ou ainda "Vou chegar às seis".*

Sie nimmt den Schlüssel
zi: nimt de:n CHLÜSsel
Ela pega a chave

und macht seinen Koffer auf.
unt maçht ZÁInen KÓfâr auf.
e abre a mala dele.

"Da sind sie — unter den Hemden
"da zint zi: — U:Ntâr de:n HÉMden
"Aqui estão elas — debaixo das camisas

> *O dativo e o acusativo*
> Der, die *e* das *tornam-se* den *no dativo plural. O dativo (veja Passo 3) é usado aqui com* unter *porque denota localização. Entretanto, se uma ação direta está envolvida, assim como colocar as chaves sob as camisas,* unter *seria seguido por* die, *o acusativo plural.*

im Koffer."
im KÓfâr."
na mala."

Dann machen sie alle Koffer zu
dán MAchen zi: A:le KÓfâr tsu:
Então eles fecham todas as malas

> *Verbos que se dividem — "prefixos separáveis"*
> *Muitos verbos têm prefixos separáveis. Embora sejam escritos como uma palavra só no infinitivo, eles se separam no uso, com o prefixo separável seguindo o verbo principal. Os infinitivos dos verbos mencionados aqui são* aufmachen *e* zumachen, *literalmente "fazer aberto" e "fazer fechado".*

und rufen ein Taxi.
unt RU:fen áin TAKsi.
e chamam um táxi.

Sie tragen die Koffer
zi: TRA:guen di: KÓfâr
Eles levam as malas

zum Taxi, und der Taxichauffeur
tsu:m TAKsi, unt de:r TA:ksi:-choFÉ:R
para o táxi, e o motorista de táxi

stellt sie in den Wagen.
chtélt zi: in de:n VA:guen.
as coloca no carro.

Dann fahren sie zum Flugplatz.
dán FA:ren zi: tsu:m FLU:Kpla:ts.
Então eles se dirigem para o aeroporto.

> **Zu *e* nach *só são acompanhados de dativo***
> *Preposições que indicam direção "para" são acompanhadas do acusativo, exceto* zu *e* nach, *que sempre são acompanhadas do dativo.*

Observe:
zu + dem = zum
zu + der = zur
Nach *não permite contrações com o artigo.*

Am Flugplatz gehen sie
ám FLU:Kpla:ts GUE:en zi:
No aeroporto eles vão

an den Lufthansaschalter
án de:n LU:FThá:nzachalter
para o balcão da Lufthansa

und geben ihr Gepäck auf.
unt GUE:ben iâr gue:PÉK auf.
e despacham sua bagagem.

> **Aufgeben** — *outro verbo de prefixo separável*
> *Este é outro verbo com prefixo separável —* auf*geben —*
> *"despachar". Verbos com prefixo separável vêm com o prefixo sublinhado no dicionário ao final do livro.*

Das Fräulein gibt ihnen
da:s FRÓIláin guipt I:nen
A senhorita dá a eles

> **Wie geht es Ihnen?**
> Ihnen *significa "para eles", ou "para o senhor/a senhora/você", dependendo de estar escrito com inicial minúscula ou maiúscula. O cumprimento alemão básico* Wie geht es Ihnen? *significa literalmente "Como vai (a coisa) para o senhor/a senhora/você?"*

eine Platznummer im (in dem) Flugzeug.
Álne PLA:TSnu:mâr im (in dem) FLU:Ktsóik.
um número da poltrona no avião.

Dann gehen sie durch
dán GUE:en zi: durçh
Então eles passam pelo

die Sicherheitskontrolle
di: ZIçhe:r-haits-ko:nTROle:
controle de segurança

und steigen ins Flugzeug.
unt CHTAIguen ins FLU:Ktsóik.
e entram no avião.

CONVERSAÇÃO: NA ALFÂNDEGA — NO HOTEL

REISENDER:
RAIzender:
VIAJANTE:
Da sind unsere Koffer.
da zint U:Nzere KÓfâr.
Ali estão nossas malas.

Träger! Bringen Sie diese Koffer
TRE:gâr! BRINguen zi: DI:ze: KÓfâr
Carregador! Traga essas malas

hierher, bitte.
HIÂRhér, BIte.
para cá, por favor.

Den großen schwarzen
de:n GROSsen CHVARtsen
A grande preta

und den kleinen blauen.
unt de:n KLÁInen BLAUen.
e a pequena azul.

ZOLLBEAMTER:
TSÓLbéa:mtâr:
FUNCIONÁRIO DA ALFÂNDEGA:
Machen Sie bitte den großen Koffer auf.
MAçhen zi: BIte de:n GROSsen KÓfâr auf.
Por favor, abra a mala grande.

Gut. Was haben Sie
gut. vas HA:ben zi:
Muito bem. O que o senhor tem

in der Aktentasche?
in de:r A:Ktentache?
na pasta?

REISENDER:
Ich habe nur Dokumente darin.
içh HA:be nuâr do:kuMENte daRIN.
Só tenho documentos nela.

ZOLLBEAMTER:
Und in diesem blauen Koffer?
unt in DI:zem BLAUen KÓfâr?
E nessa mala azul?

> **In**
> Diesem *é o dativo depois de* in, *indicando lugar, sem ação ou movimento.*

REISENDER:
Der gehört meiner Frau.
de:r gue:HÊRT MÁIner frau.
Ela pertence à minha esposa.

Sie hat nur Kleider
zi: hat nuâr KLAIder
Ela só tem roupas

und persönliche Dinge darin.
unt perZÉNliçhe: DINgue daRIN.
e objetos pessoais nela.

> *O plural dos adjetivos*
> *Quando um adjetivo no caso nominativo é usado sozinho na frente de um substantivo, sem* der, die, das *ou* ein, mein, *etc., o acusativo plural termina em* e.

ZOLLBEAMTER:
Keine Zigaretten oder Alkohol?
KÁIne tsi:ga:REten O:dâr alkoOL?
Nem cigarro, nem bebida alcoólica?

REISENDER:
Nur ein paar Päckchen
nuâr áin pa:r PÉKçhen
Só uns maços

und ein biβchen Schnaps
unt áin BISçhen chnaps
e um pouco de aguardente

für die Reise.
fůr di: RÁIze.
para a viagem.

Im Hotel
Im hoTÉL
No hotel

REISENDER:
Haben Sie ein Doppelzimmer mit Bad?
HA:ben zi: áin DÓpel-TSImâr mit ba:t?
Vocês tem um quarto duplo com banheiro?

Wir haben eine Reservierung.
viâr HA:ben ÁIne reze:rVI:ru:nk.
Temos uma reserva.

Mein Name ist von Heldt.
máin NÁme: ist fo:n hélt.
Meu nome é von Heldt.

HOTELANGESTELLTER:
hoTÉL-á:nguechtéltâr:
FUNCIONÁRIO DO HOTEL:

61

Ah — Herr von Heldt aus Flensburg.
a: — **hér fo:n hélt aus FLENSbu:rk.**
Ah! Sr. von Heldt, de Flensburg.

Jawohl. Sie haben Zimmer Nummer
iaVO:L. zi: HA:ben TSImâr NU:mâr
Pois não! O senhor está no quarto número

vierundvierzig im vierten Stock.
FIÂR-u:nt-FIÂRtsik im FIÂRten chtó:k.
quarenta e quatro, quarto andar.

Page! Bringen Sie das Gepäck
PAge:! BRINguen zi: da:s gue:PÉK
Camareiro! Leve a bagagem

auf Zimmer vierundvierzig.
auf TSImâr FIÂR-u:nt-FIÂRtsik.
para o quarto quarenta e quatro.

REISENDER:
Herein!
he:RÁIN!
Entre!

ZIMMERMÄDCHEN:
TSImârme:tçhen:
CAMAREIRA:
Sie wünschen, mein Herr?
zi VŮNchen, máin hér?
O que o senhor deseja?

> **Wünschen = *"desejar"***
> Wünschen *significa "desejar". As três formas importantes a serem lembradas são:*
>
> ich wünsche
> er (sie, es) wünscht
> wir (Sie, sie) wünschen.

REISENDER:
Bitte nehmen Sie
BIte NE:men zi:
Por favor, leve

diese zwei Anzüge
DI:ze: tsvai Á:Ntsŭgue
estes dois ternos

und lassen Sie sie reinigen.
unt LASsen zi: zi: RAIniguen
e mande limpá-los.

> **Lassen**
> Lassen *significa "permitir" (lasse, läßt, lassen). Seguido de um infinitivo, adquire o sentido de "mandar fazer".*

Und nehmen Sie auch diese Hemden
unt NE:men zi: aucH DI:ze: HÉMden
E leve também estas camisas

und lassen Sie sie waschen.
unt LASsen zi: zi: VÁchen.
e mande lavá-las.

Sagen Sie — wann kommen die Sachen zurück?
ZAguen zi: — ván KO:men di: ZÁchen tsu:RŬK?
Diga-me — quando as coisas estarão de volta?

Ist es möglich bis morgen?
ist es MÉglich bis MÓRguen?
É possível até amanhã?

ZIMMERMÄDCHEN:
Morgen bringe ich die Anzüge
MÓRguen BRINgue ich di: Á:Ntsŭgue
Amanhã eu trago os ternos,

und die Hemden in zwei Tagen.
unt di: HÉMden in tsvai TAguen.
e as camisas em dois dias.

TESTE SEU ALEMÃO

Complete com o acusativo. Marque 10 pontos para cada sentença correta. Veja as respostas no final.

1. Er nimmt _____ Paβ.
              (artigo)

2. Er steckt _____ in _____ Aktentasche.
           (pronome)   (possessivo)

3. Sie nimmt _____ Geld
              (artigo)

4. und steckt _____ in _____ Handtasche.
           (pronome)   (possessivo)

5. Sie rufen _____ Taxi.
            (artigo)

6. Der Taxichauffer nimmt _____ Koffer,
                    (artigo plural)

7. und stellt _____ in _____ Wagen.
          (pronome)   (artigo)

8. Das Fräulein gibt ihnen _____ Platznummer.
                     (artigo)

9. Bringen Sie _____ Gepäck auf _____ Zimmer!
       (artigo)   (artigo)

10. Ich bringe _____ Anzüge und _____ Hemden morgen.
       (artigo)   (artigo)

Respostas: 1. den 2. ihn... seine 3. das 4. es... ihre 5. ein 6. die 7. sie... den 8. eine 9. das... das 10. die... die.

Resultado: _____ %

passo 6 QUANTOS? O QUÊ? ONDE?

Das ist ein Büro.
da:s ist áin bůRO:
Este é um escritório.

— Ist jemand in diesem Büro?
ist IE:má:nt in DI:zem bůRO:?
Há alguém neste escritório?

— Ja, ein paar Leute.
iá, áin pa:r LÓIte.
Sim, algumas pessoas.

> *A inicial maiúscula faz diferença*
> ein paar = *vários/as*
> ein Paar = *um par, um casal*

— Wie viele Personen sind im Büro?
vi: FI:le: pe:rZOnen zint im bůRO:?
Quantas pessoas estão no escritório?

— Sieben Personen.
ZI:ben pe:rZOnen.
Sete pessoas.

— Wie viele Männer und wie viele Frauen?
vi: FI:le: ME:nâr unt vi: FI:le: FRAUen?
Quantos homens e quantas mulheres?

> **Achtung, bitte!**
> *Homens e mulheres* = Männer und Frauen
> *Senhoras e senhores* = Damen und Herren

— Drei Männer und vier Frauen.
drai ME:nâr unt fiâr FRAUen.
Três homens e quatro mulheres.

— Wie viele Schreibtische sind im Büro?
vi: FI:le: CHRAIPtiche: zint im bůRO:?
Quantas escrivaninhas há no escritório?

— Vier.
fiâr.
Quatro.

— Was hängt an der Wand?
vas henkt án de:r vá:nt?
O que há pendurado na parede?

— Einige Bilder und eine Uhr
AIni:gue BILdâr unt AIne uâr
Alguns quadros e um relógio

hängen an der Wand.
HENguen án de:r vá:nt.
estão pendurados na parede.

— Jetzt ist halb sechs.
iétst ist ha:lp zéks.
Agora são cinco e meia.

Und ist jetzt jemand im Büro?
unt ist iétst IE:má:nt im bůRO:?
E agora, há alguém no escritório?

— Nein, jetzt ist niemand im Büro.
náin, iétst ist NI:má:nt im bůRO:.
Não, agora não há ninguém no escritório.

— Ist etwas auf dem Tisch?
ist ÉTva:s auf dem tich?
Há alguma coisa sobre a mesa?

— Ja, es ist etwas auf dem Tisch.
iá, és ist ÉTva:s auf dem tich.
Sim, há algo sobre a mesa.

— Was ist es?
vas ist es?
O que é?

— Verschiedene Dinge:
fe:rCHI:dene DINgue:
Várias coisas:

Blumen, Früchte, Bücher und eine Lampe.
BLU:men, FRÜÇHte:, BÜçhâr unt Áine LÁ:Mpe:.
Flores, frutas, livros e um abajur.

— Ist etwas auf dem Stuhl?
ist ÉTva:s auf dem chtu:l?
Há alguma coisa sobre a cadeira?

— Nein, es ist nichts auf dem Stuhl — gar nichts.
náin, es ist niçhts auf dem chtu:l — ga:r niçhts.
Não, não há nada sobre a cadeira — nada mesmo.

Die Ausdrücke "wo ist" und "gibt es" sind nützliche Fragen auf Reisen
di: AUSdrůke vo ist unt guipt es zint NŮTSliçhe FRA:guen auf RAIzen
As expressões "onde é" e "há" são perguntas úteis em viagens.

Es gibt
Es gibt *significa "há". Na interrogativa* Gibt es? *significa "há?", no sentido de ser disponível, existir. Es gibt é a forma para o pronome* es *do verbo* geben — *"dar", mas neste caso específico corresponde ao verbo impessoal haver, conjugado apenas na terceira pessoa do singular.*

Zum Beispiel:
tsu:m BAIchpi:l:
Por exemplo:

— Wo ist die Bank?
vo ist di: bánk?
Onde é o banco?

— Wo ist hier eine Apotheke?
vo ist hiâr ÁIne a:poTÉke?
Onde há uma farmácia aqui?

— Wo ist ein Briefkasten?
vo ist áin BRI:Fka:sten?
Onde há uma caixa do correio?

— Entschuldigen Sie, mein Herr,
ent-CHU:Ldi:guen zi:, máin hér,
Desculpe-me, senhor,

gibt es ein gutes Restaurant
guipt es áin GUte:s resto:RRÂN
há um bom restaurante

hier in der Nähe?
hiâr in de:r NE:e?
aqui por perto?

— Gibt es eine Garage in diesem Dorf?
guipt es ÁIne garRA:ge: in DI:zem dórf?
Há uma garagem nesta cidadezinha?

— Gibt es ein Münztelefon in diesem Gebäude?
guipt es áin MŰNTS-te:le:fo:n in DI:zem gue:BÓIde?
Há um telefone público neste prédio?

Im Hotel:
im hoTÉL:
No hotel:

EIN REISENDER: Haben Sie ein Zimmer frei?
áin RAIzender? HA:ben zi: áin TSImâr frái?
UM VIAJANTE: O senhor tem um quarto vago?

Haben
Haben = *ter, haver (possuir).*
As formas a serem lembradas são: ich habe *("eu tenho"),* er hat *("ele tem"),* wir haben *("nós temos"). A partir de agora mencionaremos apenas estas três formas, visto que* sie *e* es *são sempre iguais a* er, *e* Sie *e* sie *são sempre iguais a* wir.

DER HOTELANGESTELLTER: Es gibt leider keines mehr.
de:r hoTÉL-á:nguechtéltâr: es guibt LAIdâr KÁInes méâr.
O FUNCIONÁRIO DO HOTEL: Infelizmente não tem mais quarto vago.

Kommen Sie etwas später wieder.
KO:men zi: ÉTva:s CHPE:târ VI:dâr.
Volte um pouco mais tarde.

Zu Hause:
tsu: HAUze::
Em casa:

DER JUNGE: Gibt es etwas zu essen?
de:r IUNgue: guipt es ÉTva:s tsu: ÉSsen?
O MENINO: Tem alguma coisa para comer?

Zu acompanhando infinitivos
Zu *é usado acompanhando verbos na estrutura correspondente* para + *infinitivo, em português.*

nichts zu essen = *nada para comer*
etwas zu tun = *algo para fazer*
etwas zu trinken = *algo para beber*

Ich habe Hunger.
içh HA:be HU:Ngâr.
Estou com fome.

Achtung!
Para se dizer "estar" com fome ou com sede usa-se o verbo haben *(literalmente, "ter" fome, ou sede).*

DIE MUTTER: Ja, es gibt Brot, Butter und Wurst.
di: MU:târ: iá, es guipt bro:t, BU:târ unt vu:rst.
A MÃE: Sim, tem pão, manteiga e frios.

Sie sind auf dem Tisch in der Küche.
zi: zint auf dem tich in de:r KŮçhe:.
Estão sobre a mesa na cozinha.

DER MANN: Gibt es etwas zu trinken?
de:r mán: guipt es ÉTva:s tsu: TRINken?
O HOMEM: Tem alguma coisa para beber?

Ich habe Durst.
içh HA:be du:rst.
Estou com sede.

DIE FRAU: Das Bier ist im Kühlschrank.
di: frau: da:s biâr ist im KŮLchrá:nk.
A MULHER: A cerveja está na geladeira.

Im Büro:
im bůRO::
No escritório:

DER CHEF: Gibt es etwas Wichtiges
de:r chéf: guipt es ÉTva:s VÍÇHti:gues
O CHEFE: Há alguma coisa importante

> **Etwas Wichtiges**
> *Os adjetivos não se modificam quando têm função de predicativo, mas se modificam quando são usados junto a um substantivo, dependendo de estarem precedidos por* der, die, das, *ou* ein, eine, ein.
>
> *A carta é importante* = Der Brief ist wichtig
> *A carta importante* = Der wichtige Brief
> *Uma carta importante* = Ein wichtiger Brief
> *Algo importante* = Etwas Wichtiges

O último exemplo tem o final neutro, visto que o gênero de "algo" não é conhecido, e portanto precisa ser neutro. E Wichtiges *passa a ser escrito com maiúscula, pois faz as vezes de substantivo ("algo de importância").*

in der Post?
in de:r póst?
na correspondência?

DIE SEKRETÄRIN: Nein, nichts Wichtiges.
di: zekreTÉ:rin: náin, nichts VIÇHti:gues.
A SECRETÁRIA: Não, nada de importante.

In einer Unterhaltung zwischen Freunden:
in ÁInâr u:nter-HA:Ltung TSVIçhen FROINden:
Em uma conversa entre amigos:

FRITZ: Hallo, Otto! Was gibt's Neues?
frits: haLO:, Óto:! vas guipts NÓIes?
FRITZ: Alô, Otto! O que há de novo?

> *Elisão do* e
> *Um apóstrofo é freqüentemente usado, especialmente na linguagem informal, para substituir o* e *de* es. *Assim:*
>
> Was gibt es? = Was gibt's?

OTTO: Ach, nichts Besonderes.
Óto:: acH, nichts be:ZONde:res.
OTTO: Ah, nada de especial.

Alles in Ordnung.
A:les in ÓRDnu:nk.
Tudo em ordem.

CONVERSAÇÃO: RECEBENDO CORRESPONDÊNCIAS E RECADOS

EIN HERR:
áin hér:
UM SENHOR:
  Sagen Sie bitte —
  ZÁguen zi: BI:te —
  Diga-me, por favor —

  ist Post für mich da?
  ist póst fů miçh da?
  há alguma correspondência para mim?

EIN ANGESTELLTER:
áin Á:Nguechtéltâr:
UM FUNCIONÁRIO:
  Jawohl. Hier sind zwei Briefe für Sie
  iaVO:L. hiâr zint tsvai BRI:fe: fůr zi:
  Sim. Aqui estão duas cartas para o senhor

  und eine Postkarte für Ihren Sohn.
  unt ÁIne PÓSTkarte: fůr I:ren zo:n.
  e um cartão-postal para seu filho.

  Die Postkarte kommt aus dem Ausland.
  di: PÓSTkarte: ko:mt aus dem AUSlánd.
  O cartão-postal vem do exterior.

  Die Marken sind sehr interessant, nicht wahr?
  di: MARken zint zéâr inte:resSÁ:NT, niçht vá:r?
  Os selos são bem interessantes, não é?

— Verzeihung. Ich bin in Eile.
ferTZÁIu:nk. içh bin in ÁIle:.
Desculpe. Estou com pressa.

Ist das alles?
ist da:s A:les?
É só isso?

— Einen Augenblick.
ÁInen AUguenblik.
Um momento.

Wir haben noch ein paar Pakete
viâr HA:ben nócH áin pa:r paKE:te
Temos ainda algumas encomendas postais

für Ihre Frau
fûr I:re: frau
para sua esposa

und einen Telefonanruf für Sie
unt ÁInen tele:FO:N-ánru:f fûr zi:
e um telefonema para o senhor

von Ihrer Frau.
fo:n I:rer frau.
de sua esposa.

Sie ist beim Einkaufen
zi: ist báim ÁINkaufen
Ela está fazendo compras

und kommt etwas später.
unt komt ÉTva:s CHPE:târ.
e vai chegar um pouco mais tarde.

— Danke. Sagen Sie,
DÁ:Nke. ZAguen zi:,
Obrigado. Diga-me,

haben Sie Briefmarken hier?
<u>HA</u>:ben zi: BRI:Fmarken <u>hi</u>âr?
O senhor tem selos aqui?

— Sicher. Marken, Postkarten, Schreibpapier und Umschläge.
ZIçhâr. MARken, PÓSTkarten, CHRAIP-papiâr unt U:Mchle:gue:.
Certamente. Selos, cartões-postais, papel de carta e envelopes.

— Gut. Geben Sie mir
gut. GUE:ben zi: miâr
Certo. Dê-me

> **Geben Sie mir...**
> MIR = *"me"* ou *"para mim"* é o caso dativo de ich.
> *Observe as outras formas do dativo com os pronomes seguintes:*
>
> | | |
> |---|---|
> | *Dê para ele!* | Geben Sie ihm! |
> | *Dê para ela!* | Geben Sie ihr! |
> | *Dê para nós!* | Geben Sie uns! |
> | *Dê para eles!* | Geben Sie ihnen! |
> | *Eu dou para o senhor.* | Ich gebe Ihnen. |

drei Luftpostmarken für Amerika.
drai LU:FTpóstmarken fůr aMErika.
três selos de via aérea para os Estados Unidos.

TESTE SEU ALEMÃO

Traduza estas frases para o português. Marque 10 pontos para cada tradução certa. Veja as respostas abaixo.

1. Wie viele Personnen sind im Büro? _____

2. Niemand ist im Büro. _____

3. Wo ist hier die Apotheke? _____

4. Wo ist ein Briefkasten? _____

5. Gibt es eine Garage hier in der Nähe? _____

6. Kommen Sie etwas später wieder. _____

7. Alles in Ordnung. _____

8. Ist Post für mich da? _____

9. Wir haben einen Telefonanruf für Sie. _____

10. Haben Sie Marken hier? _____

Respostas: 1. Quantas pessoas estão no escritório? 2. Ninguém está no escritório. 3. Onde fica a farmácia aqui? 4. Onde tem uma caixa de correio? 5. Há uma garagem aqui por perto? 6. Volte um pouco mais tarde. 7. Tudo em ordem. 8. Tem correspondência para mim aí? 9. Temos um telefonema para o senhor. 10. O senhor tem selos aqui?

Resultado: _____ %

passo 7 RELAÇÕES DE PARENTESCO

Die verschiedenen Mitglieder der Familie
di: fe:rCHI:denen MITgli:dâr de:r faMI:lie
Os diversos membros da família

Der Mann und die Frau
de:r mán unt di: frau
O marido e a esposa

Die Eltern und ihre Kinder
di: ÉLtern unt I:re: KINdâr
Os pais e seus filhos

Der Vater und sein Sohn
de:r FAtâr unt záin zo:n
O pai e seu filho

Die Mutter und ihre Tochter
di: MU:târ unt I:re: TÓcHtâr
A mãe e sua filha

Der Bruder und seine Schwester
de:r BRU:dâr unt ZÁIne CHVÉStâr
O irmão e sua irmã

Der Großvater und seine Enkelin
de:r GRO:S-fatâr unt ZÁIne E:Nke:lin
O avô e sua neta

Die Großmutter und ihr Enkel
di: GRO:S-mu:târ unt iâr E:Nkel
A avó e seu neto

> *O caso genitivo*
> *Neste passo aprenderemos o caso genitivo, o quarto caso dos substantivos, pronomes e adjetivos que você precisa conhecer para falar o alemão corretamente. O genitivo denota posse. Der Wagen des Vaters significa "o carro do pai". No caso genitivo, der e das tornam-se des;*

die *torna-se* der; ein *torna-se* eines; e eine *muda para* einer. Wer *("quem")* *torna-se* wessen *("de quem")*. O *plural* die *torna-se* der. *Quanto aos substantivos, alguns recebem -s ou -es, ou -n e Umlaut. Outros não se modificam, como veremos nos exemplos seguintes.*

Der Wagen des Vaters
de:r VA:guen des FAtârs
O carro do pai

Der Schreibtisch der Mutter
de:r CHRAIPtich de:r MU:târ
A escrivaninha da mãe

Die Kinder der Familie Braun
di: KINdâr de:r faMI:lie braun
Os filhos da família Braun

Der Fuβball des Jungen
de:r FU:Sba:l des IUNguen
A bola de futebol do menino

Das Fahrrad des Mädchens
da:s FAR-ra:t des ME:tçhens
A bicicleta da menina

Die Freunde des Bruders und der Schwester
di: FRÓINde des BRU:dârs unt de:r CHVEStâr
Os amigos do irmão e da irmã

Der Hund des Groβvaters
de:r hu:nt des GRO:S-fatârs
O cachorro do avô

Die Katze der Groβmutter
di: KA:tse: de:r GRO:S-mu:târ
O gato da avó

In einer Familie finden wir auch
in ÁInâr faMI:lie FINden viâr aucH
Em uma família encontramos também

Onkeln und Tanten, Neffen und Nichten und
O:Nkeln unt TÁ:Nten, NÉfen unt NIÇHten unt
tios e tias, sobrinhos e sobrinhas e

Vettern und Kusinen.
FÉtârn unt ku:ZI:nen.
primos e primas.

> *As formas no singular dos outros membros da família são* der Onkel, die Tante, der Neffe, die Nichte, der Vetter, die Kusine.

Herr Schmidt ist Kaufmann.
hér chmit ist KAUFmán.
O senhor Schmidt é comerciante.

> **Vergessen Sie nicht!** = *Não esqueça!*
> *Ao descrever profissões, cargos ou vocações, geralmente o artigo indefinido não aparece.*

Er hat sein Büro in Bremen.
ér hat záin bůRO: in BREmen.
Ele tem seu escritório em Bremen.

Die Schmidts haben zwei Kinder,
di: chmits HA:ben tsvái KINdâr,
Os Schmidt têm dois filhos,

einen Sohn und eine Tochter.
ÁInen zo:n unt ÁIne TÓcHtâr.
um filho e uma filha.

Ihr Sohn Wilhelm geht zur Schule.
iâr zo:n VIL-hélm gue:t tsuâr CHU:le:.
Seu filho Wilhelm vai à escola.

Helga, Wilhelms Schwester, ist Kunststudentin.
HÉLga, VIL-hélms CHVÉStâr, ist KU:NST-chtu:DENtin.
Helga, irmã de Wilhelm, é estudante de belas-artes.

> *Sem apóstrofo*
> *O caso genitivo de nomes e de vários substantivos é indicado pelo acréscimo de um s ao final da palavra.*

Sie ist verlobt.
zi: ist fe:rLO:BT.
Ela está noiva.

Ihr Verlobter ist Rechtsanwalt.
iâr fe:rLO:Bter ist RÉÇHTSánvalt.
Seu noivo é advogado.

Herrn Brauns Vater,
hérn brauns FAtâr,
O pai do Sr. Braun,

Wilhelms und Helgas Großvater,
VIL-hélms unt HÉLgas GRO:S-fatâr,
avô de Wilhelm e Helga,

ist pensioniert.
ist pa:nsioNI:RT.
é aposentado.

— Wessen Vater ist pensioniert?
VÉSsen FAtâr ist pa:nsioNI:RT?
O pai de quem é aposentado?

— Der Vater von Herrn Braun.
de:r FAtâr fo:n hérn braun.
O pai do Sr. Braun.

> **Sehr wichtig!** = *Muito importante!*
> *Agora que você já conhece os quatro casos, nominativo, dativo, acusativo e genitivo, sugerimos que consulte a ta-*

bela abaixo para verificar como der, die, das *se modificam em cada caso, assim como a terminação do adjetivo, quando este se antepõe ao substantivo.*

o carro pequeno	der kleine Wagen *(nom.)*
	des kleinen Wagens *(gen.)*
	dem kleinen Wagen *(dat.)*
	den kleinen Wagen *(acus.)*
o gato pequeno	die kleine Katze *(nom.)*
	der kleinen Katze *(gen.)*
	der kleinen Katze *(dat.)*
	die kleine Katze *(acus.)*
a pequena vila	das kleine Dorf *(nom.)*
	des kleinen Dorfes *(gen.)*
	dem kleinen Dorf *(dat.)*
	das kleine Dorf *(acus.)*

Note que no genitivo o substantivo se modifica no masculino e no neutro.

— Wessen Verlobter ist Rechtsanwalt?
VÉSsen fe:rLO:Bter ist REÇHTSánvalt?
O noivo de quem é advogado?

— Helgas Bräutigam.
HÉLgas BRÓIti:ga:m.
O noivo de Helga.

CONVERSAÇÃO: FALANDO SOBRE UMA FAMÍLIA

— Sind Sie verheiratet?
zint zi: fe:r-HAIratet?
A senhora é casada?

— Ja — dieser Herr dort ist mein Mann.
iá — DI:zâr hér dórt ist máin mán.
Sim — aquele senhor ali é meu marido.

> *"Este", "esse", "aquele"*
> Dieser, diese, dieses *geralmente é usado para "este", "esta", "esse", "essa" e para "aquele", "aquela". Mas há outra palavra específica para "aquele", "aquela":* jener, jene, jenes.

— Der mit dem kurzen Bart?
de:r mit dem KU:Rtsen bart?
Aquele de barba curta?

> *Outro uso para* der, die, das
> Der, die, das, *além de artigos definidos também podem funcionar como demonstrativos.*

— Nein, der mit dem Schnurrbart
náin, de:r mit dem CHNU:Rbart
Não, o de bigode

und mit der Brille.
unt mit de:r BRIle:.
e de óculos.

— Haben Sie Kinder?
HA:ben zi: KINdâr?
A senhora tem filhos?

— Ja, wir haben vier Kinder.
iá, viâr HA:ben fiâr KINdâr.
Sim, temos quatro filhos.

Drei Söhne und eine Tochter.
drai ZE̊:ne unt ÁIne TÓcHtâr.
Três filhos e uma filha.

Und Sie...?
unt zi:...?
E o senhor?

— Ich habe keine Kinder.
içh HA:be KÁIne KINdâr.
Eu não tenho filhos.

Ich bin Junggeselle.
içh bin IUNG-ge:ZEle.
Sou solteiro.

Sind Ihre Kinder hier?
zint I:re KINdâr hiâr?
Seus filhos estão aqui?

— Nein. Einer unserer Söhne
náin. ÁInâr U:Nzerer ZE̊:ne
Não. Um de nossos filhos

> **Einer, eine, eines**
> *Quando "um", "uma" é usado sozinho toma a forma* einer, eine, eines, *dependendo do gênero da palavra a que se refere.*
> Unser *se torna* unserer, *porque o genitivo plural do adjetivo possessivo termina em* er.

ist mit einer Engländerin verheiratet.
ist mit ÁInâr E:NGle:nderin fe:r-HAIratet.
é casado com uma inglesa.

Die anderen Jungen und das Mädchen
di: Á:Nde:ren IUNguen unt das ME:tçhen
Os outros meninos e a menina

gehen noch zur Schule.
GUE:en nócH tsuâr CHU:le:.
ainda estão na escola.

Hier ist ein Bild von allen.
hiâr ist áin bilt fo:n Alen.
Aqui está uma foto de todos.

> **Von**
> Von *significa "de", "desde", dependendo do contexto, e rege o caso dativo.*

— Was für reizende Kinder!
vas fůr RAItsende: KINdâr!
Que crianças simpáticas!

> **Was für**
> Was für *seguido da pessoa ou coisa a que se refere significa "qual", "que tipo de", "que", expressando admiração, surpresa ou perguntando. Separadamente estas palavras têm sentido diferente (*Was *= "o que";* für *= "para").*

Wie alt sind sie?
vi: a:lt zint zi:?
Qual a idade delas?

— Kurt ist fünfzehn und Hans ist zwölf.
ku:rt ist FŮNF-tse:n unt há:ns ist tsvelf.
Kurt tem quinze e o Hans, doze.

Und dies ist Hilda.
unt di:s ist HILda.
E esta é Hilda.

Sie ist fast siebzehn.
zi: ist fast ZI:P-tse:n.
Ela tem quase dezessete.

— Was für ein schönes Mädchen!
vas fůr áin CHÊnes ME:tçhen!
Que menina bonita!

Und so schöne Augen.
unt zo CHÊne AUguen.
E que olhos bonitos.

Sie sieht aus wie Sie.
zi: zi:t aus vi: zi:.
Ela se parece com a senhora.

> **Aussehen**
> *O cumprimento que você acaba de conhecer mostra o uso de* aussehen wie — *"parecer com" —, um verbo com prefixo separável composto de* sehen *e* aus *e acompanhado de* wie.

Wo gehen sie zur Schule?
vo GUE:en zi: tsuâr CHU:le:?
Onde eles vão para a escola?

— Die Jungen hier,
di: IUNguen hiâr,
Os meninos aqui,

und das Mädchen ist in einem
unt das ME:tçhen ist in Áinem
e a menina está em um

Internat für Mädchen
interNA:T fŭr ME:tçhen
Internato para garotas

in der Schweiz.
in de:r chvaits.
na Suíça.

Verwandte meines Mannes —
fe:rVÁ:Ndte MÁInes MÁ:nes —
Parentes de meu marido —

seine Schwester und sein Schwager —
ZÁIne CHVÉStâr unt záin CHVAgâr —
sua irmã e seu cunhado —

> *Parentes por afinidade*
> *Outros exemplos são:*
>
> der Schwiegervater = *o sogro*
> die Schwiegermutter = *a sogra*
> der Schwiegersohn = *o genro*
> die Schwiegertochter = *a nora*
> die Schwägerin = *a cunhada*

wohnen in der Nähe.
VO:nen in de:r ne:e.
moram nas proximidades.

— Hat sie nicht Heimweh —
hat zi: niçht HÁIMve: —
Ela não sente saudades de casa —

> **Die Übersetzung** = *A tradução*
> Heimweh, *literalmente, significa "dor do lar".*

so weit weg von Ihnen?
zo váit vek fo:n I:nen?
tão longe de vocês?

— Im Gegenteil — sie hat sehr
Im GUE:guentail — zi: <u>h</u>at zéâr
Pelo contrário — ela está se

viel Spaβ.
fi:l chpa:ss.
divertindo muito.

Sie geht reiten,
zi: gue:t RAIten,
Ela vai cavalgar,

schwimmen und tanzen.
CHVImen unt TÁ:Ntsen.
nadar e dançar.

— Lernt sie auch Französisch?
Lé:rnt zi: aucH frá:nTSÊzich?
Ela também está aprendendo francês?

— Hoffentlich!
<u>H</u>Ó:fentlich!
Espero que sim!

> **Hoffentlich!**
> Hoffentlich *não é um verbo, mas sim um advérbio, que pode também ser traduzido como "tomara!"*

Man spricht nur Französisch
má:n chpricht nuâr frá:nTSÊzich
Só se fala francês

> **Man spricht Deutsch**
> Man *é um pronome impessoal, para o qual se usa a mesma forma verbal de* er *(ele). É equivalente ao impessoal "se", ou a "a gente", "alguém", "nós", "eles", usados em sentido genérico, como nas expressões* man sagt = *"dizem", e* man spricht Deutsch = *"fala-se alemão".*

in ihrer Schule.
in I:rer CHU:le:.
em sua escola.

Oh — Hier kommt mein Mann.
oh — h̲iâr komt máin mán.
Oh — Aí vem meu marido.

Es ist wahrscheinlich Zeit zu gehen.
es ist va:rCHÁINlich̲ tsáit tsu: GUE:en.
Provavelmente está na hora de ir embora.

TESTE SEU ALEMÃO

Traduza estas frases para o alemão. Marque 10 pontos para cada tradução certa. Veja as respostas abaixo.

1. O pai e sua filha. _____

2. A mãe e seu filho. _____

3. Os pais e seus filhos. _____

4. O cachorro do menino. _____

5. O gato da menina. _____

6. A casa do tio. _____

7. O sr. é casado? _____

8. O sr. tem filhos? _____

9. Sim, eis uma foto de todos eles. _____

10. Que crianças simpáticas! _____

Respostas: 1. Der Vater und seine Tochter. 2. Die Mutter und ihr Sohn. 3. Die Eltern und ihre Kinder. 4. Der Hund des Jungen. 5. Die Katze des Mädchens. 6. Das Haus des Onkels. 7. Sind Sie verheiratet? 8. Haben Sie Kinder? 9. Ja, hier ist ein Bild von allen. 10. Was für reizende Kinder!

Resultado: _____ %

passo 8 COMO LER, ESCREVER, SOLETRAR E PRONUNCIAR O ALEMÃO

Das deutsche Alphabet hat
da:s DÓITche: a:lfa-BÉ:T hat
O alfabeto alemão tem

sechsundzwanzig Buchstaben, wie das englische.
ZÉKSs-u:nt-tsvá:ntsik BU:ÇHchta:ben, vi: da:s E:Ngliche.
vinte e seis letras, como o inglês.

> *Aprenda alemão através do alemão*
> *Na primeira parte de cada passo, freqüentemente usamos o alemão para explicar verbos ou outras estruturas. Embora a informação seja repetida de modo mais completo em notas em português, vê-la primeiro em alemão é uma abordagem mais direta e natural e você estará aprendendo o alemão através de seu uso. Depois de ver a lição várias vezes, sugerimos que você cubra as duas linhas inferiores de cada sentença e leia o alemão em voz alta.*

Aber die Aussprache
A:bâr di: AUS:chpraçhe
Mas a pronúncia

der deutschen Buchstaben ist anders.
de:r DÓITchen BU:ÇHchta:ben ist ÁNders.
das letras alemãs é diferente.

Zum Beispiel:
tsu:m BAIchpi:l:
Por exemplo:

91

A	B	C	D	E	F	G	H	I
a:	**be:**	**tse:**	**de:**	**e:**	**éf**	**guê**	**ha:**	**i:**

J	K	L	M	N	O	P	Q	R
iót	**ka:**	**él**	**ém**	**én**	**o:**	**pe:**	**ku:**	**e:r**

S	T	U	V	W	X	Y	Z
éss	**te:**	**u:**	**fau**	**ve:**	**éks**	**Ůpsi:lo:n**	**tset**

Para recados

Quando você souber o nome das letras do alfabeto, um uso imediato será soletrar seu nome pelo telefone ao deixar um recado (eine Nachricht).

In der deutschen Sprache
in de:r DÓITchen CHPRAçhe
Na língua alemã

haben wir außerdem
HA:ben viâr AUsserdem
temos além disso

den Umlaut.
de:n U:Mlaut.
o Umlaut (sinal de metafonia).

> *O uso do* Umlaut
> Freqüentemente o Umlaut é utilizado na formação do plural:
>   Buch = *livro*
>   Bücher = *livros*
>
> Muitas vezes, também, ele indica a diferença da pronúncia que distingue duas palavras de grafia semelhante:
>   zahlen = *pagar*
>   zählen = *contar*

Der Umlaut macht
de:r U:Mlaut maçht
O Umlaut faz

aus a, o, u
aus a:, o:, u:
de a, o, u

die neuen Buchstaben
di: NÓIen BU:ÇHchtaben
as novas letras

ä, ö, ü.
e:, ê, ů.

A pronúncia do **Umlaut**
A pronúncia do Umlaut *é um dos maiores problemas para o falante do português, pois não há sons similares em nossa língua. Em geral o* ä *é pronunciado como o "e" em "melar", mas pode também ser aberto, como em "José". Para pronunciar o* ö *tente emitir um "e" com os lábios bem fechados, como se fosse um "o". Tente o mesmo com o* ü: *emita um "i" com os lábios bem fechados, como se fosse um "u". Se você conhece algum alemão, peça que ele pronuncie palavras como* schön, Tür *e* zählen.

Ein kurzes Telefongespräch:
áin KU:Rtses te:le:FO:Ngue:chpre:çh:
Uma conversa curta ao telefone:

— Hallo, ist Herr Schönberg da?
haLO:, ist hér CHÊNbérg da:?
Alô, o Sr. Schönberg está?

— Nein, er ist nicht da.
náin, é:r ist nicht da:.
Não, ele não está.

— Wann kommt er zurück?
ván komt e:r tsu:RŮK?
Quando ele volta?

— Ich weiß nicht.
içh vaiss nicht.
Eu não sei.

Wer spricht, bitte?
vé:r chpricht, BIte?
Quem está falando, por favor?

— Ich bin Herbert Kühner.
ich bin HÉRbert KŮ:ner.
Sou Herbert Kühner.

— Verzeihung, wie schreibt man
ferTZÁIu:nk, vi: chraibt má:n
Desculpe, como se soletra

Ihren Namen?
I:ren NÁ:men?
seu nome?

— Man schreibt ihn:
má:n chraipt i:n:
Soletra-se:

K-Ü-H-N-E-R.
ka: - :u:U:Mlaut - ha: - én - e: - e:r.
K-Ü-H-N-E-R.

Das Lesen:
da:s LE:zen:
A leitura:

— Lesen Sie deutsche Bücher?
LE:zen zi: DÓItche: BŮçhâr?
Vocês lêem livros alemães?

— Ja, oft. Wir lesen auch deutsche Zeitungen
iá, óft. viâr LE:zen aucH DÓItche: TSÁItunguen
Sim, com freqüência. Também lemos jornais alemães

94

und einige der Illustrierten.
unt AIni:gue de:r i:lu:sTRIÂRten.
e algumas revistas.

Die Illustrierte
Illustrierte *significa "ilustrada" e é usada com o sentido de "revistas".*

— Welche Zeitung lesen Sie?
VÉLçhe TSAItung LE:zen zi:?
Que jornal vocês lêem?

— Ich lese die Frankfurter Allgemeine
içh LE:ze di: FRA:NKfu:rtâr a:lgueMÁIne
Eu leio o Frankfurter Allgemeine

und meine Frau liest das Abendblatt.
unt MÁIne frau li:st da:s A:bent-bla:t.
e minha esposa lê o Abendblatt.

"Ler" — "escrever"
As formas básicas de lesen *("ler") e* schreiben *("escrever") são:*

    ich lese   ich schreibe
    er liest   er schreibt
    wir lesen   wir schreiben

Von den Illustrierten lesen wir
fo:n de:n i:lu:sTRIÂRten LE:zen viâr
Entre as revistas lemos

beide den Spiegel und den Stern.
BAIde de:n CHPI:guel unt den chtérn.
ambos a Spiegel e a Stern.

Das Schreiben:
da:s CHRAIben:
A escrita:

Wir schreiben Briefe
viâr CHRAIben BRI:fe:
Escrevemos cartas

an unsere Freunde.
án U:Nzere FRÓINde.
para nossos amigos.

Wir schreiben den Namen unseres Freundes
viâr CHRAIben de:n NÁ:men U:Nzeres fróints
Escrevemos o nome de nosso amigo

oder unserer Freundin
O:dâr U:Nzerer FRÓINdin
ou de nossa amiga

und die Adresse auf den Umschlag.
unt di: a:DRÉSse: auf de:n U:Mchla:k.
e o endereço no envelope.

> *A direção da ação*
> Umschlag *está no acusativo porque quando escrevemos um endereço no envelope estamos praticando uma ação nele.*

Danach kleben wir Briefmarken darauf
daNAÇH KLE:ben viâr BRI:Fmarken daRAUF
Depois colamos selos nele

und stecken den Brief
unt CHTÉ:ken de:n bri:f
e colocamos a carta

> *"Pôr", "colocar"*
> *Há várias palavras para "pôr" ou "colocar", dependendo das circunstâncias:*
>
> stellen — *colocar um objeto que fica em pé sozinho, como por exemplo uma cadeira.*
> legen — *colocar um objeto que geralmente fica deitado, como por exemplo um livro.*

stecken — *colocar um objeto dentro de outro, como por exemplo uma carta no envelope.*

in den Briefkasten.
in de:n BRI:Fka:sten.
na caixa de correio.

CORRESPONDÊNCIA: BILHETE DE AGRADECIMENTO E CARTÃO-POSTAL

Ein kurzer Brief an einen Freund:
áin KU:Rtser bri:f án ÁInen fróint:
Uma carta curta a um amigo:

Lieber Kurt,
LI:ber ku:rt,
Caro Kurt,

vielen Dank für die Blumen.
VI:len dá:nk fűr di: BLU:men.
muito obrigada pelas flores.

Sie sind wirklich schön.
zi: zint VI:Rkliçh chḙn.
Elas são realmente bonitas.

Gelbe Rosen sind meine Lieblingsblumen.
GUÉLbe ROzen zint MÁIne LI:plings-BLU:men.
Rosas amarelas são minhas flores favoritas.

> **Liebling**
> Lieblings *é usado como prefixo daquilo que é favorito.*
>
> *O pintor favorito dela* = ihr Lieblingsmaler.
>
> Liebling *sozinho é um termo carinhoso. Literalmente significa "amorzinho".*

Nochmals vielen Dank!
NÓcHmals FI:len dá:nk!
Mais uma vez, muito obrigada!

Alles Gute!
A:les GUte!
Tudo de bom!

Herzlichst,
HÉ:RTSliçhst,
Cordialmente,

Greta.

> Herzlichst *("cordialmente", "sinceramente")* é um termo adequado para encerrar uma carta pessoal. Cartas comerciais geralmente terminam com hochachtungsvoll *(literalmente, "cheio de alta estima")*.

Eine Postkarte an eine Freundin:
ÁIne PÓSTkarte: án ÁIne FRÓINdin:
Um cartão-postal para uma amiga:

Liebe Helga,
LI:be HÉLga,
Querida Helga,

Grüße aus München.
GRÜSse: áus MÜNçhen.
Saudações de Munique.

Hier ist es wunderschön.
hiâr ist es VU:Nde:r-chên.
Aqui é maravilhoso.

Die Stadt ist interessant,
di: chta:t ist inte:resSÁ:NT,
A cidade é interessante,

und die Leute sind sehr amüsant.
unt di: LÓIte zint zéâr a:můZÁ:NT.
e as pessoas são muito divertidas.

Schade, daß Sie nicht hier sind!
CHA:de:, das zi: niçht h̲iâr zint!
Pena que você não esteja aqui!

Auf baldiges Wiedersehen.
auf BA:Ldi:gues VI:de:rze:en.
Até breve.

Die Übersetzung
O advérbio bald *significa "logo".* Baldiger *(-e), (-es) "próximo".* Auf baldiges Wiedersehen *significa literalmente "para um próximo ver de novo".*

Herzlichst,
H̲É:RTSliçhst,
Sinceramente,

Karl.

TESTE SEU ALEMÃO

Traduza as seguintes frases para o alemão. Marque 10 pontos para cada resposta certa. Veja as respostas abaixo.

1. Quando ele vai voltar? _____
2. Quem está falando, por favor? _____
3. O senhor lê livros alemães? _____
4. Que jornal o senhor lê? _____
5. Muito obrigada pelas flores. _____
6. Tudo de bom! _____
7. Saudações de Munique! _____
8. Aqui é maravilhoso. _____
9. A cidade é muito interessante. _____
10. As pessoas são muito divertidas. _____

Respostas: 1. Wann kommt er zurück? 2. Wer spricht, bitte? 3. Lesen Sie deutsche Bücher? 4. Welche Zeitung lesen Sie? 5. Vielen Dank für die Blumen. 6. Alles Gute! 7. Grüße aus München! 8. Hier ist es wunderschön. 9. Die Stadt ist sehr interessant. 10. Die Leute sind sehr amüsant.

Resultado: _____ %

passo 9 — PROFISSÕES E TRABALHO

Um zu erfahren, was jemand ist
U:m tsu: e:rFA:ren, vas IE:má:nt ist
Para descobrir o que uma pessoa é

> *"A fim de"*
> Um zu *seguido do infinitivo do verbo significa "para", ou "a fim de".*
>
> *Vou para a Alemanha para estudar alemão* = Ich gehe nach Deutschland, um Deutsch zu studieren.

oder tut, fragen wir:
O:dâr tu:t, FRA:guen viâr:
ou faz, perguntamos:

> **Tun**
> Tun *equivale a "fazer", no sentido de "realizar".*
>
> Was tun Sie hier? = *O que o senhor está fazendo aqui?*
> Ich tue nichts. = *Não estou fazendo nada.*

"Wo arbeiten Sie?" oder
"vo ARbaiten zi:?" O:dâr
"Onde o senhor trabalha?" ou

"Was sind Sie von Beruf?"
"vas zint zi: fo:n be:RU:F?"
"Qual sua profissão?"

Hier sind ein paar Beispiele für Berufe.
hiâr zint áin pa:r BAIchpi:le fůr be:RU:fe.
Eis aqui alguns exemplos de profissões.

Ein Geschäftsmann arbeitet in einem Büro.
áin gue:CHEFTSmá:n ARbaitet in Áinem bůRO:.
Um homem de negócios trabalha em um escritório.

Arbeiter arbeiten in einer Fabrik.
ARbaiter ARbaiten in Áinâr faBRI:K.
Operários trabalham em uma fábrica.

Ärzte behandeln die Kranken.
É:RTSte: be:H̲Á:Ndeln di: KRÁ:Nken.
Médicos tratam dos doentes.

Schauspieler und Schauspielerinnen
CHAUchpi:ler unt CHAUchpi:lerinen
Atores e atrizes

> *"Atores" e "atrizes"*
> Schauspieler *("ator") é um exemplo de palavra que não se modifica para formar o plural. Para formar o feminino acrescenta-se* -in; *e o feminino plural recebe* -nen.

arbeiten im Theater oder im Filmstudio.
ARbaiten im te:A:ter O:dâr im film-CHTU:dio.
trabalham no teatro ou no estúdio cinematográfico.

Ein Maler malt Bilder.
áin MÁler ma:lt BILder.
Um pintor pinta quadros.

Ein Schriftsteller schreibt Bücher.
áin CHRIFTchtélâr chraipt BǓçhâr.
Um escritor escreve livros.

Ein Musiker spielt Klavier
áin MU:zi:kâr chpi:lt klaVI:R
Um músico toca piano

oder ein anderes Instrument.
O:dâr áin Á:Nde:res instru:MENT.
ou um outro instrumento.

Ein Autoschlosser repariert Wagen.
áin AUto:chlosser re:paRIÂRT VA:guen.
Um mecânico de automóveis conserta carros.

Der Briefträger bringt die Post.
de:r BRI:Ftre:gâr brinkt di: póst.
O carteiro entrega a correspondência.

Der Autobusfahrer fährt einen Bus
de:r AUto:bu:s-farer fe:rt ÁInen bu:s
O motorista de ônibus dirige um ônibus

> *Para todos os verbos, adiciona-se à raiz -e para ich; -t ou -et para er, sie ou es e -en para wir, Sie e sie (pl.). Fahren ("dirigir" um veículo ou "andar" nele) é um exemplo de verbo cujo radical se modifica. Ele recebe Umlaut na forma correspondente a er.*

    ich fahre
    er fährt
    wir fahren

und der Taxichauffeur fährt ein Taxi.
unt de:r TA:Ksi:chofê:r fe:rt áin TA:Ksi.
e o motorista de táxi dirige um táxi.

Feuerwehrleute löschen Feuer.
FÓIârve:rlóite: LÊCHen FÓIâr.
Bombeiros apagam fogo.

Polizisten regeln den Verkehr
poliTSISten RE:gueln de:n fe:rKE:R
Policiais regulamentam o trânsito

und verhaften Verbrecher.
unt fe:r-HA:FTen fe:rBRÉ:çhâr.
e prendem criminosos.

CONVERSAÇÃO: NUMA FESTA

— Was für eine nette Gesellschaft!
 vas fůr Áine NÉte: gue:ZÉLcha:ft!
 Que festa agradável!

— Ja, es ist sehr interessant
 iá, es ist zéâr inte:ressÁ:NT
 Sim, está bem interessante

 hier heute abend.
 hiâr HÓIte: A:bent.
 aqui hoje à noite.

> **Heute** = *"hoje"*
> *Expressões como:*
>   *esta manhã* = heute morgen
>   *esta tarde* = heute nachmittag
>   *esta noite* = heute abend
>
> *não são escritas com letra maiúscula quando usadas como locuções adverbiais.*

— Das stimmt. Frau von Waldeck
 da:s chtimt. frau fo:n VA:Ldek
 É verdade. A sra. Waldeck

> **Das stimmt**
> Das stimmt *é uma expressão coloquial que significa "correto", "exato", "está certo", "é verdade". O significado básico de* stimmen *é "afinar" (um instrumento musical).*

hat reizende Freunde.
hat RÁItsende: FRÓINde.
tem amigos encantadores.

In dieser Gruppe beim Fenster
in DI:zâr GRU:pe: báim FENStâr
Neste grupo perto da janela

sehen Sie einen Rechtsanwalt,
ZE:en zi: ÁInen RÉÇHTS-ánvalt,
você vê um advogado,

einen Komponisten, einen Ingenieur,
ÁInen kompoNISten, ÁInen inge:NIĚ:R,
um compositor, um engenheiro,

einen Architekten, einen Zahnarzt
ÁInen arçhi:TÉKten, ÁInen TSA:Nartst
um arquiteto, um dentista

und einen bekannten Fußballspieler.
unt ÁInen be:KÁ:Nten FU:Sba:l-CHPI:lâr.
e um famoso jogador de futebol.

> **Vergessen Sie nicht!** = *Não esqueça!*
> *Note que todas as pessoas ou profissões acima são precedidas de* einen, *a forma acusativa de* ein, *porque são objeto direto de* sehen.

— Was für eine buntgewürfelte Gruppe!
vas fůr ÁIne BU:NTgue:vůrfelte GRU:pe:!
Que grupo variado!

Wer weiβ, worüber sie reden?
vé:r vaiss, voRŮbe:r zi: RE:den?
Quem sabe do que estão falando?

Architektur, Musik, Medizin...?
arçhi:tekTU:R, mu:ZI:K, me:di:TSI:N...?
De arquitetura, música, medicina...?

106

— Fußball, natürlich.
FU:Sba:l, naTÜRliçh.
De futebol, naturalmente.

— Wissen Sie, wer die hübsche Dame dort ist?
VISsen zi: vé:r di: HÜPche: DÁme: dórt ist?
Você sabe quem é aquela senhora bonita ali?

— Welche? Hier sind so viele.
VÉlçhe? hiâr zint zo FI:le:.
Qual? Tem tantas aqui.

— Die mit dem roten Kleid da, am Fenster.
di: mit dem ROten kláid da:, ám FENStâr.
Aquela com o vestido vermelho, perto da janela.

— Sie ist Opernsängerin
zi: ist O:pern-zenguerin
Ela é cantora de ópera

und heißt Inge Dietrich.
unt haist INgue: DI:tricH.
e se chama Inge Dietrich.

— Und die Herren, die bei ihr stehen?
unt di: HÉRren, di: bei iâr CHTE:en?
E os homens que estão perto dela?

> **Der, die, das *como pronomes relativos***
> *Der, die, das podem ser usados também como relativos — "aquele que", "que", "quem", etc.*
>
> ***Pronomes no dativo***
> *Segue-se uma lista das formas assumidas pelos pronomes quando acompanhados de preposições que exigem o dativo. A forma do nominativo (sujeito) está entre parênteses.*
>
> (ich) — mir
> (er) — ihm
> (sie) — ihr

(es) — ihm
(wir) — uns
(Sie) — Ihnen
(sie) (pl.) — ihnen

— Der ältere Herr ist Kunstkritiker
de:r ÉLte:re: h̲ér ist KU:NSTkritikâr
O mais velho é crítico de arte

und der Junge, der mit den langen Haaren,
unt de:r IU:Ngue:, de:r mit de:n LÁ:Nguen H̲ÁRen,
e o jovem, aquele de cabelos compridos,

ist Dichter.
ist DIÇHtâr.
é poeta.

— Aber sehen Sie, wer jetzt kommt?
A:bâr ZE:en zi:, ve:r iétst ko:mt?
Mas veja só quem está chegando agora!

> *Uso da vírgula*
> *Lembre-se de que, em alemão, orações subordinadas relativas, isto é, aquelas que começam com* wer, wo, wie, der, *etc. são sempre separadas por vírgulas.*

Das ist Lotte Hesse,
da:s ist LOte: H̲É:Sse:,
É Lotte Hesse,

die berühmte Schlagersängerin.
di: be:RǗ:Mte: CHLAguerzenguerin.
a famosa cantora das paradas de sucesso.

— Wirklich? Sie ist sehr gut.
VI:Rkliçh? zi: ist zéâr gut.
Verdade? Ela é muito boa.

Finden Sie nicht auch?
FINden zi: niçht aucH?
Você também não acha?

Finden = "achar"
Finden *é usado também para expressar "achar", no sentido de dar uma opinião.*

— Sicher. Wissen Sie, ich kenne sie.
ZIçhâr, VISsen zi:, içh KEne zi:.
Claro. Sabe, eu a conheço.

Kennen und Wissen
Wissen *é "saber" um fato e* kennen *é "conhecer" uma pessoa ou estar familiarizado com alguma coisa. As formas de* wissen *são:*

    ich weiß
    er weiß
    wir wissen

Gehen wir mal hinüber.
GUE:en viâr ma:l hiNŮbâr.
Vamos até lá.

Mal — *uma palavra importante*
Mal *significa "sinal", "marca", ou "momento", "vez".*

    einmal = *uma vez*
    das zweite Mal = *a segunda vez*
    zweimal = *duas vezes*

Mal *é uma palavra muito importante na linguagem coloquial. De modo geral, dá um sentido mais intenso ou persuasivo ao que está sendo dito.*

    Sehen wir mal! = *Então vamos ver!*
    Hören Sie mal! = *Agora ouça!*

Neste uso especial, mal *é a forma abreviada de* einmal. *Trata-se de mais um caso de expressões que não comportam tradução literal.*

Ich stelle Sie ihr vor.
içh CHTÉle: zi: iâr fo:r.
Eu vou apresentá-la a você.

TESTE SEU ALEMÃO

Associe o nome da profissão à atividade a que ela corresponde. Marque 10 pontos para cada resposta correta. Veja as respostas abaixo.

1. Ein Geschäftsmann _____
2. Ärzte _____
3. Ein Maler _____
4. Arbeiter _____
5. Ein Musiker _____
6. Der Briefträger _____
7. Feuerwehrleute _____
8. Der Autobusfahrer _____
9. Polizisten _____
10. Schauspieler und Schauspielerinnen _____

A. fährt einen Bus.
B. löschen Feuer.
C. bringt die Post.
D. verhaften Verbrecher.
E. malt Bilder.
F. spielt Klavier.
G. arbeiten im Theater.
H. arbeitet in einem Büro.
I. arbeiten in einer Fabrik.
J. behandeln Kranke.

Respostas: 1-H; 2-J; 3-E; 4-I; 5-F; 6-C; 7-B; 8-A; 9-D; 10-G.

Resultado: _____ %

passo 10 INFORMAÇÕES SOBRE A DIREÇÃO A SEGUIR — VIAGEM DE AUTOMÓVEL

Der Autofahrer hält an einer Straβenecke.
dér AUto:fa:râr hé:lt án AInâr CHTRAssené:ke:.
O motorista pára em uma esquina.

> **Halten Sie!**
> Halten *("parar")* tem Umlaut *na terceira pessoa:* ich halte, er hält, wir halten.

Er fragt einen Fuβgänger:
é:r fra:kt AInen FU:Sguengâr:
Ele pergunta a um pedestre:

"Ist das die richtige Straβe nach Stuttgart?"
"ist da:s di: RIcHtigue CHTRAsse: nacH CHTU:T-gart?"
"Este é o caminho certo para Stuttgart?"

Der Fuβgänger antwortet ihm:
de:r FU:Sguengâr Á:NTvortet i:m:
O pedestre lhe responde:

"Nein. Sie sind auf der falschen Straβe.
"náin. zi: zint auf der FA:Lchen CHTRAsse:.
"Não, o senhor está na rua errada.

> **Erinnern Sie sich**
> *Quando um adjetivo segue o artigo definido der, die, das antes de um substantivo, ele termina em n em todos os casos, exceto no nominativo singular nos três gêneros, e no feminino e no neutro do acusativo singular, quando termina em e.*

Fahren Sie geradeaus bis
FA:ren zi: gueRAde-AUS bis
Siga em frente até

zur zweiten Querstraße.
tsuâr TSVAIten KVE:Rchtrasse:.
a segunda travessa.

Dann biegen Sie links ab.
dán BI:guen zi: links ab.
Então vire à esquerda.

> **Ab**
> Ab-biegen *significa "virar" e é um verbo com prefixo separável.*

Fahren Sie weiter bis zur
FA:ren zi: VAlter bis tsuâr
Siga adiante até o

nächsten Straßenampel.
NEKSten CHTRAssená:mpel.
próximo semáforo.

Dort biegen Sie rechts ab.
dórt BI:guen zi: réçhts ab.
Lá vire à direita.

Dann geradeaus.
dán gueRAde-AUS.
Então siga em frente.

Bleiben Sie auf dieser Straße.
BLÁIben zi: auf DI:zâr CHTRAsse:.
Permaneça nessa rua.

Sie führt direkt dorthin.
zi: fü:rt diRÉKT dórt-HIN.
Ela o conduzirá direto até lá.

Aber Vorsicht vor der Polizei!
A:bâr FO:Rziçht fo:r de:r poli:TSAI!
Mas cuidado com a polícia!

Sie sind hier sehr streng
zi: zint hiâr zéâr chtreng
Eles são muito rigorosos aqui

mit Schnellfahrern."
mit CHNÉL-fa:rârn."
com motoristas que correm."

Der Fahrer dankt ihm
de:r FA:râr dá:nkt I:m
O motorista lhe agradece

und folgt seinem Rat.
unt fo:lgt ZÁInem ra:t.
e segue sua indicação.

> **Folgen = *"seguir"***
> Folgen *é um verbo que em alemão pede objeto indireto. Portanto, ele é seguido do dativo, o que não corresponde à regência do verbo "seguir" em português.*

Aber als er aus der Stadt fährt,
A:bâr als é:r aus de:r chta:t fe:rt,
Mas quando ele sai da cidade,

folgt ihm ein Polizist auf einem Motorrad.
fo:lgt i:m áin poli:TSIST auf ÁInem moTO:ra:t.
um policial em um motocicleta o segue.

Er hält ihn an.
é:r hé:lt i:n án.
Ele o pára.

Er ruft: "Halt!"
é:r ru:ft: "ha:lt!"
Ele grita: "Pare!"

Dann sagt der Polizist zu ihm:
dan za:kt de:r poli:TSIST tsu: i:m:
Então o policial lhe diz:

> **Was ist los?**
> Was ist los? *é uma expressão que significa "Qual é o problema?", "O que está acontecendo?"*

"Was ist los?
"vas ist lo:s?
"O que está acontecendo?

Wohin fahren Sie in solcher Eile?"
voHIN FA:ren zi: in ZÓ:LcHâr Alle:?"
Aonde o senhor vai com tanta pressa?"

Der Fahrer antwortet ihm:
de:r FA:râr A:NTvortet i:m:
O motorista lhe responde:

"Entschuldigen Sie, Herr Wachtmeister.
"entCHU:Ldi:guen zi:, hér VA:cHTmaister.
"Desculpe, seu 'tenente'.

> *Um pouco de diplomacia*
> Herr Wachtmeister *é uma maneira polida e diplomática de se dirigir a um policial, remontando aos tempos medievais. Literalmente significa "Sr. mestre da guarda".*

Ich bin verspätet.
içh bin fe:rCHPE:tet.
Estou atrasado.

Man wartet auf mich in Stuttgart."
má:n VARtet auf miçh in CHTU:Tgart."
Estão me esperando em Stuttgart."

Der Polizist sagt zu ihm:
de:r poli:TSIST za:kt tsu: i:m:
O policial lhe diz:

"Zeigen Sie mir Ihren Führerschein!"
"TSAIguen zi: miâr I:ren FÜrârcháin!"
"Mostre-me sua carteira de habilitação!"

Der Herr zeigt ihn ihm.
de:r hér tsaigt i:n i:m.
O homem a mostra para ele.

> ***A exatidão do alemão***
> *Note que a terminação do pronome em alemão já indica claramente a função que ele exerce:* ihm *é masculino dativo,* ihn *é masculino acusativo.*

"Und auch die Zulassung!"
"unt aucH di: tsu:LASSu:ng!"
"E também o registro!"

Der Fahrer nimmt sie aus der Tasche
de:r FA:râr nimt zi: aus de:r TAche:
O motorista o tira da carteira

und gibt sie ihm.
unt guipt zi: i:m.
e o dá a ele.

Der Polizist schaut beides an.
de:r poli:TSIST chaut BÁIdes án.
O policial observa ambos.

> ***Uso do prefixo separável***
> **ans**chauen — *"olhar para"*, *"examinar"* — é um verbo separável, e portanto a palavra **beides** — *"ambos"* — vem entre o verbo e seu prefixo.

Er gibt sie ihm zurück und sagt:
é:r guipt zi: i:m tsu:RÛK unt za:kt:
Ele os devolve e diz:

Zurückgeben
Este é outro exemplo de verbo separável, onde podemos distinguir muito bem o significado do prefixo: "de volta". Ele aparece em outros verbos, como **zurück**fahren, *dando a mesma idéia.*

"Naja — Sie sind Ausländer.
"naiá — zi: zint AUSlendâr.
"Bem — o senhor é estrangeiro.

Diesmal lasse ich Sie gehen.
DI:Sma:l LASse: içh zi: GUE:en.
Desta vez vou deixar o senhor ir embora.

Aber fahren Sie langsamer in der Stadt!
A:bâr FA:ren zi: LÁ:NKzámâ:r in de:r chta:t!
Mas dirija mais devagar dentro da cidade!

Formas semelhantes de adjetivos e advérbios
A maioria dos advérbios e adjetivos têm a mesma forma básica:

bom ou bem = gut
mau ou mal = schlecht
lindo ou lindamente = schön
rápido ou rapidamente = schnell
vagaroso ou devagar = langsam

O comparativo dos advérbios e adjetivos é formado com a adição de -er *ao radical. Mas há exceções, como em português. O comparativo de* gut, *por exemplo, é* besser.

Das nächste Mal bekommen Sie
da:s NEKSte ma:l be:KO:men zi:
Na próxima vez o senhor recebe

117

einen Strafzettel!"
Álnen STRA:Ftsetel!"
uma multa!"

> ***Um "bilhete de punição"***
> Strafzettel — *"multa"* — *é uma palavra formada por* strafen *("punir") e* Zettel *("bilhete"). Literalmente significa "bilhete de punição".*

CONVERSAÇÃO: DANDO ORDENS

EINE FRAU:
Áine frau:
UMA SENHORA:
Gertrud, hören Sie nicht?
GUE:Rtru:t, HÉren zi: niçht?
Gertrud, você não está ouvindo?

Jemand klingelt an der Tür.
IE:má:nt KLINguelt án de:r tůâr.
Alguém está tocando a campainha na porta.

Machen Sie bitte auf!
MAçhen zi: BI:te auf!
Abra-a, por favor!

Wer ist es?
vé:r ist es?
Quem é?

GERTRUD:
GUE:Rtru:t:
GERTRUD:
Es ist der Junge
es ist de:r IU:Ngue:
É o menino

mit den Lebensmitteln.
mit de:n LE:bensmiteln.
com as compras.

Genauigkeit = *Exatidão*
O alemão tende a ser extremamente preciso. "Alimento" é das Essen, mas uma entrega de alimento, como aqui, se torna "provisões", ou "suprimento". Lebensmittel [de: das Leben (vida), e Mittel (meios)] literalmente significa "meios de vida".

DIE FRAU:
Gut. Legen Sie das Fleisch in den Kühlschrank!
gu:t. LE:guen zi: da:s flaich in de:n KÜLchrá:nk!
Está bem. Coloque a carne na geladeira!

Stellen Sie auch die Milch und die Butter hinein!
CHTÉlen zi: aucH di: milçh unt di: BU:târ hiNÁin!
Coloque também o leite e a manteiga aí!

Legen Sie das Gemüse ins Gemüsefach!
LE:guen zi: da:s gue:MÜze: ins gue:MÜze:fa:cH!
Coloque os legumes e verduras na gaveta de legumes!

Lassen Sie die Kartoffeln auf dem Tisch!
LASsen zi: di: karTÓ:feln auf dem tich!
Deixe as batatas sobre a mesa!

Wir machen später einen Kartoffelsalat.
viâr MAçhen CHPE:târ ÁInen karTÓ:felzala:t.
Mais tarde vamos fazer uma salada de batatas.

GERTRUD:
Ja. Sofort, gnädige Frau.
iá. zoFÓRT, GNE:digue frau.
Sim, já, já, madame.

DIE FRAU:
Ich gehe jetzt aus.
içh GUE:-e: iétst aus.
Agora eu vou sair.

O prefixo dá o sentido.
Ausgehen *é um verbo de prefixo separável. O alemão usa preposições como "fora"* (aus), *"acima"* (über), *"atrás"* (hinter), *"para dentro"* (hinein), *"de volta"* (zurück), *em combinação com verbos.*

Zuerst zum Friseur
tsu:E:RST tsu:m fri:ZĔR
Primeiro para o cabeleireiro

Zu e bei
Zum *(*zu e dem*) é usado com o sentido de "ao" (lugar de), quando nos referimos a uma profissão ou estabelecimento.*

ao (consultório do) médico = zum Arzt
ao (consultório do) dentista = zum Zahnarzt
ao (estabelecimento do) açougueiro = zum Schlachter *ou* zum Metzger
ao (estabelecimento do) barbeiro = zum Friseur

Para expressar "no" usa-se beim *(*bei e dem*).*

As seguintes expressões serão úteis no barbeiro ou no cabeleireiro:

Für die Damen:	*Para as mulheres:*
Waschen und Einlegen	*lavar e pentear*
Zu heiß	*quente demais*
Zu kalt	*frio demais*
Heller	*mais claro*
Dunkler	*mais escuro*

Für die Herren:	*Para os homens:*
Haare schneiden, bitte	*cortar o cabelo, por favor*
Nicht zu kurz	*não muito curto*
Rasieren, bitte	*a barba, por favor*
Gesichtsmassage	*massagem no rosto*
Maniküre	*manicure*

und dann einkaufen.
unt dán ÁINkaufen.
e depois fazer compras.

In der Zwischenzeit
in de:r TSVICHentsáit
Neste meio tempo

räumen Sie bitte auf. Wir erwarten Gäste.
RÓImen zi: BI:te auf. viâr erVARten GUÉSte:.
faça a limpeza, por favor. Estamos esperando visitas.

Mein Gott! Schon wieder das Telefon!
máin gót! chon VÍ:dâr da:s te:le:FO:N!
Meu Deus! O telefone, de novo!

Heben Sie bitte ab! Wer ist es?
HE:ben zi: BI:te ab! vé:r ist es?
Atenda, por favor! Quem é?

GERTRUD:
Es ist mein Freund Kurt.
es ist máin fróint ku:rt.
É meu namorado Kurt.

> **Freund:** *amigo ou namorado?*
> *A palavra* Freund *(fem.* Freundin*) tem os dois significados. Para não ser mal interpretado, diga* ein Freund / eine Freundin von mir *("um amigo meu", "uma amiga minha") quando se tratar realmente só de amigo ou amiga...*

Er lädt mich ins Kino ein...
é:r le:t miçh ins KI:no áin...
Está me convidando para ir ao cinema...

DIE FRAU:
Wir haben aber Gäste!
viâr HA:ben A:bâr GUÉSte:!
Mas nós vamos ter visitas!

Na gut. Aber zuerst servieren Sie das Essen.
na gu:t. A:bâr tsu:É:RST ze:rVI:ren zi: da:s ÉSsen.
Está bem. Mas primeiro sirva a refeição.

Dann sind Sie frei.
dán zint zi: frai.
Depois você está dispensada.

> *Ordens*
> *Este passo contém ordens freqüentes. Elas se expressam, como já vimos no Passo 5, acrescentando-se* Sie *ao verbo no infinito, e geralmente são seguidas de ponto de exclamação. Quando der uma ordem, não se esqueça de dizer* bitte!

TESTE SEU ALEMÃO

Verta estas frases para o alemão. Nos casos de uso de pronome, o gênero está indicado. Conte 5 pontos para cada resposta certa. Veja as respostas no final.

1. Dirija em frente! _____

2. Vire à esquerda! _____

3. Permaneça nessa rua! _____

4. Ele agradece a ele. _____

5. Ele lhe diz: "Pare!" _____

6. O que está acontecendo? _____

7. Desculpe-me. Estou atrasado. _____

8. Mostre-me sua carteira de habilitação! _____

9. Ele a (masc.) mostra a ele. _____

10. Quem é? _____

11. Ele os dá para ele. _____

12. Ele os devolve. _____

13. Dirija mais devagar! _____

14. Abra a porta, por favor! _____

15. Atenda, por favor! _____

16. Quem é? _____

17. Sirva a refeição, por favor. _____

18. Você não está ouvindo? _____

19. Deixe-o (neutro) sobre a mesa. _____

20. Então você está dispensada. _____

Respostas: 1. Fahren Sie geradeaus! 2. Biegen Sie links ab! 3. Bleiben Sie auf dieser Straße! 4. Er dankt ihm. 5. Er sagt zu ihm: "Halt!" 6. Was ist los? 7. Entschuldigen Sie — ich bin verspätet. 8. Zeigen Sie mir Ihren Führerschein! 9. Er zeigt ihm ihm. 10. Wer ist es? 11. Er gibt sie ihm. 12. Er gibt sie zurück. 13. Fahren Sie langsamer! 14. Machen Sie bitte die Tür auf! 15. Heben Sie bitte ab! 16. Wer ist es? 17. Servieren Sie bitte das Essen. 18. Hören Sie nicht? 19. Lassen Sie es auf dem Tisch. 20. Dann sind Sie frei.

Resultado: _____ %

passo 11
DESEJOS E NECESSIDADES (QUERO, POSSO, PODERIA, PRECISO, GOSTARIA DE)

Ein junger Mann will zum Fußballspiel gehen.
áin IU:Ngâr mán vil tsu:m FU:Sba:l-chpi:l GUE:en.
Um jovem quer ir ao jogo de futebol.

Aber er kann nicht.
A:bâr é:r kán niçht.
Mas ele não pode.

> **Wollen — können**
>
> *"Querer" é* wollen, *"poder" é* können. *Ambos são verbos que apresentam algumas irregularidades. Eis as formas importantes:*
>
> | | |
> |---|---|
> | ich will | ich kann |
> | er will | er kann |
> | wir wollen | wir können |
>
> *Quando seguidos por um outro verbo, este se encontra no infinitivo, mas sem* zu.
> *"Ele quer vir"* = Er will kommen.

Warum nicht?
vaRU:M nicht?
Por que não?

Weil er keine Eintrittskarte hat.
váil é:r KÁIne ÁINtrits-KARte: hat.
Porque ele não tem entrada.

Warum kauft er keine?
vaRU:M kauft é:r KÁIne?
Por que ele não compra uma?

Weil er nicht genug Geld hat.
váil é:r nicht gueNU:K guélt <u>h</u>at.
Porque não tem dinheiro suficiente.

> *Palavras que requerem inversão*
> *Depois de conjunções subordinativas, como* weil *("porque"), a ordem das palavras na frase se inverte: o verbo conjugado ocupa o último lugar.*

Ohne Geld kann er
O:ne: guélt kán é:r
Sem dinheiro ele não pode

das Fuβballspiel nicht sehen.
da:s FU:Sba:l-chpi:l nicht ZE:en.
ver o jogo de futebol.

Wenn er hineingehen will, muβ er zahlen.
vén é:r <u>h</u>iNÁINgue:en vil, mu:ss é:r TSA:len.
Se ele quiser ir, precisa pagar.

> **Wenn**
> *Neste caso específico,* wenn *significa "se", e também provoca a inversão da ordem na frase. Indica uma espécie de suposição. Pode significar também "quando", ao se referir a uma idéia futura, ou a ações constantes no passado ("sempre que"). Mas atenção: "quando", referindo-se a tempo para iniciar uma pergunta, é* wann; *"quando", referindo-se a um acontecimento ocorrido uma vez, no passado, é* als.
>
> *Se ele vier.* = Wenn er kommt.
> *Quando ele vem?* = Wann kommt er?

Müssen
Müssen *("dever", "ter de")* é outro verbo auxiliar como können e wollen. *Lembre-se das formas:*

ich muβ
er muβ
wir müssen

Aber da sieht er einen Bekannten.
A:bâr da zi:t é:r ÁInen be:KÁ:Nten.
Mas aí ele vê um conhecido.

Er fragt ihn:
é:r fra:kt i:n:
Ele lhe pergunta:

— Ich brauche ein paar Mark,
içh BRAUcHe áin pa:r mark,
Eu preciso de alguns marcos,

um das Fuβballspiel zu sehen.
u:m da:s FU:Sba:l-chpi:l tsu: ZE:en.
para ver o jogo de futebol.

Können Sie mir zehn Mark leihen?
KÊnen zi: míâr tse:n mark LAien?
Você pode me emprestar dez marcos?

— Vielleicht... Wann können Sie
fi:LAIçht... ván KÊnen zi:
Talvez... quando você pode

sie mir zurückgeben?
zi: miâr tsu:RÛK-gue:ben?
me devolvê-los?

> **Vergessen Sie nicht!**
> *O primeiro* Sie *é com letra maiúscula, porque significa "você". O segundo, em letra minúscula, é o pronome da terceira pessoa do plural.*

— Oh, morgen, bestimmt. Ehrenwort!
O:, MÓRguen, beCHTIMT. E:ren-vórt!
Oh, amanhã, com certeza. Palavra de honra!

— Ich kann den Motor nicht starten.
içh kán de:n moTOR niçht CHTARten.
Não consigo pôr o motor em funcionamento.

— Warum nicht?
vaRU:M niçht?
Por que não?

— Ich glaube, daß nicht
içh GLAUbe:, da:ss niçht
Acho que não

genug Benzin im Tank ist.
gueNU:K benTSI:N im tá:nk ist.
há gasolina suficiente no tanque.

— Natürlich. Wenn kein Benzin
naTÜRliçh. vén káin benTSI:N
Naturalmente. Se não há gasolina

im Tank ist, kann der Wagen nicht fahren.
im tá:nk ist, kán de:r VA:guen niçht FA:ren.
no tanque, o carro não pode andar.

Wir müssen Benzin kaufen.
viâr MÜSsen benTSI:N KAUfen.
Precisamos comprar gasolina.

— Wo kann man Benzin kaufen?
vo kán má:n benTSI:N KAUfen?
Onde se pode comprar gasolina?

Können Sie mir sagen,
KÉnen zi: míâr ZAguen,
Você pode me dizer

wo die nächste Tankstelle ist?
vo di: NÉKSte TÁ:NK-chtéle: ist?
onde fica o próximo posto?

Für den Wagen
Memorize as seguintes expressões importantes. Elas irão ajudá-lo nas Autobahnen *("rodovias").*

Encha o tanque! = Volltanken, bitte!
Verifique o óleo! = Sehen Sie nach dem Öl!
Verifique a bateria! = Prüfen Sie die Batterie!
Não está funcionando bem. = Das ist nicht in Ordnung.
Isso está quebrado. = Das ist kaputt.
Pode consertá-lo? = Können Sie das reparieren?
Quanto vai demorar? = Wie lange dauert das?
Verifique os pneus! = Prüfen Sie die Reifen!

Zwei Mädchen haben eine Reifenpanne.
tsvai ME:tçhen HA:ben ÁIne RAIfenpáne:.
Duas garotas estão com um pneu furado.

Sie können den Reifen nicht wechseln,
zi: KÊnen de:n RAIfen niçht VÉKseln,
Elas não conseguem trocar o pneu,

weil sie keinen Wagenheber haben.
váil zi: KÁInen VAguen-HE:bâr HA:ben.
porque elas não têm macaco.

Da kommt ein junger Mann in einem Sportwagen.
da: ko:mt áin IU:Nguer mán in ÁInem CHPÓRTvaguen.
Aí chega um jovem com um carro esporte.

Er sagt: "Darf ich Ihnen helfen?"
é:r za:kt: "darf içh I:nen HÉLfen?"
Ele diz: "Posso ajudá-las?"

> Dürfen, *outro verbo especial explicado neste passo, significa "poder", no sentido de pedir e dar permissão. Conjuga-se assim:* ich darf, er darf, wir dürfen.

"Ja, gern. Sie dürfen.
"iá, guérn. zi: DÜRfen.
"Sim, claro. Pode.

Können Sie uns Ihren Wagenheber leihen?"
KÊnen zi: u:ns I:ren VAguen-HE:bâr LAIen?"
Pode nos emprestar o seu macaco?"

"Ich kann noch mehr", sagt er.
"içh kán nócH meâr", za:kt é:r.
"Posso (fazer) mais ainda", ele diz.

"Ich kann den Reifen für Sie wechseln."
"içh kán de:n RAIfen fûr zi: VÉKseln."
"Posso trocar o pneu para vocês."

CONVERSAÇÃO: UM PROGRAMA DE TELEVISÃO

— Ach, wie schade!
acH, vi: CHAde:!
Ah, que pena!

Heute abend ist im Fernsehen
HÓIte: A:bent ist im FÉ:RN-ze:en
Hoje à noite na televisão haverá

> Fernsehen *significa literalmente "ver longe"*. *"Telefone" pode ser* das Telefon *ou* der Fernsprecher — *"o que fala de longe", e teletipo é* Fernschreiber — *"o que escreve de longe".*

ein sehr interessantes Programm.
áin zéâr inte:re:SSA:Ntes proGRA:M.
um programa bem interessante.

Aber leider kann ich es nicht sehen.
A:bâr LAIdâr kán içh es niçht ZE:en.
Mas infelizmente não posso vê-lo.

Mein Apparat ist kaputt.
máin a:paRA:T ist kaPU:T.
Meu aparelho está quebrado.

— Warum rufen Sie nicht den Reparaturdienst an?
vaRU:M RU:fen zi: niçht de:n re:paraTU:Rdi:nst án?
Por que você não chama a assistência técnica?

— Wozu? Sie wissen doch genau
voTSU:? zi: VISsen dócH gue:NAU
Para quê? Você sabe muito bem

daß diese Leute nie sofort kommen.
da:ss DI:ze: LÓIte ni: zoFÓRT KO:men.
que esse pessoal nunca vem logo.

Sie können bestimmt nicht
zi: KÊnen bechTIMT niçht
Com certeza não podem

vor morgen oder übermorgen kommen.
fo:r MÓRguen O:dâr ÛBÂR-mórguen KO:men.
vir antes de amanhã ou depois de amanhã.

— Hören Sie! Wenn Sie an diesem Programm
HÊren zi:! vén zi: án DI:zem proGRA:M
Escute! Se você está tão interessado

so interessiert sind,
zo inte:ressIÂRT zint,
nesse programa,

dann kommen Sie doch zu mir.
dán KO:men zi: dócH tsu: miâr.
então venha à minha casa.

— Das ist sehr nett von Ihnen,
da:s ist zéâr nét fo:n I:nen,
É muito gentil de sua parte,

aber ich möchte Sie nicht stören.
A:bâr içh MÊcHte: zi: niçht CHTÊren.
mas eu não quero incomodar você.

> *"Você gostaria...?"*
> Ich möchte *é um emprego de polidez do verbo* mögen *e significa "eu gostaria de...".* Sie möchten *e* Möchten Sie...? *"Você gostaria...", na afirmativa e na interrogativa, respectivamente, são formas constantemente utilizadas no alemão falado, que serão tratadas mais detalhadamente no Passo 21.*

— Im Gegenteil! Es ist mir ein Vergnügen.
im GUE:guentail! es ist miâr áin fe:rGNÜguen.
Pelo contrário! É um prazer para mim.

— Dann können wir das Programm zusammen ansehen.
dán KÊnen viâr da:s proGRA:M tsu:ZÁ:men ÁNze:en.
Aí podemos ver o programa juntos.

— Was ist das eigentlich für ein Programm?
vas ist da:s AIguentlicH fûr áin proGRA:M?
Aliás, que tipo de programa é?

— Es ist eine Farbsendung
es ist ÁIne FARBzendu:ng
É uma transmissão em cores

der Wiener Staatsoper.
de:r VI:nâr CHTA:TS-oper.
da ópera estatal de Viena.

Es gibt "Der Rosenkavalier".
es guipt "de:r ROzenkava:lier".
Estão apresentando "O cavaleiro da rosa"

— Wann beginnt die Sendung?
ván beGUINT di: ZENdu:ng?
Quando começa o programa?

— Punkt neun.
pu:nkt nóin.
Exatamente às nove.

— Dann können wir vorher etwas essen.
dán KÊnen viâr FOR-her ÉTva:s ÉSsen.
Então podemos comer alguma coisa antes.

Wollen Sie mit mir essen gehen?
VÓ:len zi: mit míâr ÉSsen GUE:en?
Quer ir jantar comigo?

— Mit Vergnügen — aber Sie müssen mein Gast sein.
Mit fe:rGNÜguen — A:bâr zi: MÜSsen máin ga:st záin.
Com prazer — mas você vai ser meu convidado.

— Aber das kommt nicht in Frage!
A:bâr da:s ko:mt nicht in FRAgue!
Mas de jeito nenhum!

— Doch! Ich bestehe darauf!
dócH! ich be:CHTE:e: daRAUF!
Mas claro! Faço questão!

Doch
Doch é uma palavra com vários significados, entre eles "entretanto", "contudo", "pelo contrário", "mas", "porém", "então", etc., e pode ser usada para dar ênfase ao que está sendo dito.

Seien Sie doch ruhig! = *Mas fique quieto!*
Lassen Sie es doch! = *Deixe-o, afinal!*

— In diesem Fall kann ich nicht nein sagen.
in DI:zem fa:l kán ich nicht náin ZAguen.
Neste caso, não posso dizer não.

— Einverstanden.
AINfe:rchtá:nden.
Combinado.

— Gehen wir in das kleine Lokal an der Ecke.
GUE:en viâr in da:s KLÁIne loKA:L á:n de:r É:ke:.
Vamos naquele pequeno restaurante na esquina.

Das ist nicht sehr teuer,
da:s ist nicht zéâr TÓIâr,
Não é muito caro,

und man ißt dort ganz gut.
unt mán isst dórt ga:nts gu:t.
e se come muito bem lá.

— Eine prima Idee!
Álne PRI:ma i:DE:!
Uma ótima idéia!

Prima!
Prima *não muda de forma como outros adjetivos. É coloquial e freqüentemente usado com outras palavras ou sozinho, como interjeição. Significa "excelente", "maravilha", "ótimo", etc.*

Aber wir müssen schnell machen,
A:bâr viâr MÜSsen chnél MAçhen,
Mas precisamos nos apressar,

wenn wir nicht zu spät
vén viâr niçht tsu: chpê:t
se não quisermos

kommen wollen
KO:men VÓ:len
chegar tarde demais

für die Ouvertüre.
fůr di: o:verTŮre:.
para a abertura.

TESTE SEU ALEMÃO

Verta as cinco primeiras frases para o alemão e traduza as cinco últimas para o português. Conte 10 pontos para cada resposta correta. Veja as respostas abaixo.

1. Ele quer ver o jogo de futebol. _____

2. Por que ele não pode? _____

3. Porque ele não tem dinheiro suficiente. _____

4. Preciso de uma entrada. _____

5. Você pode me emprestar 20 marcos? _____

6. Wenn kein Benzin im Tank ist, kann der Wagen nicht fahren. _____

7. Können Sir mir sagen, wo eine Tankstelle ist? _____

8. Darf ich Ihnen helfen? _____

9. Mein Fernsehapparat ist kaputt. _____

10. Ich möchte Sie nicht stören. _____

Respostas: 1. Er will das Fußballspiel sehen. 2. Warum kann er nicht? 3. Weil er nicht genug Geld hat. 4. Ich brauche eine Eintrittskarte. 5. Können Sie mir zwanzig Mark leihen? 6. Se não há gasolina no tanque, o carro não pode andar. 7. O senhor pode me dizer onde há um posto? 8. Posso ajudá-lo? 9. Meu televisor está quebrado. 10. Não quero incomodar você.

Resultado: _____ %

passo 12 PREFERÊNCIAS E OPINIÕES

Wir sind am Strand.
viâr zint á:m chtra:nt.
Estamos na praia.

Der Himmel ist blau.
de:r HImel ist blau.
O céu está azul.

> **Himmel**
> Himmel *é freqüentemente usado em interjeições:*
> Himmel! = *Céus!*
> Gott im Himmel! = *Deus do céu!*

Die Wolken sind weiβ.
di: VO:Lken zint vaiss.
As nuvens estão brancas.

Das Wasser ist dunkelblau.
da:s VA:Ssâr ist DU:Nkel-blau.
A água está azul-escura.

Dort drüben sind drei Mädchen.
dórt DRÜben zint drai ME:tçhen.
Lá adiante estão três moças.

Sie sitzen im Sand.
zi: ZITsen im zá:nt.
Elas estão sentadas na areia.

138

Sie wollen nicht schwimmen.
zi: VÓ:len niçht CHVImen.
Não querem nadar.

Das Wasser ist zu kalt zum Schwimmen.
da:s VA:Ssâr ist tsu: kalt tsu:m CHVImen.
A água está muito fria para nadar.

Aber die Sonne scheint. Es ist heiβ.
A:bâr di: ZOne: cháint. es ist h̲aiss.
Mas o sol está brilhando. Está quente.

Und sie bleiben lieber in der Sonne.
unt zi: BLAIben LI:bâr in de:r ZOne:.
E elas preferem ficar no sol.

> *"Preferir"*
> Lieber *é a forma comparativa de* gern, *que, usado com um verbo, toma o sentido de "gostar de"*
>
> Singen Sie gern? = *Você gosta de cantar?*
> Ja, aber ich tanze lieber. = *Sim, mas prefiro dançar.*

Eine von ihnen
ÁIne fo:n I:nen
Uma delas

> *Gramaticalmente neutro, embora feminino*
> *Embora* das Mädchen *seja uma palavra neutra (todas as palavras terminadas em* lein *ou* chen *são neutras), podemos nos referir à garota usando o pronome pessoal* (sie) *ou o pronome demonstrativo* (die), *femininos.*

hat einen roten Badeanzug an.
h̲at ÁInen ROten BAde:á:ntsu:k án.
está vestindo um maiô vermelho.

A terminação dos adjetivos após **ein**
No Passo 7 você aprendeu a terminação dos adjetivos que seguem o artigo definido der. *A terminação dos adjetivos que seguem o artigo indefinido* ein *geralmente é* -en, *mas há exceções. Aqui estão formas diferentes, com um substantivo de cada gênero:*

    um carro pequeno — ein kleiner Wagen *(nom.)*
                         — eines kleinen Wagens *(gen.)*
                         — einem kleinen Wagen *(dat.)*
                         — einen kleinen Wagen *(acus.)*

    um gato pequeno — eine kleine Katze *(nom.)*
                         — einer kleinen Katze *(gen.)*
                         — einer kleinen Katze *(dat.)*
                         — eine kleine Katze *(acus.)*

    uma cama pequena — ein kleines Bett *(nom.)*
                         — eines kleinen Bettes *(gen.)*
                         — einem kleinen Bett *(dat.)*
                         — ein kleines Bett *(acus.)*

Der Badeanzug der zweiten ist grün.
de:r BAde:á:ntsu:k de:r TSVAIten ist grůn.
O maiô da segunda é verde.

Die dritte trägt einen schwarzen Bikini.
di: DRIte: tregt ÁInen CHVARtsen bi:KI:ni:.
A terceira está usando um biquíni preto.

Neben den Mädchen spielen ein paar junge Männer
NE:ben de:n ME:tçhen CHPI:len áin pa:r IU:Ngue: ME:nâr
Perto das moças alguns rapazes estão tocando

Gitarre und singen dazu.
gui:TARre: unt ZINguen daTSU:.
violão e também cantando.

Die Mädchen hören zu.
di: ME:tçhen H̊Éren tsu:.
As moças estão ouvindo.

Hören — zuhören
"Ouvir" é hören, *e "escutar", "prestar atenção" é* zuhören. Zuhören *é um verbo de prefixo separável.*

Sie hören gern Musik.
zi: HÊren guérn mu:ZI:K.
Elas gostam de ouvir música.

Und die jungen Männer
unt di: IUNguen ME:nâr
E os rapazes

spielen und singen sehr gern.
CHPI:len unt ZINguen zéâr guérn.
tocam e cantam muito bem.

Das blonde Mädchen sagt zu der Braunhaarigen,
da:s BLO:Nde: ME:tçhen za:kt tsu: de:r BRAUN-HAri:guen,
A moça loira diz para a de cabelos castanhos,

die den Bikini trägt:
di: de:n bi:KI:ni: tre:gt:
que está usando o biquíni:

"Die singen schön, nicht wahr?"
"di: ZINguen chên, niçht vá:r?"
"Eles cantam bem, não é?"

"Gewiβ", antwortet sie,
"gue:VISS", A:NTvortet zi:,
"É verdade", ela responde,

"sie singen alle gut,
"zi: ZINguen A:le gut,
"todos eles cantam bem,

aber der in der Mitte singt am besten."
A:bâr de:r in de:r MIte: zinkt á:m BÉSten."
mas o do meio canta melhor que todos."

"Das stimmt nicht", sagt die Blonde,
"da:s chtimt niçht", za:kt di: BLO:Nde:,
"Não concordo", diz a loira,

"der da rechts singt besser."
"de:r da réçhts zinkt BÉSsâr."
"aquele à direita canta melhor."

> ***Graus dos adjetivos e advérbios***
> *Preste atenção aos graus de* gut, *que é tanto um adjetivo ("bom") quanto advérbio ("bem"):*
> *bom* — gut
> *melhor* — besser
> *o melhor* — der (die, das) beste
>
> *bem* — gut
> *melhor* — besser
> *o melhor* — am besten
>
> Schnell *é um exemplo de advérbio e adjetivo regular:*
> *rápido* — schnell
> *mais rápido* — schneller
> *o mais rápido* — der (die, das) schnellste
>
> *rapidamente* — schnell
> *mais rapidamente* — schneller
> *o mais rapidamente* — am schnellsten

Nach einer Weile
nacH ÁInâr VAIle:
Depois de um tempo

hören die jungen Männer auf zu singen.
H̊Ören di: IUNguen ME:nâr auf tsu: ZINguen.
os rapazes param de cantar.

> **Aufhören**
> *auf* hören, *que significa "parar", é verbo de prefixo separável.*

Einer sagt zu dem anderen:
ÁInâr za:kt tsu: dem Á:Nde:ren:
Um diz para o outro:

    "Die sind hübsch, die Mädchen da drüben,
    "di: zint h̲ůpch, di: ME:tçhen da DRÜben,
    "São bonitas as garotas lá adiante,

    nicht wahr?"
    niçht vá:r?"
    não é verdade?"

    "Mir gefällt die Dunkle am besten."
    "miâr gue:FÉ:lt di: DU:Nkel: á:m BÉSten."
    "A morena me agrada mais."

    "Überhaupt nicht", sagt der andere,
    "Übâr-h̲aupt niçht", za:kt de:r Á:Nde:re:,
    "De jeito nenhum", diz o outro,

    "die Blonde ist hübscher als die Braunhaarige."
    "di: BLO:Nde: ist H̲ŮPchâr als di: braun-H̲Ari:gue:."
    "a loira é mais bonita que a de cabelos castanhos."

Darauf sagt der dritte:
daRAUF za:kt de:r DRIte::
Aí o terceiro diz:

    "Das stimmt nicht,
    "da:s chtimt niçht,
    "Não concordo,

    die Rothaarige ist die Schönste von allen!"
    di: ROT:h̲ari:gue: ist di: CHÉ̊nste fo:n Alen!"
    a ruiva é a mais bonita de todas!"

CONVERSAÇÃO: FAZENDO COMPRAS

EINE TOURISTIN:
ÁIne tu:RIStin:
UMA TURISTA:

    Wir müssen noch Geschenke kaufen
    viâr MÜSsen nócH gue:CHENke: KAUfen
    Ainda precisamos comprar presentes

    für unsere Freunde und Verwandten.
    fůr U:Nzere FRÓINde unt fe:rVÁ:Nten.
    para nossos amigos e parentes.

    Hier ist ein guter Laden.
    hiâr ist áin GU:târ LAden.
    Aqui é uma boa loja.

    Gehen wir hinein!
    GUE:en viâr hiNÁIN!
    Vamos entrar!

EINE VERKÄUFERIN:
ÁIne fe:rKÓIfe:rin:
UMA VENDEDORA:

    Sie wünschen, gnädige Frau?
    zi: VŮNCHen, GNE:digue frau?
    O que a senhora deseja, madame?

DIE FRAU:
    Bitte zeigen Sie uns ein paar
    BI:te TSAIguen zi: u:ns áin pa:r
    Por favor, mostre-nos alguns

seidene Schals.
ZAIde:ne: cha:ls.
xales de seda.

DIE VERKÄUFERIN:
Hier haben wir zwei
hiâr HA:ben viâr tsvai
Aqui temos dois

besonders schöne Schals.
be:ZO:Ndârs CHÊne cha:ls.
xales bem bonitos.

Einer ist schwarz und weiß
ÁInâr ist chvarts unt vaiss
Um é preto e branco

und der andere ist
unt de:r Á:Nde:re: ist
e o outro é

grün und blau.
grůn unt blau.
verde e azul.

Gefallen sie Ihnen?
gueFA:len zi: I:nen?
A senhora gosta deles?

> **Gefällt es Ihnen?** — *"Você gosta disso?"*
> Gefallen *("agradar")*, usado com o dativo, é uma maneira de dizer *"gostar de"*.
>
> *Eu gosto disso* = Das gefällt mir.
> *Ele gosta disso* = Das gefällt ihm.
> *Ela gosta disso* = Das gefällt ihr.
> *Nós gostamos disso* = Das gefällt uns.
> *O senhor gosta disso* = Das gefällt Ihnen.
> *Eles gostam disso* = Das gefällt ihnen.

Como você percebeu, gefällt *não se altera. Mas se a coisa da qual se gosta é um plural, a forma é* gefallen. *Esta construção se tornará mais fácil de entender se fizermos uma tradução mais literal:*

    Gefallen Ihnen deutsche Lieder?
    Canções alemãs agradam ao senhor?
    (O senhor gosta de canções alemãs?)

DIE FRAU:
Mir gefällt dieser hier.
miâr gue:FÉ:LT DI:zâr hiâr.
Eu gosto deste aqui.

Die Farben sind lebhafter
di: FARben zint LE:P-ha:ftâr
As cores são mais vivas

und das Muster ist hübscher.
unt da:s MU:Stâr ist HÛPchâr.
e o padrão é mais bonito.

Wieviel kostet er?
VI:fi:l KÓStet é:r?
Quanto ele custa?

VERKÄUFERIN:
Vierzig Mark und fünfzig Pfennige.
FIÂRtsik mark unt FÛNFtsik PFEni:gue:.
Quarenta marcos e cinqüenta centavos.

DIE FRAU:
Das ist zu teuer.
da:s ist tsu: TÓIâr.
É caro demais.

Haben Sie nicht etwas Billigeres?
HA:ben zi: niçht ÉTva:s BIli:gue:res?
Você não tem algum mais barato?

Sollen — *"dever", "ser obrigado a"*
Sollen *é outro verbo auxiliar especial, como* wollen, müssen, dürfen *e* mögen, *e como eles é seguido diretamente pelo infinitivo. As formas principais são:* ich soll, er soll, wir sollen.

VERKÄUFERIN:
Natürlich, gnädige Frau.
naTÜRliçh, GNE:digue frau.
Claro, madame.

Aber nicht aus reiner Seide.
A:bâr niçht aus RÁInâr ZAIde:.
Mas não de seda pura.

Wie finden Sie die hier?
vi: FINden zi: di: hiâr?
O que a senhora acha destes aqui?

Die sind nicht so teuer —
di: zint niçht zo TÓIar —
Não são tão caros —

fünfzehn Mark und zwanzig Mark.
FÜNFtse:n mark unt tsVA:Ntsik mark.
quinze e vinte marcos.

DIE FRAU:
Die sind aber nicht so hübsch
di: zint A:bâr niçht zo hůpch
Mas eles não são tão bonitos

wie die teuren.
vi: di: TÓIren.
quanto os caros.

DER MANN:
de:r mán:
O MARIDO:

147

Mag sein, aber sie sind gut genug.
ma:g záin, A:bâr zi: zint gut gueNU:K.
Pode ser, mas são suficientemente bons.

Ich nehme den in lila für Tante Irma.
içh NE:me: de:n in LI:la fůr TÁ:Nte: I:Rma.
Vou levar o lilás para a tia Irma.

Und jetzt, was sollen wir für Mutter kaufen?
unt iétst, vas ZÓ:len viâr fůr MU:târ KAUfen?
E agora, o que devemos levar para a mamãe?

VERKÄUFERIN:
Bitte sehr, mein Herr,
BI:te zéâr, máin hér,
Por favor, senhor,

schauen Sie sich diese Kette an.
CHAUen zi: ziçh DI:ze: KÉte: án.
veja este colar.

Sie kostet nur einhundertsechzig Mark.
zi: KÓStet nuâr áin-HU:Ndert-ZÉKStsik mark.
Ele custa apenas cento e sessenta marcos.

Sie ist sehr schön, nicht wahr?
zi: ist zéâr chến, niçht vá:r?
É muito bonito, não é?

DER MANN:
Ja, das stimmt.
iá, da:s chtimt.
Sim, é verdade.

> **Das stimmt**
> Das stimmt, do verbo stimmen ("afinar"), significa "está correto" ou "exato" e é usado na conversação com o significado de "concordo", "sim, está certo".

DIE FRAU:
Sollen wir sie kaufen, Liebling?
ZÓ:len viâr zi: KAUfen, LI:Pling?
Devemos comprá-lo, querido?

DER MANN:
Gewiß, warum nicht?
gue:VISS, vaRU:M nicht?
Claro, por que não?

DIE FRAU:
Wir nehmen sie.
viâr NE:men zi:.
Vamos levá-lo.

DER MANN:
Und jetzt möchte ich
unt iétst MÖCHte: ich
E agora gostaria

etwas für meine Sekretärin kaufen.
ÉTva:s fůr MÁIne ze:kre:TÉ:rin KAUfen.
de comprar alguma coisa para minha secretária.

Können Sie mir
KÉnen zi: miâr
Você pode me

die großen Ohrringe dort zeigen?
di: GROSsen O:R-ringe: dórt TSAIguen?
mostrar aqueles brincos grandes ali?

> *Adjetivos no plural*
> *Já vimos que as terminações dos adjetivos variam antes dos substantivos que eles modificam, conforme sejam precedidos de* der, die, das *(pág. 82) ou* ein, eine, kein, mein, Ihr *e outros possessivos (pág. 140). Mas até agora só vimos o que ocorre para o singular.*

149

Vejamos então as variações que ocorrem para o plural, com der, die, das.

	masculino plural
nom.	die groβen Ohrringe
gen.	der groβen Ohrringe
dat.	den groβen Ohrringen
acus.	die groβen Ohrringe

	feminino plural	neutro plural
non.	die schönen Damen	die neuen Bücher
gen.	der schönen Damen	der neuen Bücher
dat.	den schönen Damen	den neuen Büchern
acus.	die schönen Damen	die neuen Bücher

Todos esses adjetivos no plural terminam em -en. O mesmo é válido para todos os adjetivos que seguem os artigos indefinidos e os pronomes possessivos.

Mas no caso de adjetivos que se encontram sozinhos na frente de um substantivo, a terminação do adjetivo é a mesma do artigo definido, isto é:

masc.	fem.	neutro
-e	-e	-e
-er	-er	-er
-en	-en	-en
-e	-e	-e

O uso correto da terminação dos adjetivos indica a correção da fala, mas não se preocupe demais com isso no início, e não hesite em usá-los. Mesmo os alemães usam às vezes as terminações erradas!

VERKÄUFERIN:
Selbstverständlich, mein Herr.
ZelpstferCHTENDlicH, máin hér.
Certamente, senhor.

Sie sind aus Gold und einfach wunderbar.
zi: zint aus gólt unt ÁINfacH VU:Nderbar.
São de ouro e simplesmente maravilhosos.

DIE FRAU:
Willi, um Gotteswillen!
VIli:, u:m GÓ:tesvillen!
Willi, pelo amor de Deus!

Wir können nicht so viel Geld
viâr KEnen niçht zo fi:l guélt
Não podemos gastar tanto dinheiro

für Geschenke ausgeben.
fûr gue:CHENke: AUSgue:ben.
com presentes.

Außerdem kann man diese Ohrringe
AUSserdem kán má:n DI:ze: O:R-ringue:
Além disso esses brincos não podem

nicht im Büro tragen.
niçht im bůRO: TRA:guen.
ser usados no escritório.

Die silberne Brosche mit dem "Berliner Bär"
di: ZILberne: BRÓche: mit dem "berLI:nâr be:r"
O broche de prata com o "urso de Berlim"

ist eine bessere Idee. Sie ist ganz praktisch
ist ÁIne BÉSsere: i:DE:. zi: ist gá:nts PRA:Ktich
é uma idéia melhor. Ele é bem prático

und sehr interessant.
unt zéâr inte:resSÁ:NT.
e muito interessante.

DER MANN:
Stimmt. Ich nehme die Brosche.
chtimt. içh NE:me: di: BRÓche:.
Certo. Vou levar o broche.

151

DIE VERKÄUFERIN:
Gnädige Frau, wollen Sie
GNE:digue frau, VÓ:len zi:
Senhora, a senhora quer

diese Ohrringe ansehen?
DI:ze: O:R-ringue: ÁNze:en?
ver estes brincos?

Finden Sie nicht, daß sie reizend sind?
FINden zi: nicht, da:ss zi: RÁItsent zint?
Não acha que eles são lindos?

DIE FRAU:
Ja, die sind wirklich großartig!
iá, di: zint VI:Rklich GROSsartig!
Sim, são realmente magníficos!

Aber wahrscheinlich auch sehr teuer!
A:bâr va:rCHÁINlich aucH zéâr TÓIâr!
Mas provavelmente também muito caros!

VERKÄUFERIN:
Vielleicht, aber dafür sind sie auch das Beste, was es gibt.
fi:LAIcht, A:bâr daFÜR zint zi: aucH da:s BESte, vas es guipt.
Talvez, mas também por isso são o melhor que há.

Sie kosten vierhundert Mark.
zi: KÓ:Sten FIÂR-HU:Ndert mark.
Custam quatrocentos marcos.

DER MANN:
Das macht nichts.
da:s macht nichts.
Isto não importa.

Ich kaufe diese Ohrringe für meine Frau.
ich KAUfe: DI:ze: O:R-ringue: fûr MÁIne frau.
Vou comprar estes brincos para minha esposa.

Termos carinhosos e insultos
Mein Schatz *(literalmente, "meu tesouro") equivale a "querido", "querida", "benzinho". Outros termos carinhosos são* Meine Liebe *("meu amor") e* Liebling *ou* Liebchen *("amorzinho"). Por outro lado, aqui estão alguns insultos mais comuns:*

Dummkopf! = *Idiota!*
Trottel = *Cretino!*
Schwein = *Porco!*
Schweinehund = *literalmente é "cachorro porco".*

DIE FRAU:
Ach, wie lieb! Vielen Dank, mein Schatz!
acH, vi: li:b! FI:len dá:nk, máin cha:ts!
Ah, que amor! Muito obrigada, meu bem!

TESTE SEU ALEMÃO

Complete com os verbos. Conte 10 pontos para cada resposta correta. Veja as respostas no final.

1. Vamos entrar!

   _____ wir hinein!

2. O que a senhora deseja, madame?

   Sie _____, gnädige Frau?

3. A senhora gosta deles?

   _____ sie Ihnen?

4. Eu gosto deste aqui.

   Mir _____ das hier.

5. Devemos comprá-lo?

   _____ wir es Kaufen?

6. Vamos levá-lo.

   Wir _____ es.

7. Pode mostrá-los para mim?

   _____ Sie sie mir zeigen?

8. Eu prefiro a loira.

   Mir _____ die Blonde am besten.

9. Gostaria de comprar alguma coisa.

   Ich _____ etwas _____.

10. Precisamos comprar alguns presentes.

    Wir _____ Geschenke _____.

Respostas: 1. Gehen; 2. wünschen; 3. Gefallen; 4. gefällt; 5. Sollen; 6. nehmen; 7. Können; 8. gefällt; 9. möchte... kaufen; 10. müssen... kaufen.

Resultado: _____ %

passo 13 COMPRAS NO MERCADO E NOMES DE ALIMENTOS

Eine Hausfrau geht zum Einkaufen.
Áine HAUSfrau gue:t tsu:m ÁINkaufen.
Uma dona de casa vai às compras.

Sie will Fleisch, Aufschnitt, Gemüse,
zi: vil fláich, AUFchnit, gue:MŮze:,
Ela quer comprar carne, frios, legumes,

Brot, Butter, Käse und Bier kaufen.
bro:t, BU:târ, KE:ze: unt biâr KÁUfen.
pão, manteiga, queijo e cerveja.

Zuerst geht sie zum Metzger.
tsu:É:RST gue:t zi: tsu:m MÉTSguer.
Primeiro ela vai ao açougueiro.

> ***Substantivos que terminam em er e e***
> *O sufixo* -er *freqüentemente denota uma pessoa que faz alguma coisa, como "-or" em português. A terminação* -ei *geralmente indica uma loja ou lugar onde são prestados serviços.*
>
> die Metzgerei = *o açougue*
> die Bäckerei = *a padaria*
> die Drogerie = *loja que vende perfumes, sabonetes, etc.*
> die Brauerei = *a cervejaria*
>
> *Um tipo de estabelecimento que se vê muito em países de língua alemã é* die Konditorei *("a confeitaria").*

Sie fragt ihn:
zi: fra:kt i:n:
Ela lhe pergunta:

> **Fragen/antworten**
> Fragen *("perguntar")* pede objeto direto. Com antworten *("responder")* emprega-se objeto indireto, porque se responde *"a alguém"*.

"Haben Sie heute gute Kalbsschnitzel?"
"HA:ben zi: HÓIte: GUte KA:LPS-chnitsel?"
"Tem costeleta de vitela boa, hoje?"

Der Metzger antwortet ihr:
de:r MÉTSguer Á:NTvortet iâr:
O açougueiro lhe responde:

"Aber natürlich, gnädige Frau!"
"A:bâr naTÜRliçh, GNE:digue frau!"
"Mas é claro, senhora!"

"Wie viele möchten Sie?"
"vi: FI:le: MÊçhten zi:?"
"Quantas a senhora deseja?"

"Geben Sie mir drei gute Schnitzel
"GUE:ben zi: miâr drai GUte CHNItsel
"Dê-me três boas costeletas

und ein halbes Pfund Ausfschnitt."
unt áin HA:Lbes pfu:nt AUFchnit."
e um quarto de frios."

"Wünschen Sie sonst noch etwas?"
"VÜNCHen zi: zo:nst nócH ÉTva:s?"
"Mais alguma coisa?"

"Geben Sie mir auch ein halbes Dutzend Würstchen."
"GUE:ben zi: miâr aucH áin HA:Lbes DU:tsend VÜRSTçhen."
"Dê-me também meia dúzia de salsichas."

Im Gemüseladen kauft sie
im gue:MŮze:laden kauft zi:
No verdureiro ela compra

fünf Pfund Kartoffeln
funf pfu:nt karTÓ:feln
dois quilos e meio de batatas

und auch Erbsen, Kohl, Kopfsalat,
unt aucH ÉRPsen, ko:l, KÓ:PFzala:t,
e também ervilha, couve, alface,

Gurken, Spargel und Mohrrüben.
GU:Rken, CHPARgue:l unt MOR-rüben.
pepino, aspargo e cenoura.

Dann zahlt sie und
dán tsa:lt zi: unt
Então ela paga e

fragt den Verkäufer:
fra:kt de:n fe:rKÓIfâr:
pergunta ao vendedor:

> **Vergessen Sie nicht!**
> *Observe a alteração de sentido conforme o prefixo:*
>
> kaufen = *comprar*
> Käufer = *comprador, freguês*
>
> verkaufen = *vender*
> Verkäufer = *vendedor, balconista*

"Haben Sie keine Apfelsinen heute?"
"HA:ben zi: KÁIne a:pfelZI:nen HÓIte:?"
"O senhor não tem laranjas hoje?"

"Leider nicht", antwortet er.
"LAIdâr nicht", Á:NTvortet é:r.
"Infelizmente não", ele responde.

"Kommen Sie doch morgen früh wieder."
"KO:men zi: dócH MÓRguen frů VI:dâr."
"Volte amanhã cedo."

Dann schaut sie auf ihrer Einkaufsliste nach
dán chaut zi: auf I:rer ÁINkaufsliste: nacH
Então ela verifica em sua lista de compras

und stellt fest,
unt chtélt fest,
e nota

> **Feststellen = *"notar"***
> *Feststellen é mais um verbo de prefixo separável, que significa "notar", "verificar".*

daß sie noch ein Dutzend Eier,
da:ss zi: nocH áin DU:tsend AIâr,
que ainda precisa comprar uma dúzia de ovos,

ein Viertelpfund Butter, etwas Schweizer Käse
áin FI:Rtel-pfu:nt BU:târ, ÉTva:s CHVÁItser KE:ze:
um quarto de manteiga, um pouco de queijo suíço

und einen Liter Milch kaufen muß.
unt ÁInen LI:târ milçh KÁUfen mu:s.
e um litro de leite.

> *Ordem inversa das palavras*
> *Eis um bom exemplo de ordem invertida. Em alemão a chave para o significado de uma oração longa freqüentemente se encontra no final, diferentemente do português.*

Dann fällt ihr noch etwas ein:
dán félt iâr nócH ÉTva:s áin:
Então ela se lembra de alguma coisa mais:

"Was soll ich zum Nachtisch servieren?"
"vas zó:l içh tsu:m NAcH-tich ze:rVI:ren?"
"O que devo servir de sobremesa?"

Dann kauft sie einen Apfelkuchen
dán káuft zi: Álnen A:Pfelku:cHen
Então ela compra um bolo de maçã

und noch etwas Schokoladengebäck.
unt nócH ÉTva:s chokoLAdengue:bek.
e ainda alguns doces de chocolate.

Sie fragt sich:
zi: fra:kt ziçh:
Ela se pergunta:

"Habe ich jetzt alles, was ich brauche?
"HA:be içh iétst A:les, vas içh BRAUcHe?
"Agora já tenho tudo o que preciso?

Ach ja! — Ich darf nicht vergessen,
acH iá! — içh darf niçht fe:rGUÉSsen,
Ah, sim! Não posso esquecer

> **Dürfen = *"poder" (ter permissão)***
> *O auxiliar* dürfen *significa "poder" (no sentido de ter permissão).*
> *Posso?* = Darf ich?
>
> *As outras formas são:*
> er (sie, es) — darf
> Sie (wir, sie) — dürfen

Bier zu kaufen,
biâr tsu: KAUfen,
de comprar cerveja,

denn wir haben nur noch vier Flaschen im Kühlschrank."
den viâr HA:ben nuâr nócH fiâr FLAchen im KÜLchrá:nk."
pois só temos quatro garrafas na geladeira."

CONVERSAÇÃO: NO RESTAURANTE

— Herr Ober! Einen Tisch für eine Person bitte.
hér O:bâr! AInen tich fûr AIne pe:rZO:N BI:te.
Garçom! Uma mesa para uma pessoa, por favor.

— Jawohl! Wollen Sie hier Platz nehmen?
iaVO:L! VÓ:len zi: hiâr pla:ts NE:men?
Pois não! Queira sentar-se aqui.

Da kommt schon die Kellnerin
da ko:mt chon di: KÉ:Lne:rin
Aí vem a garçonete

mit der Speisekarte.
mit de:r CHPAIze:ka:rte:.
com o cardápio.

— Danke. Na, was gibt's denn heute?
DÁ:Nke. Na, vas guipts den HÓIte:?
Obrigado. Bem, o que temos hoje?

Also als Vorspeise...
A:Lzo als FORchpaize...
Bom, como antepasto...

möchte ich einen Rollmops.
MÊcHte: içh AInen ROLmops.
gostaria de escabeche de arenque.

— Möchten Sie auch Suppe?
MÊçhten zi: aucH ZU:pe:?
O senhor também quer sopa?

Heute haben wir sehr schmackhafte Erbsensuppe.
HÓIte: HA:ben viâr zéâr CHMA:K-hafte: E:RPsenzu:pe:.
Hoje temos uma deliciosa sopa de ervilhas.

— Nein, danke. Keine Suppe für mich.
náin, DÁ:Nke. KÁIne ZU:pe: fůr miçh.
Não, obrigado. Sopa para mim, não.

Sagen Sie, was können Sie noch empfehlen?
ZAguen zi:, vas KÊnen zi: nócH empFE:len?
Diga-me, o que a senhora ainda recomenda?

— Ich empfehle Ihnen unseren Sauerbraten
içh empFE:le: I:nen U:Nzeren ZAUerbra:ten
Eu lhe recomendo nosso assado ao vinagre

mit Knödeln und Gurkensalat.
mit KNÊ:deln unt GU:Rkenzala:t.
com bolinhos de batata e salada de pepino.

— Wie ist das Wiener Schnitzel?
vi: ist da:s VI:nâr CHNITsel?
Que tal a costeleta à vienense?

— Hervorragend!
he:rFOR-raguent!
Excelente!

— Gut. Das werde ich ausprobieren.
gut. da:s VÉ:Rde: içh AUSprobi:ren.
Bom. Vou experimentá-la.

— Und etwas zu trinken?
unt ÉTva:s tsu: TRINken?
E algo para beber?

— Bringen Sie mir zuerst ein Glas Steinhäger
BRINguen zi: miâr tsu:É:RST áin gla:s CHTÁIN-hégâr
Traga primeiro um copo de Steinhäger

und eine halbe Flasche Rheinwein für später.
unt Álne HA:Lbe: FLA:che: RÁINvain fůr CHPE:târ.
e meia garrafa de vinho do Reno para mais tarde.

> **Für das Essen und Trinken**
> *Quando uma comida ou bebida é "medida", não se usa o genitivo. O substantivo vem após a "medida", sem artigo.*
>
> *uma garrafa de cerveja* = eine Flasche Bier
> *uma xícara de café* = eine Tasse Kaffee

Die Kellnerin stellt die Vorspeise
di: KÉ:Lne:rin chtélt di: FORchpaize:
A garçonete coloca o antepasto

auf den Tisch und sagt: "Guten Appetit!"
auf de:n tich unt za:kt: "GU:ten a:pe:TI:T!"
sobre a mesa e diz: "Bom apetite!"

> Guten Appetit! *está no acusativo porque a garçonete está desejando que o freguês "tenha" bom apetite. Outras expressões típicas são:*
>
> Gute Reise! = *Boa viagem!*
> Glückliches Wiederkommen! = *Bom retorno!*
> Gute Besserung! = *Melhoras!*

— Und was wünscht der Herr zum Nachtisch?
unt vas vůncht de:r hér tsu:m NAcHtich?
E o que o senhor deseja de sobremesa?

Der Pflaumenkuchen ist
de:r PFLAUmenku:cHen ist
O bolo de ameixas é

eine Spezialität unseres Hauses.
Álne spetsiáli:TE:T U:Nzeres HAUzes.
uma especialidade da casa.

— Schön. Ich versuche ihn.
chên. içh ferZU:çhe: i:n.
Bom. Vou experimentá-lo.

— Darf ich jetzt den Kaffee bringen?
darf içh iétst de:n KA:fe: BRINguen?
Posso trazer o café agora?

— Ja, ohne Sahne bitte.
iá, O:ne: ZA:ne: BI:te.
Sim, sem creme, por favor.

Und ein Glas Kognak.
unt áin gla:s KO:nhak.
E um copo de conhaque.

— Fräulein, bitte!
FRÓIláin, BI:te!
Senhorita, por favor!

Wieviel bin ich schuldig?
vi:FI:l bin içh CHU:Ldig?
Quanto eu lhe devo?

> **Schuldig**
> Schuldig *significa "devedor". Assim, a expressão significa literalmente "de quanto sou devedor?", isto é "quanto estou devendo?". É interessante notar que* schuldig *também quer dizer "culpado".*

— Hier ist die Rechnung, mein Herr.
hiâr ist di: RÉÇHnu:ng, máin hér.
Aqui está a conta, senhor.

— Ist das Trinkgeld eingeschlossen?
ist da:s TRINK-guélt ÁINgue:chlo:ssen?
A gorjeta está incluída?

— Ja, zehn Prozent.
 iá, tse:n proTSENT.
 Sim, dez por cento.

Danke sehr. Ich bringe sofort Ihr Wechselgeld.
 DÁ:Nke zéâr. içh BRINgue zoFÓRT iâr VEKselguélt.
 Muito obrigada. Já trago seu troco.

— Schon recht. Behalten Sie den Rest.
 chon réçht. be:HA:Lten zi: de:n rest.
 Tudo bem. Fique com o troco.

— Vielen Dank, mein Herr.
 FI:len dá:nk, máin hér.
 Muito obrigada, senhor.

Kommen Sie bald wieder!
 KO:men zi: bald VI:dâr!
 Volte breve.

TESTE SEU ALEMÃO

Faça a correspondência entre as palavras seguintes. Marque 5 pontos para cada resposta correta. Veja as respostas no final.

1. Gemüse   A. pão

2. Fleisch   B. salsichas

3. Butter   C. frios

4. Milch   D. salada de pepinos

5. Brot   E. ameixas

6. Eier   F. escabeche de arenque

7. Apfelsinen   G. ervilhas

8. Obst   H. carne

9. Käse   I. verduras

10. Nachtisch   J. leite

11. Suppe   K. ovos

12. Kartoffeln   L. laranjas

13. Aufschnitt   M. frutas

14. Erbsen   N. sobremesa

15. Würstchen   O. sopa

16. Rollmops   P. batatas

17. Gurkensalat   Q. queijo

18. Äpfel   R. bolo

19. Pflaumen   S. maçãs

20. Kuchen   T. manteiga

Respostas: 1-I; 2-H; 3-T; 4-J; 5-A; 6-K; 7-L; 8-M; 9-Q; 10-N; 11-O; 12-P; 13-C; 14-G; 15-B; 16-F; 17-D; 18-S; 19-E; 20-R.

Resultado: _____ %

passo 14 — USO DO TRATAMENTO FAMILIAR (*DU*)

Es gibt Situationen,
es guipt zi:tu:a:TSIOnen,
Há situações

wo man das familiäre "du"
vo mán da:s fa:miliÉ:re: "du:"
em que se utiliza o "du" familiar

anstatt des höflichen "Sie" gebraucht.
á:nCHTA:T des HÉFlicHen "zi:" gue:BRAUcHt.
em vez do "Sie" formal.

> *O uso de* **du**
> Sie, *a palavra que você aprendeu com o significado de "o senhor", "a senhora", "você", é o pronome de tratamento formal, e é o mesmo para o singular e para o plural.* Du *é o pronome de tratamento usado quando se fala com uma pessoa com a qual se tem intimidade.*
>
> *O* du *é usado entre membros da família, amigos chegados, pessoas jovens. É utilizado em situações informais, como as observadas neste passo. A forma do verbo do presente para este pronome é fácil de ser reconhecida, pois termina em* -st. *O caso acusativo de* du *é* dich, *o dativo é* dir *e o genitivo,* dein.

In der Familie.
in de:r faMI:lie.
Em família.

DIE MUTTER:
di: MU:târ:
A MÃE:
Hör mal!
hěr ma:l!
Escute aqui!

O imperativo para **du**
O imperativo para du *geralmente é a forma do presente do verbo sem a terminação* -st *e sem o pronome* du*:*
Du trinkst = *Você bebe / está bebendo*
Trink! = *Beba!*
Du sagst = *Você diz / está dizendo*
Sag! = *Diga!*
Du gehst = *Você vai*
Geh! = *Vá!*

Du mußt alles aufessen!
du: mu:st A:les AUF-éssen!
Você precisa comer tudo!

DIE TOCHTER:
di: TÓcHtâr:
A FILHA:
Aber Mutti, ich habe gar keinen Hunger!
A:bâr MU:ti:, içh HAbe ga:r KÁInen HU:Ngâr!
Mas, mamãe, não estou com nenhuma fome!

DIE MUTTER:
Trink doch etwas Milch!
trink dócH ÉTva:s milçh!
Beba pelo menos um pouco de leite!

DIE TOCHTER:
Ich habe aber auch keinen Durst.
içh HAbe A:bâr aucH KÁInen du:rst.
Mas eu também não estou com sede.

"Estar faminto" (hungrig) *ou "sedento"* (durstig) *também pode ser expresso por* Hunger haben *("ter fome"), ou* Durst haben *("ter sede").*

DIE MUTTER:
Wenn du kein Frühstück iβt,
vén du: káin FRÜchtůk isst,
Se você não comer nada no café da manhã,

dann kannst du Samstag nicht ins Kino gehen.
dán ká:nst du: ZÁ:Mchta:k nicht ins KI:no GUE:en.
então não vai poder ir ao cinema no sábado.

DIE TOCHTER:
Warum willst du, daβ ich so viel esse?
vaRU:M vilst du:, da:ss ich zo fi:l ÉSse?
Por que você quer que eu coma tanto?

O uso da vírgula
A vírgula é usada antes de orações subordinadas.

A forma do verbo para **du**
No presente, a forma do verbo para du *tem o radical da forma para* er, sie, es, *e a terminação* -st.

er hat
du hast

er kommt
du kommst

er will
du willst

er sieht
du siehst

Ich will nicht so dick werden.
ich vil nicht zo dik VÉ:Rden.
Não quero ficar tão gorda.

Werden = *"tornar-se"*
Werden *é irregular. As formas básicas são:* ich werde, er wird, wir werden.

Die Du-Form ist natürlich zwischen Freunden.
di: du:-fórm ist naTÜRlich TSVIchen FRÓINden.
A forma "du" é natural entre amigos.

> *Em alemão esta forma é chamada de* Du-Form, *e o verbo* duzen *significa "tratar por* du*".*

OTTO:
Morgen, Paul! Wie geht's?
MÓRguen, PA:ul! vi: gue:ts?
Bom dia, Paul, como vai?

> **Wie geht's?**
> *Ocasionalmente o* e *do pronome* es *é suprimido. Assim,* Wie geht es? *torna-se* Wie geht's?.

PAUL:
Mir geht es gut. Und dir?
miâr gue:t es gut. unt diâr?
Vou bem, e você?

OTTO:
Nicht schlecht.
nicht chlécHt.
Nada mal.

Heute gehe ich zu Ludwig.
HÓIte: GUE:e: ich tsu: LU:Dvig.
Hoje vou à casa do Ludwig.

> **Zu *e* bei *com nomes***
> Zu *("para") e* bei *("em") podem ser usados diretamente com um nome próprio, significando "para" ou "à casa de".*

Heute ist sein Geburtstag.
HÓIte: ist záin gue:BU:RTSta:k.
Hoje é o aniversário dele.

PAUL:

Wann gehst du denn hin?
ván gue:st du: den hin?
Quando você vai lá?

OTTO:

Um halb neun. Kommst du mit?
u:m ha:lp nóin. ko:mst du: mit?
As oito e meia. Você vem junto?

PAUL:

Nein. Ich bin nicht eingeladen.
náin. ich bin nicht ÁINgue:la:den.
Não. Não fui convidado.

OTTO:

Aber das spielt doch keine Rolle!
A:bâr da:s chpi:lt dócH KÁIne RÓle:!
Mas isso não tem nenhuma importância!

> **Die Übersetzung**
> *Otto está usando uma expressão idiomática, que, literalmente, significa "isto não desempenha nenhum papel".*

Es ist eine Überraschung.
és ist ÁIne Ůbe:rrachu:ng.
É uma surpresa.

Komm doch mit mir.
ko:m dócH mit miâr.
Venha comigo, vai.

PAUL:

Ich kann nicht.
ich kán nicht.
Eu não posso.

Martha wartet auf mich.
MARta VARtet auf mich.
A Martha está me esperando.

OTTO:
Um so besser. Bring sie mit.
u:m zo BÉSsâr. bring zi: mit.
Melhor ainda. Leve-a junto.

Und bring eine Flasche Wein mit.
unt bring ÁIne FLA:che: váin mit.
E leve uma garrafa de vinho.

PAUL:
Aber natürlich!
A:bâr naTÜRlich!
Mas é claro!

OTTO:
Vergiß nicht zu kommen!
fe:rGUISS nicht tsu: KO:men!
Não esqueça de vir!

Verliebte gebrauchen auch die Du-Form.
fe:rLI:Bte: gue:BRÁUcHen aucH di: du:-form.
Namorados também usam a forma "Du".

SIE:
Liebst du mich?
li:bst du: mich?
Você me ama?

ER:
Ja, mein Schatz,
iá, máin cha:ts,
Sim, meu bem,

ich liebe dich sehr.
ich LI:be dich zéâr.
eu a amo muito.

SIE:
> Für immer?
> **fůr Imâr?**
> *Para sempre?*

ER:
> Wer weiβ? Wer kann das sagen?
> **vé:r vaiss? vé:r kán da:s ZAguen?**
> *Quem sabe? Quem pode dizer isso?*

SIE:
> Warum sagst du — "Wer weiβ?"
> **vaRU:M za:gst du: — "vé:r vaiss?"**
> *Por que você diz "Quem sabe?"*
>
> Du bist ekelhaft!
> **du: bist E:kel-haft!**
> *Você é horroroso!*
>
> Ich hasse dich!
> **içh HA:Sse: diçh!**
> *Eu odeio você!*

Man sagt "du" wenn man mit einem Kind spricht.
má:n za:kt "du:" vén má:n mit ÁInem kint chpriçht.
Usa-se "du" quando se fala com uma criança.

— Komm doch mal her, Kleine!
   ko:m dócH ma:l her, KLÁIne!
   Venha aqui, menininha!

> Wie heiβt du denn?
> **vi: haist du: den?**
> *Como você se chama?*

> *As palavras que dão ênfase*
> *Na conversação em alemão são usadas várias palavras curtas para intensificar o significado ou acrescentar ên-*

fase ou informalidade à conversa. Os significados básicos desses "elos" de conversa são os seguintes:

denn = *pois, porque*
schon = *já*
noch = *ainda, além disso, além do mais*
wohl = *na verdade, bem*
nun = *ora, então*
da = *lá, aqui*
nur = *apenas, somente, só que*
doch = *mas, porém, entretanto*
mal *(veja Passo 9)*

Quando conversar com alguém em alemão, preste atenção ao uso dessas palavras para que você mesmo possa utilizá-las, dando maior fluência à conversação.

— Ich heiβe Magda.
içh HAISse MAGda.
Eu me chamo Magda.

— Ist das dein Brüderchen?
ist da:s dáin BRÜderçhen?
Aquele é seu irmãozinho?

O diminutivo
O diminutivo dos substantivos é formado pelo acréscimo de -chen *ou* -lein. *Estas terminações dão ao nome uma idéia de tamanho menor ou uma conotação carinhosa.*

irmão = Bruder
irmãozinho = Brüderchen

cachorro = Hund
cachorrinho = Hündchen

casa = Haus
casinha = Häuschen

pássaro = Vogel
passarinho = Vöglein

Todas as palavras no diminutivo tornam-se neutras.

— Ja. Er ist noch sehr klein.
iá. é:r ist nócH zéâr kláin.
É. Ele ainda é bem pequeno,

Er kann noch nicht sprechen.
é:r kán nócH nicht CHPRÉ:chen.
ele ainda não sabe falar.

— Aber du sprichst schon sehr gut, nicht wahr?
A:bâr du: chprichst chon zéâr gu:t, nicht vá:r?
Mas você já fala muito bem, não é?

— Ja! Vati sagt, daß ich zuviel rede.
iá! FAti: za:kt, da:ss ich tsu:FI:L RE:de.
É! O papai diz que eu falo demais.

— Hier ist ein Stück Schokolade für dich.
<u>h</u>iâr ist áin chtůk chokoLAde: fůr dich.
Aqui está uma barra de chocolate para você.

Und eines für dein Brüderchen.
unt Álnes fůr dáin BRŮderchen.
E uma para seu irmãozinho.

Setzt euch dorthin, ihr beide,
zétst óich dórt-<u>H</u>IN, iâr BAIde,
Sentem-se os dois ali,

> **Ihr,** *plural de* **du**
> *O plural de* du *é* ihr. *A forma verbal para* ihr, *no tempo presente, é obtida acrescentando-se a terminação* -t *ao radical do infinitivo:*
>
> ihr sagt
> ihr sprecht
> ihr schreibt
>
> *Observe o imperativo:*
>
> Sagt!
> Sprecht!
> Schreibt!

Euch *também é a forma do pronome* ihr *no acusativo.*
No dativo sua forma permanece ihr.

vor den Brunnen.
fo:r de:n BRU:nen.
na frente da fonte.

Ich will euch beide fotografieren.
içh vil óiçh BAIde foto:graFI:ren.
Quero fotografar vocês dois.

Die Du-Form ist auch richtig für Tiere.
di: du:-fórm ist aucH RIÇHtik fůr TI:re:.
A forma "du" também é correta para animais.

— Wolf! Du sollst nicht auf dem Sofa sitzen!
volf! du: zó:lst niçht auf dem ZOfa ZITsen!
Lobo! Você não pode se sentar no sofá!

Und laβ die Katze in Ruhe!
unt lá:ss di: KA:tse: in RU:he:!
E deixe o gato em paz!

Ruhig! Raus mit dir!
RU:hik! raus mit diâr!
Quieto! Saia!

Du bist ein böser Hund.
du: bist áin BÊzer hu:nt.
Você é um cachorro mau.

> **Eine Ausnahme** = *Uma exceção*
> Du bist *é uma exceção à regra da formação do presente dos verbos para* du.

CONVERSAÇÃO: NUM TERRAÇO DE CAFÉ

EINE FRAU:
　Ich bin müde und durstig.
　içh bin MÜde unt DURStiçh.
　Estou cansada e com sede.

　Sollen wir etwas trinken?
　ZÓ:len viâr ÉTva:s TRINken?
　Vamos beber alguma coisa?

EIN MANN:
　Eine groβartige Idee!
　AIne grossARti:gue: i:DE:!
　Ótima idéia!

　Gehen wir in dieses Lokal.
　GUE:en viâr in DI:zes loKA:L.
　Vamos neste restaurante.

　Hier ist ein Tisch frei.
　hiâr ist áin tich frai.
　Aqui tem uma mesa vazia.

　Ein guter Platz.
　áin GU:târ pla:ts.
　Um bom lugar.

　Man kann alle Leute vorbeigehen sehen.
　má:n kán A:le LÓIte forBAIgue:en ZE:en.
　A gente pode ver todo mundo passar.

DIE FRAU:
Ja sicher! Du willst nur wieder den
iá ZIçhâr! du: vilst nuâr VI:dâr de:n
Claro, você só quer observar

hübschen Mädchen nachsehen!
HÜPchen ME:tçhen NAÇH-ze:en!
as garotas bonitas!

DER MANN:
Na komm!
na ko:m!
Ora, deixe disso!

Du weißt doch, daß ich nur Augen für dich habe.
du: vaist dócH, da:ss içh nuâr ÁUguen fůr diçh HAbe:.
Você sabe que só tenho olhos para você.

Herr Ober!
hér O:bâr!
Garçom!

KELLNER:
Womit kann ich den Herrschaften dienen?
voMIT kán içh den HE:Rchaften DI:nen?
Em que posso servi-los?

> ***Um eco do passado***
> Herrschaften, *palavra formal para "senhores", ou "senhores e senhoras", significa também "o poder", como também "senhor e senhora", ou "senhores" de uma casa, de uma propriedade. É uma expressão herdada de épocas remotas.*

DER MANN:
Was soll ich für dich bestellen?
vas zó:l içh fůr diçh be:chTÉlen?
O que devo pedir para você?

DIE FRAU:
> Ich weiβ selbst nicht.
> **içh vaiss zélpst niçht.**
> *Eu mesma não sei.*

> Vielleicht ein Bier?
> **fi:LAIçht áin biâr?**
> *Talvez uma cerveja?*

DER MANN:
> Bringen Sie eine kleine Flasche Bier
> **BRINguen zi: ÁIne KLÁIne FLA:che: biâr**
> *Traga uma garrafa pequena de cerveja*

> für die Dame —
> **fůr di: DÁme: —**
> *para a senhora —*

> und ein Glas Kognak für mich.
> **unt áin glas KO:nhak fůr miçh.**
> *e um copo de conhaque para mim.*

FRAU:
> Ach, Liebling,
> **acH, LI:pling,**
> *Ah, querido,*

> kannst du unsere Bestellung ändern?
> **kánst du: U:Nzere be:CHTÉlu:nk ENdern?**
> *você pode mudar nosso pedido?*

> Ich trinke lieber ein Glas Wein.
> **içh TRINke: LI:bâr áin gla:s váin.**
> *Prefiro beber um copo de vinho.*

MANN:
> So etwas! Die Frauen wissen nie,
> **zo ÉTva:s! di: FRAUen VISsen ni:,**
> *E agora essa! As mulheres nunca sabem*

was sie wollen!
vas zi: VÓ:len!
o que querem!

Kellner! Moselwein anstatt Bier bitte!
KÉLnâr! MOzelváin á:nCHTA:T biâr BI:te!
Garçom! Um Mosela em vez da cerveja, por favor!

FRAU:
Du bist hoffentlich nicht böse auf mich?
du: bist H̲Ó:fentliçh niçht BȆze: auf miçh?
Espero que você não esteja bravo comigo.

MANN:
Wer kann dir denn böse sein?
vé:r kán diâr den BȆze: záin?
Quem pode ficar bravo com você?

FRAU:
Wirklich? Oh, da sind schon unsere Getränke.
VI:Rkliçh? o:, da: zint chon U:Nzere gue:TRENke.
Verdade? Oh, aí vêm nossas bebidas.

Zum Wohl, mein Schatz.
tsu:m vo:l, máin cha:ts.
A sua saúde, meu tesouro.

MANN:
Dein Wohl, mein Herz!
dáin vo:l, máin h̲é:rtz!
A sua, meu coração!

TESTE SEU ALEMÃO

Verta estas frases para o alemão, usando a forma familiar. Conte 10 pontos para cada resposta correta. Veja as respostas abaixo.

1. Você está com fome? (use *hungrig*) _____

2. Você precisa beber alguma coisa! _____

3. A que horas você vem? _____

4. Traga-a junto! _____

5. Quem vai com você? _____

6. Sentem-se, vocês dois! _____

7. Aqui está uma coisa para você e seu irmãozinho. _____

8. Amo você! _____

9. Odeio você! _____

10. Você nunca sabe o que quer. _____

Respostas: 1. Bist du hungrig? 2. Du mußt etwas trinken. 3. Um wieviel Uhr kommst du? 4. Bring sie mit. 5. Wer geht mit dir? 6. Setzt euch, ihr beide. 7. Hier ist etwas für dich und für dein Brüderchen. 8. Ich liebe dich! 9. Ich hasse dich! 10. Du weißt nie, was du willst.

Resultado: _____ %

passo 15 — DIAS, MESES, ESTAÇÕES DO ANO, O TEMPO

Die sieben Tage der Woche sind:
di: ZI:ben TAgue de:r VÓçhe: zint:
Os sete dias da semana são:

Montag, Dienstag, Mittwoch,
MO:Nta:k, DI:NSta:k, MITvóçh,
segunda-feira, terça-feira, quarta-feira,

Donnerstag, Freitag, Samstag (Sonnabend)
DO:nersta:k, FRAIta:k, ZÁ:Mchta:k (ZO:nabent)
quinta-feira, sexta-feira, sábado

> *Uma palavra alternativa*
> Sonnabend *é uma palavra alternativa para "sábado", usada principalmente no Norte da Alemanha.*

und Sonntag.
unt ZO:Nta:k.
e domingo.

Die zwölf Monate des Jahres heißen:
di: tsvêlf MO:nate des IA:res HAISsen:
Os doze meses do ano se chamam:

Januar, Februar, März,
IA:nuar, FE:bruar, MÉ:rtz,
janeiro, fevereiro, março,

April, Mai, Juni, Juli,
a:PRI:L, mai, IU:ni:, IU:li:,
abril, maio, junho, julho,

August, September, Oktober,
auGU:st, sepTEMbâr, okTO:bâr,
agosto, setembro, outubro,

November, Dezember.
noVEMbâr, de:TSEMbâr.
novembro, dezembro.

Januar ist der erste Monat des Jahres.
IÁ:nuár ist de:r É:RSte MO:nat des IA:res.
Janeiro é o primeiro mês do ano.

Der erste Januar ist der Neujahrstag.
de:r É:RSte IA:nuar ist de:r NÓI-iarsta:k.
Primeiro de janeiro é o dia de ano novo.

Wir sagen zu unseren Freunden:
viâr ZAguen tsu: U:Nzeren FRÓINden:
Dizemos para nossos amigos:

"Prosit Neujahr!"
"PROzit NÓI-iar!"
"Feliz ano novo!"

> **Prosit! Prost!**
> Prosit *(ou* Prost*) é uma palavra freqüentemente usada em brindes — equivale a "Saúde", "Salve", etc.*

Weihnachtsabend fällt
VAInaçhts-A:bent felt
A véspera de Natal cai

> **Fallen = *"cair"* *(*Umlaut*)*
> Fallen *recebe* Umlaut *na terceira pessoa do singular,* er, sie, es: ich falle, er fällt, wir fallen.

auf den vierundzwanzigsten Dezember.
auf den FIÂR-u:nt-TSVÁ:Ntsiksten de:TSEMbâr.
no dia vinte e quatro de dezembro.

> *O acusativo para datas*
> *Quando alguma coisa cai num determinado dia, a data é escrita no acusativo. A data no início das cartas também é escrita no acusativo: 2 de janeiro =* den 2. Januar.

Die Leute wünschen sich:
di: LÓIte VŮNCHen ziçh:
As pessoas se desejam:

> **Sich**
> *O* sich *usado aqui é a forma do dativo do pronome pessoal e significa "um ao outro", ou "se".*

"Fröhliche Weihnachten!"
"FRÊ:liçhe: VAInaçhten!"
"Feliz Natal!"

In Deutschland und in Österreich
in DÓITchlánt unt in ÊSte:rraiçh
Na Alemanha e na Áustria

machen die meisten Leute im August Urlaub.
MAçhen di: MAISten LÓIte im auGU:ST UÂRlaup.
a maioria das pessoas tiram férias em agosto.

In ihrem Urlaub fahren die Deutschen
in I:rem UÂRlaup FA:ren di: DÓITchen
Em suas férias os alemães gostam de

> **Fahren *(com* Umlaut*)***
> Fahren *recebe o* Umlaut *para* er, sie *e* es: er fährt.

gern ins Ausland.
guérn ins AUSlá:nt.
viajar para o exterior.

Wenn jemand auf Reisen geht,
vén IE:má:nt auf RÁIzen gue:et
Quando alguém viaja,

wünschen wir ihm:
VŮNCHen viâr i:m:
nós desejamos a ele:

"Gute Reise!"
"GUte RAIze!"
"Boa viagem!"

Das Jahr ist in vier Jahreszeiten eingeteilt:
da:s iar ist in fiâr IA:res-TSAIten ÁINgue:táilt:
O ano se divide em quatro estações:

> *Ordem das palavras*
> Eingeteilt *("dividido")* é o particípio passado do verbo einteilen *("dividir")*. Os particípios passados sempre vêm no final da frase, como você verá no Passo 18, ao examinarmos o passado e o tempo pretérito.

Frühling, Sommer, Herbst und Winter.
FRŮ:ling, ZOmâr, HÉ:Rpst unt VINtâr.
primavera, verão, outono e inverno.

Im Winter ist es kalt,
im VINtâr ist es ka:lt,
No inverno é frio,

und im Sommer ist es heiβ.
unt im ZOmâr ist es haiss.
e no verão é quente.

Im Frühling ist das Wetter meistens gut.
im FRŮ:ling ist da:s VÉtâr MAIStens gut.
Na primavera geralmente o tempo é bom.

Im Herbst fallen die Blätter
im HÉ:Rpst FA:len di: BLÉtâr
No outono caem as folhas

von den Bäumen.
fo:n de:n BÓImen.
das árvores.

O **Umlaut** *para o plural*
As formas do singular de Blätter *e* Bäume *são, respectivamente,* Blatt *e* Baum. *Os plurais são formados através do acréscimo da terminação de plural e também do sinal de metafonia. Quando há duas vogais juntas, como em* Bäume, *o sinal é colocado sobre a primeira vogal.*

Im Herbst findet das Oktoberfest
im HÉ:Rpst FINdet da:s okTO:bârfést
No outono acontece a Festa de Outubro

in München statt,
in MŮNchen çhtat,
em Munique,

"Ter lugar", "ocorrer"
Stattfinden — *"ocorrer", "ter lugar" (literalmente "encontrar lugar") — é um verbo de prefixo separável.*

mit viel Bier und lustigem Gesang.
mit fi:l biâr unt LU:Sti:guen gue:ZÁ:NG.
com muita cerveja e cantoria alegre.

Ein anderes lustiges Fest
áin Á:Nde:res LU:Sti:gues fést
Uma outra festa animada

ist der Karneval, besonders im Rheinland
ist de:r karneVA:L, be:ZO:Ndârs im RÁINlá:nt
é o Carnaval, principalmente na Renânia

und auch in Bayern, wo er Fasching heißt.
unt aucH in BAIârn, vo é:r FÁching haist.
e também na Baviera, onde é chamado de "Fasching".

Zu jeder Jahreszeit ist in Deutschland
tsu: IEdâr IA:restsait ist in DÓITchlá:nt
Em cada estação do ano há na Alemanha

viel Interessantes zu sehen.
fi:l inte:re:SSÁ:Ntes tsu: ZE:en.
muita coisa interessante para ver.

Da gibt es Musikfestspiele,
da: guipt es mu:ZI:K-féstchpi:le,
Há festivais de música,

Freiluftspiele, Messen und Volksfeste.
FRAIluptchpi:le, MÉSsen unt FÓLKSféste.
jogos ao ar livre, feiras e festas populares.

Aber am interessantesten von allem
A:bâr a:m inte:re:sSÁ:Ntesten fo:n A:lem
Mas o mais interessante de tudo

ist das Land selbst,
ist da:s lá:nt zélpst,
é o país mesmo,

mit seinen hohen Bergen,
mit ZÁInen HO:en BÉ:Rguen,
com suas montanhas altas,

lieblichen Tälern, alten Städten
LI:pliçhen TÉ:lern, A:Lten CHTÉ:ten
vales encantadores, antigas cidades

und romantischen Burgen.
unt roMÁ:Ntichen BU:Rguen.
e castelos românticos.

CONVERSAÇÃO: FALANDO SOBRE O TEMPO

Jeder spricht über das Wetter.
IEdâr chpriçht Ü:bâr da:s VÉtâr.
Todo o mundo fala sobre o tempo.

Im Frühling, wenn die Sonne scheint
im FRÜ:ling, vén di: ZOne: cháint
Na primavera, quando o sol está brilhando

> *"Quando"*
> *"Quando" corresponde, no alemão, a três conceitos diversos:*
>
> *quando?* = wann?
> *quando (alguma coisa aconteceu)* = als
> *quando (ações repetitivas, "sempre que")* = wenn

und der Himmel blau ist,
unt de:r HImel blau ist,
e o céu está azul,

sagt man:
za:kt má:n:
diz-se:

> "Was für ein herrlicher Tag!"
> **"vas fŭr áin HÉ:Rliçhâr ta:k!"**
> *"Que dia maravilhoso!"*

Und wenn der Abend klar ist
unt vén de:r A:bent kla:r ist
E quando a noite está clara

189

und wir den Mond und die Sterne sehen,
unt viâr de:n mo:nt unt di: CHTÉ:Rne: ZE:en,
e vemos a lua e as estrelas,

sagen wir:
ZAguen viâr:
dizemos:

"Was für ein schöner Abend!"
"vas fůr áin CHĚ:nâr A:bent!"
"Que noite bonita!"

Im Sommer, wenn es sehr heiβ ist,
im ZOmâr, vén es zéâr haiss ist,
No verão, quando está muito quente,

klagen wir:
KLA:guen viâr:
reclamamos:

"Was für eine Hitze!"
"vas fůr ÁIne HItse:!"
"Que calor!"

Wenn es stark regnet,
vén és chtark RE:Gnet,
Quando chove forte,

sagen wir:
ZAguen viâr:
dizemos:

"Es gieβt! —
"es gui:sst! —
"Está chovendo a cântaros! —

Vergiβ nicht deinen Regenschirm!"
fe:rGUISS nicht DÁInen RE:guen-chirm!"
Não esqueça de seu guarda-chuva!"

Und im Winter,
unt im VINtâr,
E no inverno,

wenn es schneit und friert,
vén es chnait unt friârt,
quando neva e faz frio,

sagen wir:
ZAguen viâr:
dizemos:

"Es ist bitter kalt drauβen.
"es ist BItâr ka:lt DRAUssen.
"Está um frio danado lá fora.

Das Fahren auf den Autobahn
da:s FA:ren auf de:r AUtobá:n
Dirigir pelas auto-estradas

ist sicher sehr gefährlich heute,
ist ZIçhâr zéâr gue:FÉ:Rliçh HÓIte:,
é certamente bem perigoso hoje,

des Eises und des Schnees wegen.
des AIzes unt des chne:s VEguen.
por causa do gelo e da neve.

Es ist besser, zu Hause zu bleiben,
es ist BÉSsâr, tsu: HAUze tsu: BLAIben.
É melhor ficar em casa,

bis es aufhört zu schneien."
bis es AUF-hĕrt tsu: CHNAIen."
até que pare de nevar."

Zu *com o infinitivo*
Quando um infinitivo é usado numa frase com verbo, advérbio, ou adjetivo, é precedido de zu. *Mas os chamados verbos modais são usados diretamente com o infinitivo. É o caso, por exemplo, de* müssen, sollen, wollen, dürfen *e* mögen.

TESTE SEU ALEMÃO

Traduza estas frases para o português. Conte 10 pontos para cada tradução correta. Veja as respostas abaixo.

1. Die meisten Leute gehen im
   Sommer auf Urlaub. _____

2. Ich reise gern ins Ausland. _____

3. Wenn jemand auf Reisen geht,
   sagen wir "Gute Reise!" _____

4. In Deutschaland gibt es hohe
   Berge und liebliche Täler. _____

5. Was für ein herrlicher Tag! _____

6. Was für ein schöner Abend! _____

7. Es ist sehr heiß, nicht wahr? _____

8. Es gießt! Vergiß nicht deinen
   Regenschirm! _____

9. Es ist bitter kalt draußen. _____

10. Schneit es schon? _____

Respostas: 1. A maioria das pessoas tira férias no verão. 2. Gosto de viajar para o exterior. 3. Quando alguém viaja, dizemos "Boa viagem!" 4. Na Alemanha há montanhas altas e vales encantadores. 5. Que dia maravilhoso! 6. Que noite bonita! 7. Está muito quente, não é? 8. Está chovendo a cântaros! Não esqueça seu guarda-chuva! 9. Está um frio danado lá fora. 10. Já está nevando?

Resultado: _____ %

passo 16 — USO DOS VERBOS PRONOMINAIS

Herr Schuster steht früh auf.
hér CHU:Stâr CHTE:t frů auf.
O Sr. Schuster levanta cedo.

Er wäscht sich das Gesicht,
é:r vécht ziçh da:s gue:ZIÇHT,
Ele lava seu rosto,

putzt sich die Zähne und rasiert sich.
pu:tst ziçh di: TSE:ne: unt raZIÂRT ziçh.
escova os dentes e faz a barba.

> ### Verbos reflexivos e pronomes
> Wäscht sich, putzt sich *e* rasiert sich (sich waschen, sich putzen, sich rasieren) *são exemplos de verbos reflexivos. São verbos em que a ação recai sobre o próprio sujeito que a pratica, como "lavar-se", "vestir-se".*
>
> ### "Sente-se"
> Setzen Sie sich! *é uma expressão que você ouvirá com freqüência. Os pronomes reflexivos são usados assim:* ich setze mich, du setzt dich, er setzt sich, wir setzen uns, ihr setzt euch, Sie (sie) setzen sich.

Dann nimmt er ein Bad und zieht sich an.
dán nimt é:r áin ba:t unt tsi:t ziçh án.
Então ele toma um banho e se veste.

> ### Anziehen
> *"Vestir-se"* — sich anziehen — *é um verbo de prefixo separável.*

Die Kinder stehen etwas später auf.
di: KINdâr CHTE:en ÉTva:s CHPE:târ auf.
As crianças levantam um pouco mais tarde.

Sie waschen sich, kämmen sich die Haare
zi: VAchen ziçh, KEmen ziçh di: HA:re:
Elas se lavam, penteiam o cabelo,

und ziehen sich schnell an.
unt TSI:en ziçh chnél án.
e se vestem depressa.

Dann setzen sie sich an den Tisch,
dán ZÉTSen zi: ziçh án de:n tich,
Aí sentam-se à mesa,

> **Achtung!**
> Tisch *está no caso acusativo por causa da ação implícita no verbo de movimento "sentar-se".*

um zu frühstücken.
u:m tsu: FRÜchtůken.
para tomar o café da manhã.

Zum Frühstück
tsu:m FRÜchtůk
Para o café da manhã

essen sie Brötchen mit Butter und Marmelade
ÉSsen zi: BRÈtçhen mit BUtâr unt MARme:lade:
eles comem pãozinho com manteiga e geléia

> **Essen = "*comer*"**
> Essen *é um verbo irregular. Suas formas básicas são* ich esse, er iβt, wir essen.

und trinken Milchkaffee.
unt TRINken milçh-kaFE:.
e bebem café com leite.

Herr Schuster muß sich beeilen,
hér CHU:Stâr muss ziçh be:Allen,
O Sr. Schuster precisa se apressar,

um pünktlich im Büro zu sein.
u:m PŮNKTliçh im bůRO: tsu: záin.
para estar pontualmente no escritório.

Die Kinder machen sich fertig für die Schule.
di: KINdâr MAçhen ziçh FÉ:Rtik fůr di: CHU:le:.
As crianças se aprontam para a escola.

Frau Schuster sagt zu dem Jüngsten:
frau CHU:Stâr za:kt tsu: dem IŮNGsten:
A Sra. Schuster diz para o mais novo:

"Mach' schnell, es wird spät."
"ma:çhs chnel, és vird chpe:t."
"Ande rápido, está ficando tarde."

"Aber ich beeile mich doch", sagt er.
"A:bâr içh be:Alle miçh dócH", za:kt é:r.
"Mas eu estou me apressando", diz ele.

"Ich bin schon fast fertig."
"içh bin chon fa:st FÉ:Rtik."
"Já estou quase pronto."

Dann verabschieden sich alle von der Mutter
dán ferA:Pchi:den ziçh A:le fo:n de:r MU:târ
Então todos se despedem da mãe

> **Die Übersetzung**
> Sich verabschieden *pode ser traduzido por "despedir-se",
> ou "dizer adeus".*

und gehen.
unt GUE:en.
e vão embora.

Frau Schuster sieht sich im Spiegel an
frau CHU:Stâr zi:t ziçh im CHPI:guel án
A Sra. Schuster se olha no espelho.

> **Sich *an*sehen**
> Sich **an**sehen — *"olhar-se"* — *é um verbo de prefixo separável. O prefixo, neste caso, é separado do verbo pelo pronome e pelo adjunto "no espelho"* — im Spiegel.

und sagt sich: "Ich sehe müde aus,
unt za:kt ziçh: "içh ZE:e MÜde aus,
e diz para si mesma: "Estou com a aparência cansada,

ich brauche noch etwas Schlaf —
içh BRAUcHe nócH ÉTva:s chla:f —
preciso de um pouco mais de sono —

ich muß mich noch eine halbe Stunde hinlegen."
içh muss miçh nócH ÁIne HA:Lbe: CHTU:Nde: HIN-le:guen."
preciso me deitar ainda por uma meia hora."

> ***Nem sempre separável***
> Sich **hin**legen, *aqui traduzido como "deitar-se", é um verbo de prefixo separável. Lembre-se, porém, que o prefixo não se separa do infinitivo, como neste caso.*

CONVERSAÇÃO: INDO A UM ENCONTRO DE NEGÓCIOS

— Wir müssen uns beeilen.
viâr MÜSsen u:ns be:AIlen.
Precisamos nos apressar.

Wir wollen nicht zu spät zu der Konferenz kommen.
viâr VÓ:len niçht tsu: chpe:t tsu: de:r ko:nferENTS KO:men.
Não queremos chegar atrasados demais à reunião.

— Machen Sie sich keine Sorgen darüber;
MAçhen zi: ziçh KÁIne ZÓRguen daRÜbâr;
Não se preocupe com isso;

wir haben noch eine halbe Stunde Zeit.
viâr HA:ben nócH ÁIne HA:Lbe: CHTU:Nde: tsait.
ainda temos meia hora.

Schließlich wollen wir ja nicht zu früh kommen.
CHLI:Ssliçh VÓ:len viâr iá niçht tsu: frů KO:men.
Afinal, não queremos chegar muito cedo.

Wir wollen doch nicht übereifrig erscheinen.
viâr VÓ:len dócH niçht Überaifrik e:rCHÁInen.
Não queremos parecer ansiosos demais.

Übrigens — haben Sie alle Unterlagen dabei?
Übriguens — HA:ben zi: A:le U:Nterlaguen daBAI?
Aliás, você está com todos os documentos em mãos?

— Natürlich, hier sind die Unterlagen
naTÜRliçh, hiâr zint di: U:Nterlaguen
Claro, aqui estão os documentos

für den Vertrag.
fűr de:n fe:rTRA:K.
para o contrato.

— Und der Vertrag selbst?
unt de:r fe:rTRA:K zélpst?
E quanto ao contrato?

— Um Gottes Willen! Wo ist er?
u:m GÓtes VILen! vo ist é:r?
Meu Deus! Onde ele está?

— Beruhigen Sie sich,
be:RU:i:guen zi: ziçh,
Acalme-se,

> *Verbos pronominais e as emoções*
> *Há verbos pronominais relacionados com estados emocionais, como por exemplo "excitar-se" (sich aufregen), "acalmar-se" (sich beruhigen), "apressar-se" (sich beeilen). Há também os que se referem a certas atividades mentais, como "lembrar-se" (sich erinnern), "esquecer-se" (vergessen).*

Sie haben ihn in Ihrer eigenen Aktentasche.
zi: HA:ben i:n in I:rer AIguenen A:Ktentache.
você o colocou em sua pasta.

— Oh ja — jetzt erinnere ich mich.
O: iá — iétst e:RInere: içh miçh.
Ah, é — agora estou lembrando.

Warten Sie hier, ich hole uns ein Taxi.
VARten zi: hiâr, içh HOle: u:ns áin TAKsi.
Espere aqui, vou pegar um táxi para nós.

— Nicht nötig; sehen Sie,
niçht NĚtik; ZE:en zi:,
Não é necessário; veja,

da steht schon eines vor dem Eingang.
da CHTE:t chon ÁInes fo:r dem ÁINgáng.
já tem um parado bem na entrada.

— Gott sei Dank!
gót zai dá:nk!
Graças a Deus!

Also gehen wir jetzt! Aber schnell!
A:Lzo GUE:en viâr iétst! A:bâr chnél!
Bom, então agora vamos! Mas depressa!

— Aber regen Sie sich bitte nicht mehr auf!
A:bâr RE:guen zi: ziçh BI:te niçht méâr auf!
Mas, por favor, não fique excitado de novo!

Und vor allen Dingen,
unt fo:r Alen DINguen,
E, acima de tudo,

werden Sie nicht nervös
VÉ:Rden zi: niçht nerVÉS
não fique nervoso

während der Konferenz!
VE:Rent de:r ko:nferENTS!
durante a reunião!

> ***O genitivo após advérbios***
> Die Konferenz *torna-se* der Konferenz *porque está no caso genitivo. Isto ocorre porque certas preposições automaticamente usam o genitivo. Entre elas incluem-se* während *("durante"),* wegen *("por causa de") e* anstatt *ou* statt *("em vez de").*

TESTE SEU ALEMÃO

Verta estas frases para o alemão usando verbos pronominais. Use a forma *du* nas 5 primeiras frases e a forma *Sie* nas seguintes. Conte 10 pontos para cada resposta correta. Veja as respostas abaixo.

1. Ela está se vestindo. _____

2. Por favor, sente-se à mesa. _____

3. Preciso me apressar. _____

4. As crianças estão se aprontando para a escola. _____

5. Apresse-se, está ficando tarde. _____

6. Penteie o cabelo! _____

7. Acalme-se! _____

8. Você se lembra? _____

9. Não fique excitado! _____

10. Não fique nervoso! _____

Respostas: 1. Sie zieht sich an. 2. Bitte setzen Sie sich an den Tisch! 3. Ich muß mich beeilen. 4. Die Kinder machen sich fertig für die Schule. 5. Mach schnell, es wird spät. 6. Kämmen Sie sich die Haare! 7. Beruhigen Sie sich! 8. Erinnern Sie sich? 9. Regen Sie sich nicht auf! 10. Werden Sie nicht nervös!

Resultado: _____ %

passo 17 FORMAÇÃO DO FUTURO

Die Zukunft des Verbes
di: TSU:ku:nft des VÉ:Rbes
O futuro do verbo

ist nicht schwer zu bilden.
ist niçht chve:r tsu: BILden.
não é difícil de ser formado.

Man benutzt *werden*
má:n be:NU:tst VÉ:Rden
Usa-se werden *(tornar-se)*

zusamen mit dem Infinitiv
tsu:ZÁ:men mit dem INfi:ni:ti:f
junto com o infinitivo

des nachfolgenden Verbes.
des NAÇHfo:lguenden VÉ:Rbes.
do verbo seguinte.

> Werden, *que você viu no Passo 16 usado como "tornar-se", é usado aqui, no presente, para formar o futuro. O verbo usado com* werden *fica sempre no infinitivo. Eis o futuro do verbo "ir":*
>
> *eu irei* = ich werde gehen
> *você irá* = du wirst gehen
> *ele/ela irá* = er/sie/es wird gehen
> *nós iremos* = wir werden gehen
> *vocês irão* = ihr werdet gehen
> *o senhor irá* = Sie werden gehen

os senhores irão = Sie werden gehen
eles/elas irão = sie werden gehen

O futuro no negativo é formado com nicht *antes do infinitivo:* ich werde nicht gehen *("não irei").*

Ich werde + Infinitiv

Morgen werde ich früh aufstehen.
MÓRguen VÉ:Rde: içh frů AUFchte:en.
Amanhã levantarei cedo.

Ich werde zum Arzt gehen.
içh VÉ:Rde: tsu:m artst GUE:en
Irei ao médico.

Ich werde ihn um etwas gegen meinen Husten bitten.
içh VÉ:Rde: i:n u:m ÉTva:s GUEguen MÁInen HU:Sten BIten.
Pedirei a ele alguma coisa contra minha tosse.

Ich werde Sie vom Artz aus anrufen.
içh VÉ:Rde: zi: fo:m artst aus Á:Nru:fen.
Do médico telefonarei para o senhor.

Dann werde ich Ihnen sagen,
dán VÉ:Rde: içh I:nen ZAguen,
Então lhe direi

wann ich zurückkomme.
ván içh tsu:RŮK-kome:.
quando volto.

Was ist los?

A palavra geralmente usada para médico é der Arzt. *Mas ao nos dirigirmos ao médico usamos* Herr Doktor. *Ao consultar um médico, será útil você conhecer as expressões seguintes:*

Estou com dor de cabeça = Ich habe Kopfschmerzen
Estou com dor de garganta = Ich habe Halsschmerzen
Estou sentindo tonturas = Mir ist schwindlig

> *Estou com dor de estômago* = Ich habe Magenschmerzen
> *Está me doendo aqui* = Ich habe hier Schmerzen
> *A receita* = das Rezept
> *Uma farmácia* = eine Apotheke
>
> *Coisas que o médico pode lhe dizer:*
>
>> *O senhor precisa ficar na cama* = Sie müssen im Bett bleiben
>> *Tome isto três vezes ao dia* = Nehmen Sie das dreimal am Tag
>> *Volte em dois dias* = Kommen Sie in zwei Tagen wieder
>> *Está se sentindo melhor?* = Geht es Ihnen besser?
>
>> *Você encontrará o vocabulário referente a outras partes do corpo no vocabulário do final deste livro.*

Er (sie, es) wird + Infinitiv

— Wann wird Kurt aus England ankommen?
 ván vird ku:rt aus E:Nglá:nt Á:Nko:men?
 Quando o Kurt voltará da Inglaterra?

— Sein Flugzeug soll heute nachmittag um zwei Uhr landen.
 záin FLU:Ktsóik zó:l HÓIte: NAcH-mitá-le u:m tsvái Uâr LÁ:Nden.
 Seu avião deve pousar hoje à tarde, às duas horas.

— Aber sein Flugzeug hat Verspätung.
 A:bâr záin FLU:K-tsóik hat ve:rchPE:tu:ng.
 Mas seu vôo está atrasado.

— Ich will mit ihm sprechen.
 içh vil mit i:m CHPRÉ:çhen.
 Quero falar com ele.

> **Achtung!**
> *Lembre-se de que* will *(do verbo* wollen*) significa "querer" ou "desejar".*

— Ich glaube nicht, daß er in die Stadt kommen wird.
içh GLAUbe: nicht da:ss é:r in di: chta:t KO:men virdI.
Não creio que ele virá para a cidade.

Er wird am Flughafen bleiben,
é:r vird á:m FLU:K-hafen BLAIben,
Ele ficará no aeroporto,

> *Ordem inversa*
> *Em ordens inversas as formas de* werden *seguem o infinitivo. O mesmo ocorre com outros verbos auxiliares como o* müssen, *o* wollen, *etc., como você pode notar abaixo.*

weil er einen Anschlußflug nehmen muß.
vail é:r Álnen Á:Nchlu:s-flu:g NE:men mu:ss.
porque ele precisa tomar uma conexão.

— Und wohin wird er dann fliegen?
unt voHIn vird é:r dán FLI:guen?
E para onde então ele voará?

— Nach Österreich,
nácH ÉSte:rraich,
Para a Áustria,

wo er unsere Filiale besichtigen wird.
vo é:r U:Nzere fi:liA:le be:ZIÇHtiguen vird.
onde visitará nossas filiais

Dann wenn er Zeit hat,
dán vén é:r tsáit hat,
Daí, se ele tiver tempo,

will er die Leipziger Messe besuchen.
vil é:r di: LAIPtsi:gâr MÉSse: be:ZU:çhen.
ele quer visitar a feira de Leipzig.

— Ich fürchte, dann werde ich
içh FÜRçhte:, dán VÉ:Rde: içh
Acho que então eu

ihn leider nicht sehen können.
i:n LAIdâr niçht ZE:en KÊnen,
infelizmente não poderei vê-lo.

— Doch! Hören Sie — Sie können mit mir
dócH! HÊren zi: — zi: KÊnen mit miâr
Pelo contrário! Escute — você pode

zum Flughafen kommen.
tsu:m FLU:Khafen KO:men.
ir comigo ao aeroporto.

Es wird sicher eine Gelegenheit geben,
es vird ZIçhâr ÁIne gue:LE:guen-hait GUE:ben,
Certamente haverá uma oportunidade

mit ihm zu sprechen.
mit i:m tsu: CHPRÉ:çhen.
de falar com ele.

Du wirst + infinitiv:

— Wirst du mich morgen anrufen?
vi:rst du: miçh MÓRguen Á:Nru:fen?
Você me telefonará amanhã?

— Das wird leider kaum möglich sein,
da:s vird LAIdâr kaum MÊgliçh záin,
Infelizmente dificilmente será possível,

weil ich sehr früh wegfahren muβ.
váil içh zéâr frů VÉKfa:ren mu:ss.
porque preciso partir muito cedo.

— Wann wirst du zurückkommen?
ván vi:rst du: tsu:RŮK-komen?
Quando você voltará?

— Ich bin um sechs Uhr abends zurück.
içh bin u:m zéks Uâr A:bents tsu:RŮK.
Estou de volta às seis da tarde.

> *O presente para expressar o futuro*
> *Como vimos no início do Passo 17, o futuro de um verbo é formado com* werden *e mais o infinitivo do verbo que se está usando. Mas, como também ocorre em português, o futuro freqüentemente é expresso pelo presente do verbo em combinação com advérbios referentes ao futuro, principalmente na linguagem do cotidiano:*
>
> *No próximo verão vou para Berlim.*
> Nächsten Sommer fahre ich nach Berlin.

Ich rufe dich sofort an.
içh RU:fe: diçh zoFÓRT án.
Telefono para você de imediato.

Wirst du zu Hause sein?
vi:rst du: tsu: HAUze záin?
Você estará em casa?

> *Mais prefixos separáveis*
> *Vários outros verbos de prefixo separável foram introduzidos nesta conversa —* **an**rufen, **weg**fahren, **zurück**kommen.

Wir (sie, sie) werden + infinitiv

Ein junger Mann:
áin IU:Nguer mán:
Um jovem:

— Glauben Sie, daβ die Menschen eines Tages
GLAUben zi:, da:ss di: MENchen ÁInes TAgues
Você acredita que um dia as pessoas

Vergnügungsreisen zum Mond machen werden?
fe:rGNÜgu:ngs-ráizen tsu:m mo:nt MAçhen VÉ:Rden?
farão viagens de lazer à Lua?

O genitivo
A expressão "um dia" é escrita em alemão no caso genitivo: eines Tages.

Ein alter Mann:
áin A:Ltâr mán:
Um senhor idoso:

— Ohne Zweifel — Die Astronauten werden bald
O:ne: TSVÁIfel — di: a:stroNAUten VÉ:Rden ba:lt
Sem dúvida — logo os astronautas voarão

oft und regelmäßig zum Mond fliegen,
óft un RE:guelME:ssik tsu:m mo:nt FLI:guen,
para a Lua com freqüência e regularmente,

und gewöhnliche Touristen werden sicherlich bald folgen.
unt gueVḖ:Nliçhe tu:RISten VÉ:Rden ZIçhârliçh ba:lt FOLguen.
e logo se seguirão turistas comuns, com certeza.

— Glauben Sie, daß wir auch zu den Planeten reisen werden?
GLAUben zi:, da:ss viâr aucH tsu: de:n pla:NE:ten RAIzen VÉ:Rden?
O senhor acredita que também viajaremos até os planetas?

— Bestimmt, sobald Mondflüge zur Regel werden,
bechTÍMMT, zoBA:LT MO:NTflŭge: tsuâr RE:guel VÉ:Rden,
Claro, assim que os vôos para a Lua se tornem regulares,

werden auch die anderen Flüge möglich.
VÉ:Rden aucH di: Á:Nde:ren FLŬgue: MĔgliçh.
também os outros vôos serão possíveis.

— Dann werden die Astronauten weitere Entfernungen
dán VÉ:Rden di: a:stroNÁUten VAIte:re: entFÉ:Rnu:nguen
Então os astronautas serão capazes de

erreichen können.
e:rRÁIçhen KĔnen.
alcançar distâncias maiores.

Aber ich bezweifle, daß sie
A:bâr içh be:TSVÁIfle:, da:ss zi:
Mas eu duvido que eles

die Sterne so bald erreichen werden.
di: CHTÉ:Rne: zo ba:lt e:rRAIçhen VÉ:Rden.
atinjam as estrelas tão cedo.

— Vielleicht wird es eines Tages geschehen,
fi:LÁIçht vird es ÁInes TAgues gue:CHE:en,
Talvez aconteça um dia,

und Sie werden es sehen können,
unt zi: VÉ:Rden es ZE:en KÈnen,
e você poderá ver,

aber ich werde es sicher nicht miterleben.
A:bâr içh VÉ:Rde: es ZIçhâr niçht MITe:rle:ben.
mas eu seguramente não testemunharei isso.

> **Leben**
> *Mi*terleben *é um exemplo interessante de como um verbo pode mudar de significado por causa de um prefixo.* Leben *significa "viver".* Er*leben é "vivenciar", "experimentar".* Mit *dá o sentido de "experimentar, vivenciar algo com os outros".*

209

CONVERSAÇÃO: PLANOS PARA UMA VIAGEM À ALEMANHA

MAGDA:

Im nächsten Monat werden Sie beide
im NÉKSten MO:nat VÉ:Rden zi: BAIde
No mês que vem vocês dois

nach Deutschland fahren, nicht wahr?
nacH DÓITchlánt FA:ren, niçht vá:r?
viajarão para a Alemanha, não é?

LIESL:

Ja, aber wir werden nicht zusammen fliegen.
iá, A:bâr viâr VÉ:Rden niçht tsu:ZA:Men FLI:guen.
Sim, mas não voaremos juntos.

Herbert wird zuerst nach Frankfurt fliegen,
HÉ:Rbe:rt vi:rd tsu:É:RST nacH FRÁ:NKfu:rt FLI:guen,
O Herbert voará primeiro para Frankfurt,

und ich werde ihm eine Woche später folgen.
unt iςh VÉ:Rde: i:m ÁIne VÓçhe: CHPE:târ FOLguen.
e eu o seguirei uma semana mais tarde.

MAGDA:

Warum reisen Sie nicht zusammen?
vaRU:M RAIzen zi: niçht tsu:ZA:men?
Por que vocês não viajam juntos?

LIESL:

Weil er in Frankfurt viele Geschäftsbesuche erledigen will,
váil é:r in FRÁ:NKfu:rt FI:le: gue:CHÉFTSbe:zu:çhe: e:rLE:di:guen vil,
Porque ele quer fazer muitas visitas de negócios,

210

und ich langweile mich nicht gerne.
unt içh LÁ:NGvaile: miçh niçht GUÉRne:.
e eu não gosto de me aborrecer.

> ### Gerne
> Gern *é um advérbio que, associado a um verbo, significa "gostar" ou "não gostar", conforme seja usado afirmativa ou negativamente. Às vezes aparece com um -e final.*
>
> ### Lang + Weile
> Langweilen *("aborrecer-se", "entediar-se") é uma combinação de* lang *("longo") e* Weile *("algum tempo", "momento"), boa descrição de aborrecimento.*

MAGDA:
Das kann ich verstehen.
da:s kán içh fer:CHTE:en.
Posso entender isso.

LIESL:
Wir wollen uns anschließend in Köln treffen
viâr VÓ:len u:ns Á:Nchli:ssend in kěln TRÉfen
Depois disso pretendemos nos encontrar em Colônia

und eine Rheinfahrt unternehmen.
unt ÁIne RÁINfart u:nterNE:men.
e fazer um passeio pelo Reno.

MAGDA:
Vergessen Sie nicht,
fe:rGUÉssen zi: niçht,
Não se esqueçam

ein paar gute Rheinweine zu probieren.
áin pa:r GUte RÁINváine tsu: proBIâren.
de experimentar alguns dos bons vinhos do Reno.

LIESL:

Ganz bestimmt nicht —
ga:nts bechTIMT niçht —
Certamente que não —

Herbert hat schon seine Weinliste bereit!
HÉ:Rbe:rt h̲at chon ZÁIne VÁINliste be:RÁIT!
O Herbert já preparou sua lista de vinhos!

Dann werden wir in die Alpen fahren.
dán VÉ:Rden viâr in di: A:Lpen FA:ren.
Daí viajaremos para os Alpes.

MAGDA:

Das klingt gut — ich hoffe, Sie werden
da:s klinkt gut — iç̲h H̲Ófe:, zi: VÉ:Rden
Isso parece bom — espero que vocês

dann auch die berühmten Königsschlösser
dán aucH di: be:RŮMten KĚniks-chlĕsser
também visitem os famosos castelos reais

in Bayern besuchen.
in BÁIârn be:ZU:çhen.
na Baviera.

LIESL:

Sie meinen die Schlösser des
zi: MÁInen di: CHLĚSser des
Você quer dizer os castelos do

> *"Opinar" ou "querer dizer"*
> Meinen *significa "pensar", "opinar" ou "dizer", "querer dizer", dependendo do contexto.*

verrückten Königs, Ludwig von Bayern?
fe:rRŮKten KĚniks, LU:Dvig fo:n BAIârn?
rei louco, Ludovico da Baviera?

MAGDA:
Ja — übrigens, mein Neffe arbeitet
iá — Ůbriguens, máin NE:fe: ARbaitet
É — aliás, meu sobrinho trabalha

im Schloβ Neuschwanstein
im chló:ss nóiCHVA:Nchtain
no Castelo Neuschwanstein

als Fremdenführer.
als FREMden-fůrer.
como guia turístico.

Er wird Ihnen sicher gerne
é:r vi:rd I:nen ZIçhâr GUÉRne:
Certamente ele ficará feliz

die Gegend zeigen.
di: GUEguend TSAIguen.
em lhes mostrar a região.

LIESL:
Danke, würden Sie mir
DÁ:Nke, VŮRden zi: miâr
Obrigada, você me daria

seinen Namen geben?
ZÁInen NÁ:men GUE:ben?
o nome dele?

MAGDA:
Sicher — und welche anderen Städte
ZIçhâr — unt VÉLçhe Á:Nde:ren CHTEte
Claro — e quais outras cidades

wollen Sie besuchen?
VÓ:len zi: be:ZU:çhen?
vocês querem visitar?

LIESL:
 München natürlich, und Wien,
 MŮNchen naTŮRliçh, unt vi:n,
 Munique, naturalmente, e Viena,

 wo wir in die Staatsoper gehen wollen.
 vo viâr in di: CHTA:TS-oper GUE:en VÓ:len.
 onde queremos ir à ópera estadual.

 Wir wollen auch nach Berlin fahren.
 viâr VÓ:len aucH nacH be:rLI:N FA:ren.
 Também queremos ir a Berlim.

MAGDA:
 Während Sie in Deutschland sind,
 VE:rent zi: in DÓITCHlánt zint,
 Enquanto estão na Alemanha,

 müssen Sie unbedingt auch ein paar
 MŮSsen zi: U:Nbe:dinkt aucH áin pa:r
 vocês precisam de qualquer jeito também

 alte Städte besuchen, so wie
 A:Lte: CHTE:te: be:ZU:çhen, zo vi:
 visitar algumas cidades antigas, como

 Rothenburg und Nördlingen.
 ROtenbu:rk unt NĚRdlinguen.
 Rotemburgo e Nördlingen.

 Dann werden Sie
 dán VÉ:Rden zi:
 Então vocês terão

 einen unvergeßlichen Eindruck
 Áinen u:nfe:rGUÉSliçhen ÁINdru:k
 uma impressão inesquecível

vom alten Deutschland bekommen.
fo:m A:Lten DÓITCHlánt be:KO:men.
da velha Alemanha.

LIESL:
Ein guter Vorschlag!
áin GU:târ FORchla:k!
Uma boa sugestão!

Danke vielmals!
DÁ:Nke FI:Lma:ls!
Muitíssimo obrigada!

TESTE SEU ALEMÃO

Verta as 5 primeiras frases para o alemão e traduza as outras 5 para o português. Conte 10 pontos para cada resposta correta. Veja as respostas abaixo.

1. Quando ela estará aqui? _____

2. Iremos ao médico. _____

3. Telefonarei para você às 6 horas. _____

4. Vejo você mais tarde. _____

5. Quando o avião aterrissará? _____

6. Ich werde ihn nicht sehen können. _____

7. Wirst du mich morgen nachmittag anrufen? _____

8. Vielleicht wird es eines Tages geschehen. _____

9. Ich werde ihr eine Woche später folgen. _____

10. Wir werden uns in Köln treffen. _____

Respostas: 1. Wann wird sie hier sein? 2. Wir werden zum Arzt gehen. 3. Ich werde Sie (dich) um sechs Uhr anrufen. 4. Ich werde Sie später sehen. 5. Wann wird das Flugzeug landen? 6. Não poderei vê-lo. 7. Você me telefonará amanhã à tarde? 8. Talvez aconteça um dia. 9. Eu a seguirei uma semana mais tarde (depois). 10. Nós nos encontraremos em Colônia.

Resultado: _____ %

passo 18 FORMAÇÃO DO PASSADO COM *HABEN*

Wenn man durch eine deutsche Stadt geht,
vén má:n durçh Álne DÓITche: chta:t gue:t,
Quando se anda por uma cidade alemã,

kann man viele Schilder mit Aufschriften sehen,
kán má:n FI:le: CHILdâr mit AUFchriften ZE:en,
podem-se ver muitas placas com indicações,

die das Partizip Perfekt benutzen.
di: da:s parti:TSI:P perFÉKT be:NU:tsen,
que usam o particípio passado,

wie zum Beispiel die folgenden:
vi: tsu:m BAIchpi:l di: FOLguenden:
como por exemplo as seguintes:

SONNTAGS GESCHLOSSEN!
ZONta:ks gue:CHLÓSsen!
FECHADO AOS DOMINGOS!

AUSVERKAUFT!
ÁUSfe:rkauft!
VENDIDO!

EINTRITT VERBOTEN!
ÁINtrit fe:rBO:ten!
ENTRADA PROIBIDA!

RAUCHEN VERBOTEN!
RÁUçhen fe:rBO:ten!
PROIBIDO FUMAR!

MINDERJÄHRIGE NICHT ZUGELASSEN!
mindâr-IÊ:ri:gue: niçht TSU:gue:la:ssen!
NÃO É PERMITIDA A ENTRADA DE MENORES!

Particípio passado
Grande parte dos verbos alemães têm o particípio passado iniciado por ge e terminado em -t ou -en. Alguns, no entanto, não recebem o prefixo.
Veja uma lista de alguns verbos no infinitivo e no particípio passado:

Infinitivo	*particípio passado*	
sprechen	gesprochen	*falado*
sagen	gesagt	*dito*
schreiben	geschrieben	*escrito*
haben	gehabt	*tido*
verlieren	verloren	*perdido*
geben	gegeben	*dado*
sehen	gesehen	*visto*
finden	gefunden	*encontrado*
wissen	gewußt	*sabido*
hören	gehört	*ouvido*
essen	gegessen	*comido*
trinken	getrunken	*bebido*
wünschen	gewünscht	*desejado*
machen	gemacht	*feito*
tun	getan	*feito*
verbieten	verboten	*proibido*
schließen	geschlossen	*fechado*
öffnen	geöffnet	*aberto*
wohnen	gewohnt	*morado*
verstehen	verstanden	*entendido, compreendido*
kaufen	gekauft	*comprado*

Man benutzt dieses Partizip,
má:n be:NU:tst DI:zes parti:TSI:P,
Usa-se este particípio

um die Vergangenheit zu bilden.
u:m di: fe:rGÁNguen-háit tsu: BILden.
para formar o passado.

Pretérito perfeito e como formá-lo
O pretérito perfeito é formado simplesmente pelo presente de haben *e o particípio passado do verbo em questão. No Passo 19, veremos alguns verbos que formam o pretérito perfeito com o presente de* sein.

ich habe gesehen = *eu vi*
du hast gesehen = *você viu*
er (sie, es) hat gesehen = *ele viu*
wir haben gesehen = *nós vimos*
ihr habt gesehen = *vocês viram*
Sie haben gesehen = *o senhor / a senhora viu*
                        os senhores / as senhoras viram
sie haben gesehen = *eles / elas viram*

Beispiele für die Vergangenheit
BAIchpi:le: fűr di: fe:rGANguen-háit
Exemplos para o passado

ich — Sie

— Verzeihung! Haben Sie zufällig
ferTSÁIu:nk! HA:ben zi: TSU:fe:lik
Desculpe! Por acaso você

hier einen Fotoapparat gefunden?
hiâr ÁInen FOto:a:para:t gue:FU:Nden?
encontrou aqui uma máquina fotográfica?

Ich glaube, ich habe meinen hier liegengelassen.
içh GLAUbe:, içh HAbe: MÁInen hiâr LI:guen-gueLA:Ssen.
Acho que deixei a minha aqui.

Gestern habe ich hier eine Rolle Farbfilm gekauft.
GUÉStern HAbe: içh hiâr ÁIne RÓle: FARPfilm gueKAUFT.
Ontem comprei aqui um rolo de filme colorido.

— Nein, ich habe leider keinen gesehen.
náin, içh HAbe: LAIdâr KÁInen gueZE:en.
Não, infelizmente não vi nenhuma.

Was für einen Apparat haben Sie verloren?
vas fůr ÁInen a:paRA:T HA:ben zi: fe:rLOren?
Que tipo de câmera você perdeu?

— Ich habe meine Leica verloren.
içh HAbe: MÁIne LAIka fe:rLOren.
Perdi minha Leica.

— Einen Moment, bitte!
ÁInen moMENT, BI:te!
Um momento, por favor!

Kurt, haben Sie nicht gestern von einem
ku:rt, HA:ben zi: niçht GUÉStern fo:n ÁInem
Kurt, você não falou

Fotoapparat gesprochen?
FOto:a:para:t gue:CHPRÓçhen?
de uma máquina fotográfica ontem?

Was haben Sie damit gemacht?
vas HA:ben zi: daMIT gue:MA:ÇHT?
O que você fez com ela?

— Ich habe ihn unter den Ladentisch gelegt.
içh HAbe: i:n U:Ntâr de:n LAdentich gue:LE:KT.
Eu a coloquei debaixo do balcão.

Hier ist er. Ist das Ihrer?
hiâr ist é:r. ist da:s I:rer?
Ei-la. É a sua?

Wir

— Was haben Sie schon von unserer Stadt gesehen?
vas HA:ben zi: chon fo:n U:Nzerer chta:t gueZE:en?
O que vocês já viram de nossa cidade?

Passeando pela cidade ou por lojas, você notará algumas placas com avisos importantes, além daquelas já mostradas anteriormente a páginas 217-8

ACHTUNG GEFAHR = *ATENÇÃO, PERIGO*
AUSKUNFT = *INFORMAÇÃO*
DAMEN = *SENHORAS*
HERREN = *SENHORES*
BESETZT = *OCUPADO*
EINGANG = *ENTRADA*
AUSGANG = *SAÍDA*
VORSICHT = *CUIDADO*
DREHEN = *VIRAR*
ZIEHEN = *PUXAR*
DRÜCKEN = *EMPURRAR*
AUFHALTEN = *PARAR*
KEIN EINTRITT = *ENTRADA PROIBIDA*

— Wir haben schon viele Kirchen gesehen
 viâr HA:ben chon FI:le: KI:Rçhen gueZE:en
 Já vimos muitas igrejas

 und haben die Altstadt und
 unt HA:ben di: A:LTchtat unt
 e visitamos a parte velha e

 das Schloβ besichtigt.
 da:s chló:ss be:ZIÇHtikt.
 o castelo.

— Und was haben Sie abends gemacht?
 unt vas HA:ben zi: A:bents gue:MA:ÇHT?
 E o que fizeram à noite?

> *Traduções múltiplas*
> *O passado que estamos estudando agora pode ser traduzido de várias maneiras em português, dependendo por vezes do contexto:*

Was haben Sie kürzlich gemacht? = *O que você tem feito recentemente? / O que você fez recentemente? / O que você anda fazendo recentemente?*

— Nicht sehr viel...
niçht zéâr fi:l...
Não muito...

Wir haben uns ein Konzert angehört und ein Theaterstück gesehen.
viâr HA:ben u:ns áin ko:nTSERT Á:Ngue:hêrt unt áin te:A:târ-chtůk gueZE:en
Ouvimos um concerto e vimos uma peça de teatro.

Dann haben wir einen Spaziergang
dán HA:ben viâr ÁInen chpaTSI:Rga:ng
Depois demos uma caminhada

auf der Promenade am See gemacht
auf de:r prome:NAde: á:m ze: gue:MA:ÇHT
pelo passeio em volta do lago,

> ***Mas de qualquer jeito é água***
> *O significado de* See *muda, dependendo do gênero:*
>
> der See = *o lago*
> die See = *o mar*

und haben ein sehr schönes Feuerwerk gesehen.
unt HA:ben áin zéâr CHÊnes FÓIârvérk gueZE:en.
e vimos fogos de artifício muito bonitos.

— Und haben Sie auch schon eins von
unt HA:ben zi: aucH chon áins fo:n
E vocês também visitaram um dos

unseren neuen Nachtlokalen besucht?
U:Nzeren NÓIen NA:ÇHTlokalen be:ZU:ÇHT?
nossos novos clubes noturnos?

— Nein, wir haben bisher noch keins entdeckt.
náin, viâr <u>H</u>A:ben bis-<u>H</u>É:R nócH káins entDÉKT.
Não, até agora ainda não descobrimos nenhum.

— Aber Sie dürfen keinesfalls wegfahren,
A:bâr zi: DÜRfen KÁlnesfa:ls VÉKfa:ren,
Mas vocês não podem ir embora de jeito nenhum,

ohne den Rialto Club gesehen zu haben!
O:ne: de:n ri:A:Lto: klu:p gueZE:en tsu: <u>H</u>A:ben!
sem terem visto o Rialto Club!

Ich werde Sie persönlich dort hinführen.
içh VÉ:Rde: zi: perZÉNliçh dórt <u>H</u>INfůren.
Vou levá-los pessoalmente lá.

Er — sie — es

— Hat jemand angerufen?
<u>h</u>at IE:má:nt Á:Ngue:ru:fen?
Alguém telefonou?

— Ja, Frau Siebert hat telefoniert.
iá, frau ZI:be:rt <u>h</u>at te:le:foNI:RT.
Sim, a Sra. Siebert telefonou.

— Was hat sie gesagt?
vas <u>h</u>at zi: gue:ZA:KT?
O que ela disse?

Hat sie irgendeine Nachricht hinterlassen?
<u>h</u>at zi: I:Rguent-áine NA:ÇHriçht <u>h</u>interLA:Ssen?
Ela deixou algum recado?

— Ja, sie hat mir ihre Nummer gegeben.
iá, zi: <u>h</u>at miâr I:re: NU:mâr gueGUE:ben.
Sim, ela me deu o número dela.

Ich habe sie auf diesem Zettel aufgeschrieben.
içh <u>H</u>Abe: zi: auf DI:zem TSÉtel AUFguechri:ben.
Eu o anotei neste pedaço de papel.

Du — Ihr
— Sagt mal, Kinder, habt ihr heute gut
za:kt ma:l, KINdâr, hapt iâr HÓIte: gut
Digam-me, crianças, vocês prestaram

aufgepaßt in der Schule?
AUFgue:pa:st in de:r CHU:le:?
bastante atenção na escola hoje?

Hans, hast du heute mit den anderen
há:ns, ha:st du: HÓIte: mit de:n Á:Nde:ren
Hans, você jogou futebol hoje

Jungen Fußball gespielt?
IUNguen FU:Sba:l gue:CHPI:LT?
com os outros meninos?

> *Atenção para a última palavra*
> Geralmente o particípio passado, em alemão, vem no final da frase. A ordem das palavras, então, é bem diferente do português, fazendo com que o sentido principal da frase só possa ser entendido no final mesmo.

Monika, hast du deine Brote
MOni:ka, ha:st du: DÁIne: BRO:te:
Mônica, você comeu

alle aufgegessen?
A:le AUFgue:guéssen?
todos seus sanduíches?

— Ja, Mutti, ich habe alles aufgegessen.
iá, MU:ti:, içh HAbe: A:les AUFgue:guéssen.
Sim, mãe, comi tudo.

— Sie lügt, Mutti, sie hat die Tauben
zi: lůkt, MU:ti:, zi: hat di: TAUben
Ela está mentindo, mãe, ela alimentou os pombos

damit gefüttert.
DAmit gue:FÛtert.
com eles.

— Hans, du Lügner, du hast ja gar nichts
há:ns, du: LÛGnâr, du: ha:st iá ga:r niçhts
Hans, seu mentiroso, você não viu nada,

gesehen, denn du hast die ganze Zeit
gueZE:en, den du: ha:st di: GA:Ntse: tsáit
porque você

Fußball gespielt.
FU:Sba:l gue:CHPI:LT.
jogou futebol o tempo todo.

— Kinder, ich sehe, ich habt
KINdâr, içh ZE:e:, iâr ha:pt
Crianças, estou vendo que

euch wieder gestritten.
óiçh VI:dâr gue:CHTRIten.
vocês andaram brigando de novo.

CONVERSAÇÃO: O QUE ACONTECEU NO ESCRITÓRIO

— Guten Morgen, Herr Generaldirektor!
GU:ten MÓRguen, hér gue:ne:RA:Ldi:rékto:r!
Bom dia, senhor diretor geral!

   O uso de títulos
   Os títulos são muito usados e apreciados em alemão.

Haben Sie einen guten Urlaub verbracht?
HA:ben zi: ÁInen GU:ten UÂRlaup fe:rBRA:ÇHT?
O senhor passou boas férias?

— Ganz angenehm, danke.
ga:nts Á:Ngue:ne:m, DÁ:Nke.
Bem agradáveis, obrigado.

Und was gibt's hier Neues?
unt vas guipts hiâr NÓIes?
E o que há de novo por aqui?

— Herr Wagner hat sechs Wagen
hér VA:Gner hat zéks VA:guen
O Sr. Wagner vendeu seis carros

verkauft während Ihrer Abwesenheit.
fe:rKÁUFT VE:rent I:rer A:Pve:zen-háit.
durante sua ausência.

— Ausgezeichnet! Und was haben die anderen
ausgue:TSAIÇHnet! unt vas HA:ben di: Á:Nde:ren
Excelente! E o que os outros

226

Verkäufer gemacht?
fe:rKÓIfâr gue:MA:ÇHT?
vendedores fizeram?

— Sie haben vier von den neuen Sportmodellen,
zi: HA:ben fiâr fo:n de:n NÓIen CHPÓRTmode:len,
Eles venderam quatro dos novos modelos esporte,

zwei Lastwagen und zehn
tsvai LA:STvaguen unt tse:n
dois caminhões e dez

Motorräder verkauft.
moTO:re:de:r fe:rKÁUFT.
motocicletas.

— Sehr gut! Und haben die Verkäufer
zéâr gu:t! unt HA:ben di: fe:rKÓIfâr
Muito bom! E todos os vendedores

alle ihre Provision erhalten?
A:le I:re: provi:ZION erHA:Lte:n?
receberam sua comissão?

— Jawohl, Herr Direktor.
iaVO:L, hér di:RÉKto:r.
Claro, senhor.

— Großartig! Ich sehe, daß Sie keine Zeit
GROSsarticH! içh ZE:e:, da:ss zi: KÁIne tsáit
Esplêndido! Estou vendo, que o senhor

vertan haben.
fe:rTÁ:N HA:ben.
não perdeu tempo.

— Allerdings! Ich habe jeden Abend bis sieben
A:lerdinks! içh HAbe: IE:den A:bent bis ZI:ben
De jeito nenhum! Trabalhei toda noite até as sete

Uhr gearbeitet, um alles zu erledigen.
uâr gue:A:Rbaitet, u:m A:les tsu: e:rLE:di:guen.
para deixar tudo em ordem.

— Und hat Ilse Ihnen dabei geholfen?
unt <u>h</u>at ILse I:nen daBAI gue:HÓLfen?
E a Ilse o ajudou nisso?

— Leider nicht, sie hat drei Tage nicht
LAIdâr nicht, zi: <u>h</u>at drai TAgue nicht
Infelizmente, não, há três dias

gearbeitet wegen einer Erkältung.
gue:A:Rbaitet VEguen AInâr e:rKE:Ltu:nk.
ela não trabalha, por causa de uma gripe.

> **Vergessen Sie nicht**
> Wegen — *"por causa de", "devido a"* — *é uma preposição sempre seguida pelo genitivo.*

— Und was hat die neue Empfangsdame gemacht?
unt vas <u>h</u>at di: NÓIe: empFÁ:NKSdáme: gue:MA:ÇHT?
E o que tem feito a nova recepcionista?

— Sie hat sehr wenig gearbeitet.
zi: <u>h</u>at zéâr VE:nik gue:A:Rbaitet.
Ela tem trabalhado bem pouco.

Sie hat die meiste Zeit am Telefon verbracht.
zi: <u>h</u>at di: MAISte: tsáit á:m te:le:FO:N fe:rBRA:ÇHT.
Ela tem passado a maior parte do tempo ao telefone.

— So! Übrigens, hat irgend jemand für mich
zo! Ůbriguens, <u>h</u>at IRguent IE:má:nt fůr mich
Ah, é! Aliás, alguém

> **Irgend *e suas combinações***
> *O prefixo* irgend *("algum", "alguma") permite uma grande variedade de combinações:*

irgend jemand = *alguém*
irgendeiner = *uma pessoa qualquer, alguém*
irgend etwas = *alguma coisa, uma coisa qualquer*
irgendeinmal = *uma vez qualquer, alguma vez*
irgendwie = *de um modo qualquer, de algum modo*
irgendwo = *em um lugar qualquer, em algum lugar*

angerufen?
Á:Ngue:ru:fen?
me telefonou?

— Ich habe alles aufgeschrieben.
içh HAbe: A:les AUFguechri:ben.
Anotei tudo.

Ein Fräulein von Wunderlich hat
áin FRÓIláin fo:n VU:Nde:rliçh hat
Uma senhorita von Wunderlich

ein paarmal angerufen.
áin PA:Rma:l Á:Ngue:ru:fen.
telefonou algumas vezes.

Aber sie hat keine Telefonnummer
A:bâr zi: hat KÁIne te:le:FO:N-NU:mâr
Mas ela não deixou

hinterlassen.
hinterLA:Ssen.
nenhum número de telefone.

— Ah ja! Ich glaube, ich weiβ, wer das ist.
iá! içh GLAUbe:, içh vaiss vé:r da:s ist.
Ah! Acho que já sei quem é.

Wo haben Sie meine Anrufe hingelegt?
vo HA:ben zi: MÁIne Á:Nru:fe: HINgue:le:kt?
Onde você anotou minhas chamadas?

— In Ihre Schreibtischschublade.
 in I:re: CHRAIPtich-chu:plade:.
 Na gaveta de sua escrivaninha.

 Hier sind die Schlüssel.
 hiâr zint di: CHLÜSsel.
 Aqui estão as chaves.

— Danke! Sie haben prima gearbeitet!
 DÁ:Nke! zi: HA:ben PRI:ma gue:A:Rbaitet!
 Obrigado! Você fez um bom trabalho!

 Dabei fällt mir ein...
 daBAI fe:lt miâr áin...
 Isso me faz lembrar...

 ich will Ihnen die Gehaltserhöhung geben,
 içh vil I:nen di: gue:HA:LTSe:r-hěu:nk GUE:ben,
 Quero lhe dar o aumento de salário,

 von der wir schon gesprochen haben.
 fo:n de:r viâr chon gue:CHPRÓçhen HA:ben.
 do qual já falamos.

— Wirklich?... Vielen Dank, Herr Generaldirektor!
 VI:Rkliçh?... FI:len dá:nk, hér gue:ne:RA:Ldi:rékto:r!
 Verdade?... Muito obrigado, senhor diretor!

TESTE SEU ALEMÃO

Faça corresponder as placas. Conte 5 pontos para cada resposta correta. Veja as respostas no final.

1. Sonntag geschlossen	A. Proibido fumar
2. Ausverkauft	B. Entrada proibida
3. Besetzt	C. Fechado aos domingos
4. Vorsicht	D. Informação
5. Eintritt verboten	E. Cuidado
6. Rauchen verboten	F. Saída
7. Eingang	G. Ocupado
8. Achtung Gefahr	H. Vendido (Esgotado)
9. Auskunft	I. Entrada
10. Ausgang	J. Cuidado, perigo

Verta estas frases no pretérito perfeito para o alemão. Conte 5 pontos para cada tradução correta. Veja as respostas no final.

11. O senhor encontrou uma máquina fotográfica (masc.)? _____

12. Eu a deixei aqui. _____

13. Não, não vi nenhuma.   _____

14. O que o senhor fez?   _____

15. O que o senhor viu ontem? _____

16. Nós demos um passeio a pé. _____

17. Quem telefonou?   _____

18. O que ele disse?   _____

19. Ouvimos um concerto.   _____

20. Vimos uma peça de teatro. _____

Respostas: 1-C, 2-H, 3-G, 4-E, 5-B, 6-A, 7-I, 8-J, 9-D, 10-F; 11. Haben Sie einen Fotoapparat gefunden? 12. Ich habe ihn hier liegengelassen. 13. Nein, ich habe keinen gesehen. 14. Was haben Sie gemacht? 15. Was haben Sie gestern gesehen? 16. Wir haben einen Spaziergang gemacht. 17. Wer hat angerufen? 18. Was hat er gesagt? 19. Wir haben ein Konzert gehört. 20. Wir haben ein Theaterstück gesehen.

Resultado: _____ %

passo 19 FORMAÇÃO DO PASSADO COM *SEIN*

Die Zeitwörter der Bewegung
di: TSAITvĕrter de:r be:VE:gu:ng
Os verbos de movimento

benutzen das Hilfzeitwort *sein*
be:NU:TSen da:s HILFtsáit-vo:rt záin
usam o verbo auxiliar sein

für die Vergangenheit.
fůr di: fe:rGANguen-h̲áit.
para formar o passado.

Zum Beispiel:
tsu:m BAIchpi:l:
Por exemplo:

— Sind Sie vorher schon einmal hier
 zint zi: FORh̲er chon ÁINma:l h̲iâr
 Você já esteve aqui

 in Deutschland gewesen?
 in DÓITCHlánt gue:VE:zen?
 na Alemanha antes?

> *Verbos que formam o pretérito perfeito com* **sein**
> *No Passo 18 vimos como o verbo* haben *é usado para formar o passado. Agora estamos vendo verbos que formam o passado com o auxílio do presente do verbo* sein. *Haben, sein e werden são verbos auxiliares. A maioria dos verbos que formam o passado e outros tempos com-*

postos com sein *são verbos que denotam movimento "para" e "de" um lugar, ou permanência em um lugar. O verbo* sein *tem a si próprio como auxiliar.*

— Ja, ich bin vor fünf Jahren
 iá, içh bin fó:r fůnf IA:ren
 Sim, estive uma vez aqui

 einmal hier gewesen.
 ÁINma:l hiâr gue:VE:zen.
 há cinco anos atrás.

— Wie sind Sie diesmal gereist?
 vi: zint zi: DI:Sma:l gue:RAIST?
 Como você viajou desta vez?

— Diesmal bin ich mit dem Flugzeug gekommen.
 DI:Sma:l bin içh mit dem FLU:Ktsóik gue:KO:men.
 Desta vez vim de avião.

 Das letzte Mal bin ich mit dem Schiff gefahren.
 da:s LE:TSte: ma:l bin içh mit dem chif gue:FA:ren.
 Da última vez viajei de navio.

 Erzählen sie mir ein bißchen über Ihren Flug.
 e:rTSE:len zi: miâr áin BISçhen Ǔ:bâr I:ren flu:k.
 Conte-me alguma coisa sobre seu vôo.

 Ist alles gut gegangen?
 ist A:les gut gue:GÁ:Nguen?
 Tudo correu bem?

— Es ist sehr gut gegangen —
 es ist zéâr gut gue:GÁ:Nguen —
 Foi tudo bem —

 schnell und bequem.
 chnél unt bekVE:M.
 rápido e confortável.

— Wann sind Sie von Amerika abgeflogen?
ván zint zi: fo:n aMErika A:Pgue:flo:guen?
Quando você decolou dos Estados Unidos?

— Wir sind um zehn Uhr abends abgeflogen
viâr zint u:m tse:n uâr A:bents A:Pgue:flo:guen
Partimos às dez da noite

und sind um zehn Uhr morgens
unt zint u:m tse:n uâr MÓRguens
e chegamos às dez da manhã

in Frankfurt angekommen.
in FRÁ:NKfu:rt Á:Ngue:ko:men.
em Frankfurt.

— Ist Ihre Frau auch mitgekommen,
ist I:re: frau áucH MITgue:ko:men,
Sua esposa também veio junto,

oder ist sie in Amerika geblieben?
O:dâr ist zi: in aMErika gue:BLI:ben?
ou ela ficou nos Estados Unidos?

Outros verbos de movimento menos evidentes
No início deste passo você viu que verbos de movimento formam o pretérito perfeito com sein. *Isto significa que verbos como "viajar", "ir", "vir", "chegar" implicando movimento físico para ou de algum lugar se encontram nesta categoria. Por que* bleiben *("permanecer") está nesta categoria, já que se trata de ausência de movimento? Está nesta categoria porque continua relacionado com ir ou vir. Outros dois exemplos importantes conjugados com* sein *são "nascer" e "morrer".*

Beethoven nasceu em Bonn e morreu em Viena.
Beethoven ist in Bonn geboren und ist in Wien gestorben.

O auxiliar werden — *"tornar-se" — também forma o passado com* sein.

— Sie ist mitgekommen, aber sie
zi: ist MITgue:ko:men, A:bâr zi:
Ela veio junto, mas

hat ein bißchen Angst gehabt, weil
<u>h</u>at áin BISçhen á:ngst gue:<u>H</u>A:BT, vail
sentiu um pouco de medo, porque

sie noch nie vorher geflogen ist.
zi: nócH ni: FOR<u>h</u>er gue:FLOguen ist.
nunca tinha voado antes.

Aber nach einer Weile ist es
A:bâr nacH Álnâr VAIle: ist es
Mas depois de algum tempo

ihr besser gegangen, und schließlich
iâr BÉSsâr gue:GA:Nguen, unt CHLI:Sliçh
ela sentiu-se melhor, e por fim

ist sie begeistert gewesen.
ist zi: be:GAIStert gue:VE:zen.
ficou entusiasmada.

Verben für sportliche Betätigungen
VE:Rben fůr CHPÓRTliçhe be:TE:ti:gu:nguen
Verbos para atividades esportivas

gebrauchen auch *sein*
gue:BRÁUcHen aucH záin
também usam sein

für die Vergangenheit:
fůr di: fe:rGANguen-<u>h</u>áit:
para formar o pretérito:

> ***Verbos relativos a esportes***
> *Verbos relativos a esportes, assim como "correr"* (laufen), *"saltar"* (springen), *"nadar"* (schwimmen), *"es-*

quiar" (Ski laufen), *"patinar"* (Schlittschuh laufen) *formam o passado com* sein, *porque indicam ação de e para um determinado ponto. Para* Spielen — *"jogar (um jogo) ou tocar (um instrumento)"* usa-se haben.

— Was haben Sie
vas HA:ben zi:
O que vocês têm feito

hier in Garmisch gemacht?
hiâr in GARmich gue:MA:ÇHT?
aqui em Garmisch?

Não há modo contínuo
O mesmo tempo passado é usado para se traduzir "O que você tem feito?", ou "O que você anda fazendo?", já que não há modo contínuo em alemão.

— Oh, wir sind viel spazierengegangen
o:, viâr zint fi:l chpaTSI:ren-gue:GÁ:Nguen
Ah, passeamos bastante a pé

und sind schwimmen gegangen
unt zint CHVImen gue:GÁ:Nguen
e fomos nadar

im geheizten Schwimmbad des Hotels.
im gue:HÁITSten CHVIMba:t des hoTÉLS.
na piscina aquecida do hotel.

Aber leider sind wir auch
A:bâr LAIdâr zint viâr aucH
Mas infelizmente também

Skilaufen gegangen.
CHI:laufen gue:GÁ:Nguen.
fomos esquiar.

— Aber warum "leider"?
A:bâr vaRU:M "LAIdâr"?
Mas por que "infelizmente"?

— Weil Else zu schnell den Berg
vail ELze: tsu: chnél de:n be:rg
Porque a Else esquiou

hinabgefahren ist
hinA:P-güe:fa:ren ist
muito rápido montanha abaixo

> *A importância dos prefixos*
> *No verbo* hinabfahren *notamos a presença de dois prefixos associados a* fahren — *"viajar".* Abfahren *significa "deixar", ou "partir", enquanto* hinabfahren *transmite a idéia de partir para baixo, o verbo exato para descrever a ação de* Else. *Ao se familiarizar mais com o alemão, você poderá captar o sentido de verbos mais longos analisando as partes que os compõem. Alguns dos prefixos mais importantes são:*
>
> ab = *para longe de, para baixo de*
> zu = *para*
> auf = *para cima, em cima, sobre*
> unter = *abaixo, sob*
> über = *acima*
> gegen = *contra*
>
> *Ocasionalmente estas preposições recebem o prefixo* hin, *o que intensifica o significado ou a direção:*
>
> hinüber = *para lá, para o outro lado*
> hinab = *para baixo, lá para baixo*
> hinzu = *para além*
> hinauf = *para cima, acima*
> hinunter = *para baixo, lá para baixo*

und dabei gefallen ist
unt daBAI gue:FA:len ist
e levou um tombo

und sich leider das Bein gebrochen hat.
unt ziçh LAIdâr da:s báin gue:BRO:çhen <u>h</u>at.
e infelizmente quebrou a perna.

— Ach, das tut mir aber leid!
acH, da:s tu:t miâr A:bâr láid!
Puxa, sinto muito mesmo!

So ein Pech!
zo áin péçh!
Que azar!

— Sie ist noch im Krankenhaus,
zi: ist nócH im KRÁ:Nken-<u>h</u>aus,
Ela ainda está no hospital,

aber wird heute oder morgen entlassen.
A:bâr vi:rd <u>H</u>ÓIte: O:dâr MÓRguen entLA:Ssen.
mas vai ter alta hoje ou amanhã.

A voz passiva
O presente de werden junto com o particípio passado do verbo principal forma o presente da voz passiva. Observe:

Eles são vistos juntos por toda parte.
Sie werden überall zusammen gesehen.

(Veja outros exemplos de passiva nas páginas seguintes.)

Das Passiv
da:s pa:sSI:F
A voz passiva

Man bildet das Passiv mit *werden*
má:n BILdet da:s pa:sSI:F mit VÉ:Rden
Forma-se a voz passiva com werden

und dem Partizip Perfekt,
unt dem parti:TSI:P perFÉKT,
e o particípio perfeito,

z.B.:
tsu:m BAIchpi:l
por exemplo:

> **z.B.**
> Zum Beispiel *(por exemplo)* é z.B., *abreviatura que você encontrará constantemente ao ler jornais e livros alemães.*

Deutsch wird in Deutschland,
dóitch vi:rd in DÓITCHIánt,
O alemão é falado na Alemanha,

> *Nomes de países*
> *A maioria dos nomes de países são neutros e, para se dizer "para" ou "em" determinado país, não se usa o artigo definido. Eis alguns nomes de países:*
>
> | | |
> |---|---|
> | Deutschland | *Alemanha* |
> | Frankreich | *França* |
> | Österreich | *Áustria* |
> | England | *Inglaterra* |
> | Polen | *Polônia* |
> | Italien | *Itália* |
> | Ungarn | *Hungria* |
> | Amerika | *Estados Unidos* |
> | Ruβland | *Rússia* |
> | Kanada | *Canadá* |
> | Australien | *Austrália* |
> | Spanien | *Espanha* |
> | Griechenland | *Grécia* |
>
> *"Suíça", "Tchecoslováquia" e "Turquia" são exemplos de países que mantêm o artigo (*die Schweiz, die Tschechoslowakei, die Türkei*), o que ocorre também com nomes compostos: "Os Estados Unidos" (*die Vereinigten Staaten*), "A União Soviética" (*die Sowjet Union*).*

Österreich und in
ÊSte:rraiçh unt in
na Áustria e na

der Schweiz gesprochen.
dér chváits gue:CHPRÓçhen.
Suíça.

Es wird auch in einigen Teilen
es vi:rd auch in Áiniguen TAllen
Também é usado em algumas partes

Mitteleuropas benützt, sowie auch
MIteloirROpa:s be:NǗTST, zoVI: auch
da Europa Central, assim como

an anderen Orten, wo deutschsprachige
án Á:Nde:ren O:Rten, vo DÓITCH-chPRAçhi:gue:
em outras regiões, onde moram

Menschen wohnen.
MENchen VO:nen.
pessoas de língua alemã.

Außerdem wird Deutsch in den meisten Ländern studiert,
AUSserdem vi:rd dóitch in de:n MÁISten LE:Ndern chtu:DIÂRT,
Além disso o alemão é estudado na maioria dos países,

wegen seiner Bedeutung
VEguen ZÁInâr be:DÓItu:ng
por causa de sua importância

für die Wissenschaften, wie z.B. die Psychologie,
fůr di: VISsencha:ften, vi: tsu:m BAIchpi:l di: psůko:loGUI:,
para as ciências, como por exemplo a Psicologia,

Medizin, Physik, Mathematik,
me:di:TSI:N, fůZI:K, mate:ma:TI:K,
a Medicina, a Física, a Matemática,

sowie Raketenbau und Raumforschung.
zoVI: raKE:tenbau unt RÁUMfórchu:ng.
assim como a construção de foguetes e a pesquisa espacial.

Die deutsche Sprache wird auch oft
di: DÓITche: CHPRAçhe vi:rd aucH óft
A língua alemã também é utilizada com freqüência

für das Studium der Musik,
fůr da:s CHTU:di:u:m de:r mu:ZI:K,
para o estudo da Música,

der Kunstgeschichte und Philosophie benötigt.
de:r KU:NSTgue:chiçhte: unt fi:lozoFI: be:NĚtiçht.
da História da Arte e da Filosofia.

CONVERSAÇÃO: O QUE ACONTECEU NA FESTA

— Haben Sie sich gut unterhalten
 HA:ben zi: ziçh gut unterHA:Lten
 Você se divertiu bastante

> *Como você vai ouvir*
> *Na conversa que se segue verbos que formam o pretérito com* haben *se misturam com aqueles que o formam com* sein, *para que você se acostume a ouvi-los juntos.*

gestern abend?
GUÉStern A:bent?
ontem à noite?

— Na, es geht... ich bin mit
 na, es gue:t... içh bin mit
 Bom, mais ou menos... saí

Marion ausgegangen.
MArion ÁUSgue:gá:nguen.
com a Marion.

— Sie scheinen nicht sehr begeistert,
 zi: CHÁInen niçht zéâr be:GAIStert,
 Você não parece muito entusiasmado,

was ist geschehen?
vas ist gue:CHE:en?
o que aconteceu?

> **Was geschieht?**
> Geschehen — *"acontecer"* — *é conjugado com* sein. *Para perguntar "O que está acontecendo?" diz-se:* Was geschieht?

— Ach, sie hat sich über mich geärgert.
acH, zi: <u>h</u>at ziçh Ü:bâr miçh gue:É:Rguert.
Ora, ela ficou brava comigo.

— Wieso? Erzählen Sie, was passiert ist!
vi:ZO:? e:rTSE:len zi:, vas pa:sSIÂRT ist!
Como assim? Conte-me o que aconteceu!

— Wir sind Klaus besuchen gegangen.
viâr zint kla:us be:ZU:çhen gue:GÁ:Nguen.
Fomos visitar o Klaus.

Peter hat auf seiner Gitarre gespielt,
PE:târ <u>h</u>at auf ZÁInâr gui:TARre: gue:CHPI:LT,
O Peter tocou seu violão,

und Lisbet hat gesungen.
unt LI:Sbet <u>h</u>at gue:ZU:Nguen.
e a Lisbet cantou.

Dann haben wir Tonbänder angehört.
dán <u>HA</u>:ben viâr TO:Nbender Á:Ngue:h<u>e</u>rt.
Depois ouvimos algumas fitas.

Alles ist wirklich sehr nett gewesen...
A:les ist VI:Rkliçh zéâr nét gue:VE:zen...
Tudo estava muito bom...

Dann ist Helga plötzlich angekommen.
dán ist <u>HÉ</u>Lga PLĖTSliçh Á:Ngue:ko:men.
Aí, de repente chegou a Helga.

Sie hat sehr mit mir geflirtet,
zi: <u>h</u>at zéâr mit miâr gue:FLIRtet,
Ela flertou bastante comigo,

und ich habe ein paarmal mit ihr getanzt.
unt içh <u>H</u>Abe: áin PA:Rma:l mit iâr gue:TA:NTST.
e eu dancei algumas vezes com ela.

Da ist Marion eifersüchtig geworden.
da ist MArion ÁIfe:rzůchtich gue:VÓRden.
Aí a Marion ficou com ciúmes.

— Kein Wunder! Und was ist dann geschehen?
káin VU:Ndâr! unt vas ist dán gue:CHE:en?
Não é de admirar! E então o que aconteceu?

— Sie hat darauf bestanden,
zi: hat daRAUF be:CHTÁ:Nden,
Ela insistiu em

sofort nach Hause zu gehen.
zoFÓRT nacH HAUze tsu: GUE:en.
ir para casa imediatamente.

Ich habe sofort ein Taxi bestellen müssen,
ich HAbe: zoFÓRT áin TÁKsi be:CHTÉlen MŮSsen,
Precisei chamar um táxi logo,

um sie nach Hause zu bringen.
u:m zi: nacH HAUze tsu: BRINguen.
para levá-la para casa.

Sie ist einfach ausgestiegen
zi: ist ÁINfacH ausgue:CHTI:guen
Ela simplesmente desceu

und hat sich nicht einmal bedankt
unt hat zich nicht ÁINma:l be:DÁ:NKT
e nem me agradeceu

oder mir gute Nacht gesagt.
O:dâr miâr GUte nacht gue:ZA:KT.
nem me disse boa noite.

— Und haben Sie sie heute angerufen?
unt HA:ben zi: zi: HÓIte: A:Ngue:ru:fen?
E você telefonou para ela hoje?

245

— Ja, ich habe sie angerufen,
 iá, içh HAbe: zi: A:Ngue:ru:fen,
 Sim, telefonei para ela,

 aber sie hat sofort aufgehängt...
 A:bâr zi: hat zoFÓRT ÁUFgue:hengt...
 mas ela desligou imediatamente...

 Sie hat mir nicht einmal Zeit
 zi: hat miâr nicht ÁINma:l tsáit
 Ela nem me deu tempo

 für eine Erklärung gelassen.
 fůr ÁIne e:rKLE:ru:ng gue:LA:Ssen.
 para uma explicação.

 Was kann man machen?
 vas kán má:n MAchen?
 O que a gente pode fazer?

 Sie ist immer ein eifersüchtiger Mensch gewesen!
 zi: ist Imâr áin AIfe:rzůchtigâr mench gue:VE:zen!
 Ela sempre foi uma pessoa muito ciumenta!

— Falls Sie es noch nicht getan haben,
 fa:ls zi: es nócH nicht gue:TÁ:N HA:ben,
 Caso você não tenha feito isso ainda,

 warum schicken Sie ihr nicht ein paar Blumen?
 vaRU:M CHIken zi: iâr nicht áin pa:r BLU:men?
 por que você não lhe envia algumas flores?

 Das wird vielleicht
 da:s vi:rd fi:LAIcht
 Isto talvez

 alles wieder gutmachen.
 A:les VI:dâr GUT-machen.
 faça com que tudo corra bem de novo.

TESTE SEU ALEMÃO

Preencha com as formas do particípio passado e a forma correspondente do auxiliar *sein, haben* ou *werden*, de acordo com as indicações. Conte 10 pontos para cada resposta correta. Veja as respostas na página seguinte.

1. Você já esteve aqui antes?

    _____ Sie schon hier _____ ?
    (sein)   (sein)

2. Como você viajou?

    Wie _____ Sie _____ ?
          (sein)   (reisen)

3. Eu fui de navio.

    Ich _____ mit dem Schiff _____ .
          (sein)   (fahren)

4. Chegamos em Bremen às 2 horas.

    Wir _____ um zwei Uhr in Bremen _____ .
          (sein)   (ankommen)

5. A sua esposa ficou nos Estados Unidos?

    _____ Ihre Frau in Amerika _____ ?
    (sein)   (bleiben)

6. Fala-se inglês nos Estados Unidos.

    In Amerika _____ Englisch _____ .
                 (werden)   (sprechen)

7. Eu a vi ontem à noite.

   Ich _____ sie gestern abend _____ .
       (haben)   (sehen)

8. Nós saímos juntos.

   Wir _____ zusammen _____ .
       (sein)   (ausgehen)

9. Por que ela ficou brava?

   Warum _____ sie ärgerlich _____ ?
       (sein)   (werden)

10. O que aconteceu?

    Was _____ ?
       (sein)   (geschehen)

Respostas: 1. Sind...gewesen 2. sind...gereist. 3. bin...gefahren 4. sind...angekommen. 5. Ist...geblieben? 6. wird...gesprochen. 7. habe...gesehen. 8. sind...ausgegangen. 9. ist...geworden. 10. ist...geschehen.

Resultado: _____ %

passo 20 — O IMPERFEITO — TEMPO USADO NAS NARRATIVAS

Nach Ausdrücken wie
nacH AUSdrŭken vi:
Após expressões como

als, einmal, im vorigen Jahre, ehemals,
als, ÁINma:l, im FO:ri:guen IA:re:, E:e:ma:ls,
quando, uma vez, no ano passado, antigamente,

es war einmal und so weiter,
es va:r ÁINma:l unt zo VAItâr,
era uma vez, e assim por diante,

> Usw. = *"e assim por diante"*
> Und so weiter *freqüentemente é abreviado* usw. *E lembre-se de que* z.B. (zum Beispiel) *significa "por exemplo"*.

benutzt man das Imperfekt.
be:NU:tst má:n da:s imperFÉKT.
usa-se o imperfeito.

Als ich jung war,
a:ls içh iu:ng va:r,
Quando eu era jovem,

lebten wir in Wien.
LE:Pten viâr in vi:n.
nós morávamos em Viena.

Einmal hatte ich einen Hund,
ÁINma:l HAte: içh ÁInen hu:nt,
Uma vez tive um cachorro

der Lohengrin hieβ.
de:r LO:engrin hi:ss.
que se chamava Lohengrin.

Früher verbrachten wir unsere
FRÜ:er fe:rBRA:ÇHten viâr U:Nzere
Antigamente nós passávamos nossas

Sommerferien in Italien oder in Griechenland.
ZO:mâr-fe:ri:en in i:TA:lien O:dâr in GRI:çhenlá:nt.
férias de verão na Itália ou na Grécia.

Und für Märchen:
unt fůr ME:Rçhen:
E para contos de fadas:

Es war einmal eine schöne Prinzessin.
es va:r ÁINma:l ÁIne CHÊne prinTSESsin.
Era uma vez uma linda princesa.

Eines Tages kam ein schöner Prinz zum Schloβ...
ÁInes TAgues ka:m áin CHÊ:nâr prints tsu:m chló:ss...
Um dia um lindo príncipe veio ao castelo...

> *O imperfeito*
> *Geralmente o imperfeito equivale ao imperfeito do português, ou seja, um passado já terminado, característico da narrativa: "tinha", "era", "trabalhava". Mas muitas vezes, na tradução, ele acaba sendo traduzido pelo nosso pretérito perfeito, dependendo do contexto. Também pode transmitir a idéia de "costumava...". A maioria dos verbos forma o imperfeito com a adição de uma terminação à raiz, mas às vezes há uma mudança nesta raiz. Eis o imperfeito de* sein *("ser") e de* haben *("ter"):*
>
> ich war   ich hatte
> du warst   du hattest
> er (sie, es) war   er (sie, es) hatte

wir waren   wir hatten
ihr wart   ihr hattet
Sie (sie) waren   Sie (sie) hatten

A maioria dos verbos forma o imperfeito como leben — *"viver"*

ich lebte
du lebtest
er (sie, es) lebte
wir lebten
ihr lebtet
Sie (sie) lebten

Os verbos que formam o imperfeito desta maneira são chamados de "fracos", e são os mesmos que formam o particípio passado com ge- *no começo e* -t *no final.*

Verbos "fortes" e "fracos"
Verbos que não formam o imperfeito com acréscimo de -te *à raiz são chamados de "fortes".* Kommen — *"vir" — é um deles:*

ich kam
du kamst
er (sie, es) kam
wir kamen
ihr kamt
Sie (sie) kamen

Você vai notar que as formas para ich *e* er *são iguais, assim como as formas para* wir *e* Sie.

Embora os verbos fracos sejam a grande maioria, os fortes são usados com muita freqüência na linguagem cotidiana, de modo que você deveria aprendê-los individualmente.

Eis o imperfeito de alguns dos verbos fortes mais importantes vistos até aqui:

beginnen   ich begann *(começava)*
bitten   ich bat *(pedia)*

essen	ich aβ *(comia)*
fahren	ich fuhr *(dirigia)*
geben	ich gab *(dava)*
gehen	ich ging *(ia)*
lesen	ich las *(lia)*
heiβen	ich hieβ *(chamava)*
nehmen	ich nahm *(tornava)*
schreiben	ich schrieb *(escrevia)*
sehen	ich sah *(via)*
sprechen	ich sprach *(falava)*
werden	ich wurde *(tornava-me)*

Outros verbos, embora formem o imperfeito com -te, sofreram mudanças fonéticas:

kennen	ich kannte *(conhecia)*
denken	ich dachte *(pensava)*
wissen	ich wuβte *(sabia)*
bringen	ich brachte *(trazia)*
senden	ich sandte *(enviava)*

Hier ist ein typisches Beispiel einer Geschichte
hiâr ist áin TÜpiches BAIchpi:l ÁInâr gue:CHIÇHte:
Eis um típico exemplo de uma história

im Imperfekt:
im imperFÉKT:
no imperfeito:

Ich erinnere mich an eine lustige Geschichte,
içh e:RInere: miçh án ÁIne: LU:Sti:gue: gue:CHIÇHte:,
Eu me lembro de uma história engraçada,

> **Vergessen Sie nicht!**
> *Lembrar-se de alguma coisa é* sich erinnern an, *seguido de acusativo.*

die mein Groβvater uns über
di: máin GRO:S-fatâr u:ns Ü:bâr
que meu avô nos contava

252

Friedrich den Großen erzählte.
FRI:drich de:n GROSsen e:rTSE:Lte:.
a respeito de Frederico o Grande.

Der König hatte viele
de:r K̊Ėnich H̲Ate: FI:le:
O rei tinha muitos

ausländische Soldaten in seiner Armee.
ÁUSlendiche: zolDAten in ZÁInâr arME:.
soldados estrangeiros em seu exército.

Manche von diesen sprachen kein Deutsch.
MA:Nche: fo:n DI:zen SPRAchen káin dóitch.
Vários deles não falavam alemão.

Einmal sollte der König zu einer
ÁINma:l ZOLte: de:r K̊Ėnich tsu: ÁInâr
Uma vez o rei deveria vir

Regimentsinspektion kommen.
re:gui:MENTS-inspektsion KO:men.
para uma inspeção no regimento.

Ein böhmischer Soldat,
áin BĖmichâr zolDA:T,
Um soldado da Boêmia,

der kein Deutsch sprach,
de:r káin dóitch chprach,
que não falava alemão,

fürchtete die Fragen des Königs,
FŮRCHte:te: di: FRA:guen des K̊Ėniks,
estava com medo das perguntas do rei,

weil es ihm klar war,
váil es i:m kla:r va:r,
porque estava claro para ele

253

daβ er sie nicht beantworten konnte.
da:ss é:r zi: niçht be:A:NTvorten KO:Nte:.
que ele não poderia respondê-las.

> ***Imperfeito dos verbos auxiliares***
> *Os verbos que se combinam diretamente com o infinitivo de um segundo verbo formam o imperfeito com o acréscimo do final -te ou -ten. Há verbos que sofrem pequenas alterações. O imperfeito de* dürfen, können, mögen, müssen, sollen, wollen *é, respectivamente:* ich durfte, ich konnte, ich möchte, ich muβte, ich sollte, ich wollte.

Seine Kameraden beruhigten ihn:
ZÁIne kame:RA:den be:RU:IGten i:n:
Seus companheiros o acalmaram:

"Keine Sorge, Seine Majestät fragt
"KÁIne ZO:Rgue:, ZÁIne maiesTE:T fra:kt
"Não se preocupe, Sua Majestade sempre

immer dieselben Fragen in
Imâr di:ZELben FRA:guen in
faz as mesmas perguntas

derselben Reihenfolge:
de:rZELben RAIenfo:lgue::
na mesma ordem:

Nämlich, "Wie alt bist du?"
NE:Mliçh, "vi: a:lt bist du:?"
a saber, "Quantos anos você tem?"

"Wie lange bist du in meiner Armee?"
"vi: LA:Ngue: bist du: in MÁInâr arME:?"
"Há quanto tempo você está em meu exército?"

O presente no lugar do gerúndio
Quando perguntamos há quanto tempo alguma coisa está acontecendo, em alemão usamos o presente.

Há quanto tempo você já está esperando?
Wie lange warten Sie hier schon?

und "Was gefällt dir besser, das Essen
unt "vas gue:FÉ:LT diâr BÉSsâr, da:s ÉSsen
e "O que lhe agrada mais, a comida

oder die Uniform?"
O:dâr di: u:ni:FORM?"
ou o uniforme?"

Auf die erste Frage sollst du antworten:
auf di: É:RSte FRAgue: zó:lst du: A:NTvorten:
Para a primeira pergunta você deve responder:

"Zweiundzwanzig Jahre."
"TSVÁI-u:nt-tsvá:n-tsik IA:re:."
"Vinte e dois anos."

Auf die zweite: "Zwei Jahre."
auf di: TSVÁIte: "tsvai IA:re:."
Para a segunda: "Dois anos."

Und auf die dritte: "Beide, Majestät."
unt auf di: DRIte:: "BAIde, maiesTE:T."
E para a terceira: "Ambos, majestade."

Aber als der König kam
A:bâr a:ls de:r KȄniç ká:m
Mas quando o rei veio

und schließlich den jungen Rekruten ansprach,
unt CHLI:Ssliçh de:n IUNguen re:KRU:ten Á:NCHpraçh,
e finalmente se dirigiu ao jovem recruta,

änderte er die Reihenfolge seiner Fragen
ENderte: é:r di: RAIenfolgue: ZAInâr FRA:guen
ele mudou a ordem de suas perguntas

und fragte zuerst:
unt FRA:Kte: tsu:É:RST:
e perguntou primeiro:

"Wie lange bist du in meiner Armee?"
"vi: LÁ:Ngue: bist du: in MÁInâr arME:?"
"Há quanto tempo você está em meu exército?"

> *A forma* **du**
> Note que Frederico, o Grande, usa a forma familiar, informal, ao se dirigir a seus subordinados, implicando no caso um sentido de superioridade de sua parte, visto que os soldados se dirigem a ele como Majestät — *"Majestade"*.
>
> Atualmente, de maneira mais democrática, os oficiais se dirigem aos soldados usando a forma polida Sie.

Worauf der Böhme antwortete:
vo:RAUF de:r BȆme:: Á:NTvorte:te::
Ao que o boêmio respondeu:

"Zweiundzwanzig Jahre, Majestät!"
"TSVÁI-u:nt-tsvá:n-tsik IA:re:, maiesTE:T!"
"Vinte e dois anos, majestade!"

"Wie ist das möglich", rief der König.
"vi: ist da:s MȄgliçh", ri:f de:r KȆniçh.
"Como é possível", exclamou o rei.

"Wie alt bist du denn?"
"vi: a:lt bist du: den?"
"Quantos anos você tem então?"

"Zwei Jahre", antwortete der Soldat,
"tsvai IA:re:", Á:NTvorte:te: de:r zolDA:T,
"Dois anos", respondeu o soldado,

wie auswendig gelernt.
vi: AUSve:ndiçh gue:LE:RNT.
conforme tinha decorado.

"Donnerwetter", rief der König,
"DO:nârvétâr", ri:f de:r KÈniçh,
"Caramba", exclamou o rei,

"wer von uns beiden ist verrückt,
"vé:r fo:n u:ns BAIden ist fe:rRŮKT,
"qual de nós dois é maluco,

du oder ich?"
du: O:dar içh?"
você ou eu?"

"Beide, Majestät", antwortete
"BAIde, maiesTE:T", Á:NTvorte:te:
"Ambos, majestade", respondeu

der Soldat.
de:r zolDA:T.
o soldado.

As formas básicas dos verbos
A anedota relatada acima mostra o imperfeito utilizado para narrar uma história ou descrever uma cena que ocorreu no passado. O pretérito perfeito, que examinamos nos Passos 18 e 19, é usado para descrever ações específicas que aconteceram num passado recente, enquanto o imperfeito é usado para descrever uma situação de um passado mais remoto, para contar histórias e para descrever alguma coisa que acontecia freqüentemente ou "costumava" acontecer.

Agora que você aprendeu a usar o imperfeito, pode observar as formas básicas dos verbos em alemão, que são o infinitivo, o imperfeito e o particípio passado. Observe:

leben	lebte	gelebt
sein	war	gewesen
kommen	kam	gekommen
essen	aβ	gegessen
geben	gab	gegeben
gehen	ging	gegangen
sprechen	sprach	gesprochen
werden	wurde	geworden
sagen	sagte	gesagt
lesen	las	gelesen
machen	machte	gemacht

É muito útil conhecer as três formas básicas, principalmente dos verbos fortes.

CONVERSAÇÃO: REUNIÃO DE FAMÍLIA — RECORDANDO O PASSADO

ER:
é:r:
ELE:

Heute abend sind wir bei meinen
HÓIte: A:bent zint viâr bai MÁInen
Hoje à noite estamos convidados

Großeltern zum Essen eingeladen.
GRO:S-éltern tsu:m ÉSsen ÁINgue:la:d'en.
para jantar na casa de meus avós.

Sie werden viel über mich sprechen.
zi: VÉ:Rden fi:l Ů:bâr miçh CHPRÉ:çhen.
Eles vão falar muito de mim.

Sie werden dir sicher erzählen,
zi: VÉ:Rden diâr ZIçhâr e:rTSE:len,
Certamente eles vão contar pra você

wie ich war und was ich immer alles tat,
vi: içh va:r unt va:s içh Imâr A:les ta:t,
como eu era e tudo o que fazia,

als ich klein war.
a:ls içh kláin va:r.
quando era pequeno.

Später
CHPE:târ
Mais tarde

DIE GROßMUTTER:
di: GRO:S-mu:târ:
A AVÓ:

Wissen Sie, Richard hat immer seine
VISsen zi:, RIÇHart h̲at Imâr ZÁIne
Sabe, o Richard sempre passava

Sommerferien bei uns in Lindau verbracht.
ZO:marfe:ri:en bai u:ns in LINdau fe:rBRA:ÇHT.
suas férias de verão conosco em Lindau.

Er war ein bildhübscher kleiner Junge,
é:r va:r áin BILT-h̲ŭpchâr KLÁInâr IU:Ngue:,
Ele era um menininho lindo, parecia um quadro,

und er war sehr intelligent.
unt é:r va:r zéâr inteli:GUENT.
e era muito inteligente.

Aber er machte uns so viel Sorgen...
A:bâr é:r MAÇHte: u:ns zo fi:l ZÓRguen...
Mas ele nos dava tantas preocupações...

DER GROßVATER:
de:r GRO:S-fatâr:
O AVÔ:

Er ging immer fort, ohne uns zu sagen,
é:r guing Imâr fort, O:ne: u:ns tsu: ZAguen,
Ele sempre saía, sem nos dizer

wohin er ging.
voH̲IN é:r guing.
aonde ia.

Oft lief er sehr spät am Abend davon
óft li:f é:r zéâr chpe:t á:m A:bent daFO:N
Freqüentemente ele fugia bem tarde da noite

und traf sich mit den Dorfkindern am See.
unt tra:f ziçh mit de:n DÓRFkindârn á:m ze:.
e se encontrava com as crianças da vila perto do lago.

Wir wuβten niemals genau, wo er war.
viâr VUSten NI:ma:ls gue:NAU, vo é:r va:r.
Nunca sabíamos com certeza onde ele estava.

Und wir waren immer besorgt.
unt viâr VA:ren Imâr be:ZÓRKT.
E estávamos sempre preocupados.

Er erfand immer wilde Spiele,
é:r e:rFÁ:NT Imâr VILde: CHPI:le:,
Ele sempre inventava brincadeiras endiabradas,

und er organisierte eine richtige Bande.
unt é:r ogani:ZIÂRte: Áine RIcHtigue BÁ:Nde:.
e organizava um verdadeiro bando.

Sie bewarfen sich mit Steinen
zi: be:VARfen ziçh mit CHTÁInen
Eles atiravam pedras uns nos outros

und kämpften wüste Schlachten.
unt KEMPFten VŮSte: CHLA:cHten.
e travavam lutas violentas.

Die Nachbarn regten sich oft auf
di: NA:ÇHbarn RE:Kten ziçh óft auf
Os vizinhos ficavam irritados com freqüência

und kamen, um sich zu beklagen.
unt KA:men, u:m ziçh tsu: be:KLA:guen.
e vinham se queixar.

Ins Kino ging er am liebsten,
ins KI:no guing é:r á:m LI:PSten,
Ele gostava mais de ir ao cinema,

wenn es Wildwest-Filme gab.
vén es vilt-VÉST-filme: ga:p.
quando estava passando filme de faroeste.

Er sagte immer, daß er eines Tages
é:r ZA:Kte: Imâr, da:ss é:r ÁInes TAgues
Ele dizia sempre que um dia

nach Amerika gehen wollte,
nacH aMErika GUE:en VÓ:Lte:,
queria ir para os Estados Unidos,

um die Cowboys und die Rothäute zu sehen.
u:m di: KAUbóis unt di: RO:T-hóite: tsu: ZE:en.
para ver os vaqueiros e os peles-vermelhas.

DIE GROßMUTTER:
Aber zu uns war er immer sehr
A:bâr tsu: u:ns va:r é:r Imâr zéâr
Mas conosco ele sempre era muito

lieb und aufmerksam.
li:p unt AUFme:rkzá:m.
carinhoso e atencioso.

Als er dann in die
a:ls é:r dán in di:
Quando ele então

Vereinigten Staaten fuhr, dachten wir,
fe:rÁINikten CHTA:ten fu:r, DA:ÇHten viâr,
foi para os Estados Unidos, nós pensamos

daß er nur auf Besuch dorthin fuhr
da:ss é:r nuâr auf be:ZU:ÇH dórt-HIN fu:r
que ele tinha ido apenas para visitar

und daß er vorhatte, bald
unt da:ss é:r FOR-ha:te:, ba:lt
e que ele tinha a intenção

zurückzukommen.
tsu:RŮK-tsu:-KO:men.
de voltar logo.

Wir wußten natürlich nicht,
viâr VUSten naTŮRliçh niçht,
Naturalmente não sabíamos

daß er vorhatte, ein amerikanisches
da:ss é:r FOR-ha:te:, áin a:me:ri:KÁniches
que ele pretendia casar

Mädchen zu heiraten.
ME:tçhen tsu: HAIra:ten.
com uma garota americana.

DER GROßVATER:
...und noch dazu eine so
...unt nócH daTSU: Álne zo
...e ainda por cima uma

reizende junge Amerikanerin.
RAItsende: IU:Ngue: a:me:ri:KÁne:rin.
jovem americana tão charmosa.

Wir wollten dich schon seit langer
viâr VO:Lten diçh chon záit LÁ:Nguer
Queríamos conhecê-la já

> *Uma questão de etiqueta*
> *A avó usa a forma familiar ao se dirigir à esposa do neto, mesmo sendo a primeira vez que se encontram. Embora isto seja perfeitamente natural para uma pessoa mais velha, a pessoa mais jovem deve continuar usando o tratamento* Sie *até que se estabeleça uma relação mais próxima.*

Zeit kennenlernen.
tsáit KEnen-LE:Rnen.
há muito tempo.

Kennenlernen = "conhecer"
"Conhecer", "travar conhecimento" é kennenlernen, *literalmente "aprender a conhecer", uma expressão que descreve muito bem a situação.*

DIE GROβMUTTER:
Kommt, Kinder!
ko:mt, KINdâr!
Venham, crianças!

Das Abendessen ist serviert
da:s A:bent-ÉSsen ist ze:rVIÂRT
O jantar está servido.

Heute gibt es Schweinshaxen
HÓIte: guipt es CHVÁINS-haksen
Hoje temos costeletas de porco

mit Sauerkraut und Knödeln.
mit ZAUârkráut unt KNỄ:deln.
com repolho azedo e bolinhos.

Das war Richards Lieblingsspeise,
da:s va:r RIÇHarts LI:Plinks-chpaize:,
Era a comida favorita do Richard,

als er noch ein kleiner Junge war.
a:ls é:r nócH áin KLÁInâr IU:Ngue: va:r.
quando ainda era um garotinho.

Später
CHPE:târ
Mais tarde

ZIE:
zi::
ELA:
Also, heute habe ich aber wirklich
A:Lzo, HÓlte: HAbe iç̌h A:bâr VI:Rkliç̌h
Bom, hoje eu aprendi realmente

viel über dich erfahren!
fi:l Ů:bâr diç̌h e:rFA:ren!
muito a seu respeito!

Lauter Dinge, die ich noch nicht wußte!
LAUtâr DINgue, di: iç̌h nócH niç̌ht VU:Ste:!
Todo tipo de coisas que eu não sabia!

ER:
Hab'ich's dir nicht gesagt?
HAbiç̌hs diâr niç̌ht gue:ZA:KT?
Eu não disse para você?

> *A elisão do* e
> Note como o e *final em* habe *e o e de* es *são omitidos na conversa rápida e informal, sendo substituídos na escrita pelo apóstrofo.*

Und ich war wirklich nicht so schlimm,
unt iç̌h va:r VI:Rkliç̌h niç̌ht zo chlim,
E eu não era tão mau,

wie sie behaupten.
vi: zi: be:HAUPten.
quanto eles afirmaram.

265

TESTE SEU ALEMÃO

Verta estas frases para o alemão, usando o imperfeito. Conte 10 pontos para cada acerto. Veja as respostas no final.

1. Quando era jovem ele morava na Baviera. _____

2. Certa vez tínhamos um gato que se chamava Siegfried. _____

3. Eu costumava passar minhas férias de verão na França. _____

4. Ele perguntava alguma coisa para ela. _____

5. Ela não queria responder. _____

6. Eles não nos contavam onde estavam indo. _____

7. Ele ia ao cinema com freqüência. _____

8. Eles estavam planejando ir para os Estados Unidos. _____

9. Nós nunca sabíamos onde ele estava. _____

10. O vovô costumava nos contar histórias. _____

Resultado: _____ %

Respostas: 1. Als er jung war, lebte er in Bayern. 2. Einmal hatten wir eine Katze, die Siegfried hieß. 3. Ich verbrachte meine Sommerferien in Frankreich. 4. Er fragte sie etwas. 5. Sie wollte nicht antworten. 6. Sie sagten uns nicht, wohin sie gingen. 7. Er ging oft ins Kino. 8. Sie hatten vor, nach Amerika zu fahren. 9. Wir wußten nie, wo er war. 10. Großvater erzählte uns immer Geschichten.

passo 21 — MAIS-QUE-PERFEITO — PASSADO *ANTERIOR* AO PASSADO

Um ein Ereignis zu beschreiben,
u:m áin e:rAIGnis tsu: be:chRAIben,
Para descrever um fato

das in der Vergangenheit passiert ist,
da:s in de:r fe:rGÁNguen-háit pa:sSIÂRT ist,
que aconteceu no passado,

gebraucht man das Imperfekt
gue:BRAUcHt má:n da:s imperFÉKT
usa-se o imperfeito

von *haben* oder *sein*.
fo:n HA:ben O:dâr záin.
de haben *ou* sein.

> *O passado antes do passado*
> *Quando descrevemos uma ação que ocorreu antes de outra, usamos o mais-que-perfeito,* die Vorvergangenheit, *que corresponde ao nosso mais-que-perfeito; "tinha sido", "tinha vindo", "tinha terminado", etc. O mais-que-perfeito em alemão é formado pelo particípio passado do verbo associado ao imperfeito de* haben *ou* sein. *Dê uma olhada nos Passos 18 e 19 para relembrar os verbos que usam* haben *e aqueles que usam* sein.

Als ich gestern abend zu Ihnen kam,
a:ls içh GUÉStern A:bent tsu: I:nen ká:m,
Quando fui a sua casa ontem à noite,

sagte man mir, daß Sie mit jemand
ZA:Kte: má:n miâr, da:ss zi: mit IE:má:nt
me disseram que você tinha saído

anders ausgegangen waren.
ÁNders ÁUSgue:gá:nguen VAren.
com uma outra pessoa.

Als wir am Bahnhof ankamen,
a:ls viâr á:m BA:N-ho:f Á:Nká:men,
Quando chegamos à estação,

war der Zug schon abgefahren.
va:r de:r tsu:k chon A:Pgue:fa:ren.
o trem já tinha partido.

Ich hatte gerade einen Brief an sie geschrieben,
içh HA:te: gue:RAde: ÁInen bri:f a:n zi: gue:chRI:ben,
Eu tinha acabado de escrever uma carta para ela,

als sie anrief.
a:ls zi: Á:Nri:f.
quando ela telefonou.

Und nun Beispiele der Vorvergangenheit,
unt nu:n BAIchpi:le: de:r FORfe:rgánguen-háit,
E agora alguns exemplos do passado mais-que-perfeito,

wo *sein* und *haben* vermischt sind.
vo záin unt HA:ben fe:rMIcht zint.
onde sein e haben se misturam.

Wir hatten gerade Abendbrot gegessen,
viâr HA:ten gue:RAde: A:bent-bro:t gue:GUÉSsen,
Tínhamos acabado de jantar,

> *A refeição*
> *Tanto* Abendbrot *("pão da noite") quanto* Abendessen
> *("refeição noturna") são usados para "jantar" ou*

> *"ceia"*. *Formado de modo semelhante*, Mittagessen *("re-feição do meio-dia") significa "almoço"*.

aber wir saβen noch am Tisch,
A:bâr viâr ZA:Ssen nócH á:m tich,
mas ainda estávamos sentados à mesa

als wir vor unserem Haus
a:ls viâr fo:r U:Nzerem haus
quando ouvimos em frente de casa

einen lauten Krach hörten.
ÁInen LAUten kracH HĚRten.
um barulho forte.

Wir rannten hinaus und sahen, daβ ein Auto
viâr RÁ:Nten hiNAUS unt ZA:en, da:ss áin AUto:
Corremos para fora e vimos que um carro

unseren Wagen angefahren hatte,
U:Nzeren VA:guen á:ngue:FA:ren HA:te:,
tinha batido em nosso carro,

den wir vor dem Haus geparkt hatten.
de:n viâr fo:r dem haus gue:PARKT HA:ten.
que tínhamos estacionado em frente de casa.

Ein gerade vorübergehender Nachbar,
áin gue:RAde: forÜbârgue:endâr NA:cHbar,
Um vizinho que estava passando naquele momento,

der den Unfall gesehen hatte,
de:r de:n U:Nfa:l gueZE:en HA:te:
e que tinha visto o acidente,

> ***O particípio presente***
> *Embora não haja tempos contínuos em alemão, existe o particípio presente dos verbos, terminado em -end, o que corresponde ao gerúndio do português ("falando", "voando", etc.).*

No alemão, o particípio presente é usado como adjetivo, e muitas vezes na tradução acaba se revelando como uma oração reduzida:

Ela estava deitada no sofá dormindo.
Sie lag schlafend auf dem Sofa.

Perigo! Crianças brincando.
Vorsicht! Spielende Kinder.

O holandês voador.
Der fliegende Holländer.

O alemão é simples (às vezes)
Fußgänger — *literalmente "o que vai a pé" — é uma palavra mais óbvia que o português "pedestre". O alemão tem várias dessas palavras que podem ser facilmente compreendidas ao serem desmembradas em seus componentes.*

gab uns eine Beschreibung des Unfalls.
ga:p u:ns Áine be:chRÁIbu:ng des U:Nfa:ls.
deu-nos uma descrição do acidente.

Ein Fahrer hatte versucht
áin FA:râr HA:te: fe:rZU:cHt
Um motorista tinha tentado

vor unserem Auto zu parken,
fo:r U:Nzerem AUto: tsu: PARken,
estacionar na frente de nosso carro

da die Parklücke aber zu klein war,
da: di: PARKlůke: A:bâr tsu: kláin va:r,
mas como o espaço para estacionar era pequeno demais

war er dabei in unser Auto hineingefahren.
va:r é:r daBAI in U:Nzâr AUto: hiNÁINgue:fa:ren.
ele bateu em nosso carro.

Als er sah, was er angerichtet hatte,
a:ls é:r za:, vas é:r Á:Ngue:riçhtet <u>HA</u>:te:,
Quando ele viu o que tinha causado,

fuhr er in großer Eile davon.
fu:r é:r in GRO:Ssâr AIle daFO:N.
dirigiu depressa para longe.

Wurde ist nützlich, um sich
VU:Rde: ist NŮTSliçh, u:m ziçh
Wurde *é útil para*

nach historischen Tatsachen zu erkundigen:
nácH <u>h</u>isTOrichen TA:Tza:çhen tsu: erKU:Ndi:guen:
se informar sobre fatos históricos:

— Wann wurde dieses Schloß gebaut?
ván VU:Rde: DI:zes chlóss gue:BAUT?
Quando este castelo foi construído?

— Wie wurde es zerstört?
vi: VU:Rde: es tse:rchTĚRT?
Como ele foi destruído?

> *O passado da voz passiva*
> Wurde, wurden *é o imperfeito de* werden — *"tornar-se"*
> — *e é usado com o particípio passado de outro verbo para formar a voz passiva, sendo traduzido por "foi", "foram".*

— Wann wurden die Türme errichtet?
ván VU:Rden di: TŮRme: er-RIÇHtet?
Quando as torres foram erigidas?

— Von wem wurde dieses Bild gemalt?
fo:n vem VU:Rde: DI:zes bilt gue:MALT?
Por quem foi pintado este quadro?

Wie die Vorvergangenheit
vi: di: FORfe:rgánguen-hái̱t
Do mesmo modo que o mais-que-perfeito

eine Handlung beschreibt, die schon
ÁIne HÁ:NDlu:ng be:chRAIPT, di: chon
descreve uma ação que já

beendet ist in der Vergangenheit,
be:ENdet ist in de:r fe:rGÁNguen-hái̱t,
terminou no passado,

so beschreibt die zweite Zukunft
zo be:chRÁIPT di: TSVAIte TSU:ku:nft
assim o futuro do pretérito descreve

> ***O futuro perfeito***
> Die zweite Zukunft, *literalmente "o segundo futuro", é equivalente ao futuro perfeito em português, como em "terá terminado", "terá ido", etc. O pretérito mais-que-perfeito algumas vezes recebe a denominação de "segundo pretérito"* — die zweite Vergangenheit, ou die Vorvergangenheit, *literalmente "antes do passado".*

Handlungen in der Zukunft, die (vermutlich)
HÁ:NDlu:nguen in de:r TSU:ku:nft, di: (fe:rMU:Tlich)
acontecimentos no futuro, que (provavelmente)

schon beendet sind.
chon be:ENdet zint.
já terminaram.

z.B.:
tsu:m BAIchpi:l:
Por exemplo:

— Was wird in hundert Jahren passiert sein?
vas vi:rd in HU:Ndert IA:ren pa:sSIÂRT záin?
O que terá acontecido em cem anos?

— Wir werden sicher Stationen auf
viâr VÉ:Rden ZIçhâr chta:TSIOnen auf
Certamente teremos construído

den anderen Planeten gebaut haben.
de:n Á:Nde:ren pla:NE:ten gue:BAUT HA:ben.
estações nos outros planetas.

Die Wissenschaftler werden
di: VISsenchaftlâr VÉ:Rden
Os cientistas terão encontrado

neue Nahrungsquellen gefunden haben.
NÓIe: NAru:ngsKVElen gue:FU:Nden HA:ben.
novas fontes de alimentos.

Die Fortschritte in der Medizin werden
di: forTCHRIte: in de:r me:di:TSI:N VÉ:Rden
Os progressos na medicina terão

die menschliche Lebensspanne
di: MENchliçhe: LE:bens-chpá:ne:
aumentado a perspectiva

verlängert haben.
fe:rLENguert HA:ben.
de vida dos seres humanos.

Und der Computer wird die
unt de:r komPIUtâr vi:rd di:
E o computador terá

Lehrmethoden verändert haben.
LE:ÂRme:to:den ferENDert HA:ben.
modificado os métodos de ensino.

— Wer weiß, vielleicht wird man auch
vé:r vais, fi:LAIçht vi:rd má:n aucH
Quem sabe talvez tenham sido encontradas

Wege gefunden haben, die Steuern zu senken?
VE:gue: gue:FU:Nden HA:ben, di: CHTÓIern tsu: ZENken?
maneiras de se reduzirem os impostos?

TESTE SEU ALEMÃO

Verta as primeiras cinco frases para o alemão e as cinco seguintes para o português. Marque 10 pontos para cada resposta correta. Veja as repostas no final.

1. Quando cheguei eles já tinham saído. _____

2. Nós pensamos que alguém tinha batido em nosso carro. _____

3. Um pedestre tinha visto o acidente. _____

4. O motorista tinha tentado estacionar seu carro. _____

5. Quando ele viu o que tinha feito, dirigiu para longe. _____

6. Wann wurde dieses Haus gebaut? _____

7. Wann wurde dieses Bild gemalt? _____

8. Wie wurde dieses Gebäude zerstört? _____

9. Was wird im Jahre 2000 passiert sein? _____

10. Wird der Computer unser Leben verändert haben? _____

Respostas: 1. Als ich kam, waren sie schon ausgegangen. 2. Wir dachten, daß jemand unseren Wagen angefahren hatte. 3. Ein Fußgänger hatte den Unfall gesehen. 4. Der Fahrer hatte versucht, seinen Wagen zu parken. 5. Als er sah, was er getan hatte, fuhr er davon. 6. Quando esta casa foi construída? 7. Quando este quadro foi pintado? 8. Como este edifício foi destruído? 9. O que terá acontecido no ano 2.000? 10. O computador terá modificado nossa vida?

Resultado: _____ %

passo 22 COMO REPRODUZIR CONVERSAS

Wenn wir etwas wiederholen,
vén viâr ÉTva:s vi:dârHOlen,
Quando repetimos alguma coisa

was jemand sagt
vas IE:má:nt za:kt
que alguém diz

oder gesagt hat,
O:dâr gue:ZA:KT hat,
ou disse,

gebrauchen wir den Konjunktiv.
gue:BRAUcHen viâr de:n KONiunkti:f.
usamos o subjuntivo.

> *Subjuntivo para o discurso indireto*
> *O subjuntivo é uma forma do verbo usada principalmente para relatar o que alguém diz, pergunta, ou indica.*
>
> *Ele pergunta se ela vem.*
> Er fragt, ob sie komme.
>
> *Ele escreve que está trabalhando bastante.*
> Er schreibt, daβ er schwer arbeite.
>
> *Tomando como exemplo o verbo fraco* leben, *observe como são poucas as diferenças entre o presente do subjuntivo e o presente do indicativo:*
>
> ich lebe
> du lebest

er (sie, es) lebe
wir leben
ihr lebet
Sie (sie) leben

Os verbos sein, wissen, dürfen, können, mögen, müssen, sollen e wollen *formam o presente do subjuntivo (*KONJUNKTIV I*) a partir da raiz do infinitivo:* ich sei, ich wisse, ich dürfe, ich könne, ich möge, ich müsse, ich solle, ich wolle.

*No alemão coloquial, é possível que você ouça o presente do indicativo no lugar do subjuntivo, em frases precedidas da conjunção da*β*:*

Ele escreve que está trabalhando bastante.
Er schreibt, daβ er schwer arbeitet. *(Lembre-se de usar o* daβ.*)*

Wenn die Behauptung in der Gegenwart ist,
vén di: be̱HAUPtu:ng in de:r GUE:guenva:rt ist,
Quando a afirmação está no presente,

benutzen wir den Konjunktiv der Gegenwart.
be:NU:tsen viâr de:n KONiunkti:f de:r GUE:guenva:rt.
usamos o presente do subjuntivo.

Sie sagt, sie sei verheiratet.
zi: za:kt, zi: zái fe:r-H̱AIratet.
Ela diz que é casada.

Er sagt, seine Frau sei krank.
é:r za:kt, ZÁIne frau zai kra:nk.
Ele diz que sua esposa está doente.

Ordem das palavras invertida nas orações subordinadas
Quando se usa o daβ *para relatar alguma coisa que alguém diz, a ordem das palavras é invertida e o subjuntivo vai para o final da oração. Quando se omite a conjunção* daβ, *como na oração acima, mantém-se a ordem*

das palavras. Mas não se esqueça da vírgula, sempre usada em alemão para introduzir uma oração subordinada relativa, o discurso indireto ou orações subordinadas introduzidas por daß, wenn, wann, wo, wer, wie, *etc.*

Sie behaupten, sie seien sehr beschäftigt.
zi: be:HÁUPten, zi: ZÁIen zéâr beCHEftikt.
Eles afirmam que estão muito ocupados.

Wenn die Behauptung
vén di: beHAUPtu:ng
Se a afirmação

in der Vergangenheit ist,
in de:r fe:rGÁNguen-háit ist,
está no passado,

so muß der Konjunktiv auch
zo mu:ss de:r KONiunkti:f aucH
também o subjuntivo precisa

in der Vergangenheit sein.
in de:r fe:rGÁNguen-háit záin.
estar no passado.

Sie sagte, daß sie es wüßte.
zi: ZA:Kte:, da:ss zi: es VÜ̊Sste:.
Ela disse que ela sabia aquilo.

Sie erklärten, daß sie nicht gehen wollten.
zi: erKLE:Rten, da:ss zi: niçht GUE:en VÓ:Lten.
Eles explicaram que não queriam ir.

Sagten Sie ihnen nicht, daß Sie enttäuscht wären?
ZA:Kten zi: I:nen niçht, da:ss zi: enTÓICHT VE:ren?
Você não lhes disse que estava decepcionado?

O subjuntivo II
Verbos que expressam o que alguém disse, como nas três últimas frases, estão no subjuntivo II, ou no passado do

subjuntivo. Essa forma é usada não apenas para relatar o que alguém disse no passado, mas também, como você verá no Passo 23, para exprimir suposições. O subjuntivo II dos verbos regulares é semelhante ao pretérito imperfeito, que você aprendeu no Passo 20. Mas para os verbos irregulares, aqueles cuja raiz muda, o subjuntivo geralmente é baseado no imperfeito com o acréscimo do Umlaut *na vogal e com a adição de um -e final para as pessoas* ich *e* er.

ich wäre
du wärst
er (sie, es) wäre
wir wären
ihr wäret
Sie (sie) wären

Quando já existe o -e final, como em ich hatte, *o subjuntivo II é assim:*

ich hätte
du hättest
er hätte
wir hätten
ihr hättet
Sie hätten

Wenn man in der Vergangenheit
vén má:n in de:r fe:rGÁNguen-háit
Quando se fala no passado

von einer zukünftigen Handlung spricht,
fo:n Álnâr TSU:kůnftiguen HÁ:NDlu:ng chpricht,
de uma ação futura,

dann muβ man *werden* benutzen.
dán mu:ss má:n VÉ:Rden be:NU:Tsen.
então é preciso usar werden.

O futuro com referência ao passado

O subjuntivo II de werden é equivalente ao futuro do pretérito em português, usado para repetir alguma coisa que alguém disse no passado para expressar um plano futuro.

Ele me disse que iria fazê-lo.
Er sagte mir, er würde es machen.

Eu pensei que iria ao cinema.
Ich dachte, daß ich ins Kino gehen würde.

Er sagte, daß er um 8 Uhr hierher kommen würde.
é:r ZA:Kte:, da:ss é:r u:m acht uâr HIÂR-hér KO:men VǛRde:.
Ele disse que chegaria aqui às 8 horas.

Sie haben mir versprochen, Sie würden es heute beendigen.
zi: HA:ben miâr fe:rCHPRÓcHen, zi: VǛRden es HÓlte: be:ENdi:guen.
Você me prometeu que acabaria isso hoje.

Ich habe ihnen gesagt, daß
ich HAbe: I:nen gue:ZA:KT, da:ss
Eu lhes disse que

ich die Einladung annehmen würde.
ich di: ÁINladu:ng Á:N-ne:men VǛRde:.
aceitaria o convite.

CONVERSAÇÃO: UM RECADO POR TELEFONE

— Hallo! Ich möchte mit Fraülein Röhm sprechen.
haLO:! içh MÉcHte: mit FRÓIláin RÈ:m CHPRÉ:çhen.
Alô! Eu queria falar com a Srta. Röhm.

> *O subjuntivo II de mögen e werden*
> Ich möchte *é o subjuntivo II de* mögen, *que no presente significa "eu gosto". Você deve lembrar que usamos* ich möchte *em passos anteriores por ser mais educado dizer "eu gostaria" do que "eu quero". Este uso de* ich möchte *ou* möchten Sie *("você gostaria...?") é uma forma de polidez. Mas lembre-se de que a forma de* werden *para expressar o discurso indireto é a seguinte:*
>
> ich würde
> du würdest
> er (sie, es) würde
> wir würden
> ihr würdet
> Sie (sie) würden

— Sie ist leider nicht hier.
zi: ist LÁIdâr niçht hiâr.
Infelizmente ela não está aqui.

— Hat sie Ihnen gesagt, wohin sie gehen würde?
ha:t zi: I:nen gue:ZA:KT, voHIN zi: GUE:en VÜRde:?
Ela lhe disse aonde iria?

Sie sagte, sie würde mich um sieben Uhr
zi: ZA:Kte:, zi: VÜRde: miçh u:m ZI:ben uâr
Ela disse que me encontraria às sete

im Ratskeller treffen.
im RA:TSkélâr TRÉfen.
no Ratskeller.

— Sie sagte, sie würde zuerst einkaufen gehen.
zi: ZA:Kte:, zi: VǓRde: tsu:É:RST ÁINkaufen GUE:en.
Ela disse que primeiro iria fazer compras,

dann in die Bibliothek,
dán in di: bi:blioTE:K,
depois iria à biblioteca,

und daβ sie danach vorhätte,
unt da:ss zi: daNACH FOR-héte:,
e que depois tinha intenção

einen Freund zu treffen.
ÁInen fróint tsu: TRÉfen.
de encontrar um amigo.

— Hat sie Ihnen gesagt, wann
hat zi: I:nen gue:ZA:KT, ván
Ela lhe disse quando

sie zurück sein würde?
zi: tsu:RǓK záin VǓRde:?
estaria de volta?

— Nein, sie sagte nur,
náin, zi: ZA:Kte: nuâr,
Não, ela disse apenas

sie würde etwas später kommen.
zi: VǓRde: ÉTva:s CHPE:târ KO:men.
que chegaria um pouco mais tarde.

Möchten Sie vielleicht
MĚCHten zi: fi:LAICHT
O senhor gostaria talvez

noch einmal anrufen?
nócH ÁINma:l Á:Nru:fen?
de ligar de novo?

— Ja, aber wenn Sie von ihr hören,
iá, A:bâr vén zi: fo:n iâr HĚren,
Sim, mas, se você tiver notícias dela,

sagen Sie ihr bitte,
ZA:guen zi: iâr BI:te,
diga-lhe, por favor,

Herr Jürgens habe angerufen —
hér IÛRguens HAbe: Á:Ngue:ru:fen —
que o Sr. Jürgens telefonou —

und daβ er sie
unt da:ss é:r zi:
e que ele a está esperando

hier im Ratskeller erwarte.
hiâr im RA:TSkélâr erVARte:.
aqui no Ratskeller.

> *O que foi dito anteriormente e o que foi dito agora*
> *Você deve ter notado que nesta conversa os tempos se alternam entre o subjuntivo II (passado), ao se falar do que a Srta. Röhm dissera anteriormente, e o subjuntivo I (presente), quando seu amigo deixa o recado dizendo que ainda a está esperando no Ratskeller.*

TESTE SEU ALEMÃO

Nas frases de 1 a 6, preencha os espaços com a forma do verbo no subjuntivo indicada nos exemplos de discurso indireto. Verta as frases 7 a 10 para o alemão. Marque 10 pontos para cada resposta correta. Veja as respostas no final.

1. Ela diz que ele está cansado.
   Sie sagt, daß er müde _____ .

2. Ele diz que ela é americana.
   Er sagt, sie _____ Amerikanerin.

3. Eles dizem que irão um pouco mais tarde.
   Sie sagen, daß sie etwas später _____ .

4. Ele disse que voltaria?
   Sagte er, daß er zurückkommen _____ ?

5. Ele me prometeu que o devolveria a mim.
   Er hat mir versprochen, daß er es zurückgeben _____ .

6. Ela lhe disse se tinha um compromisso?
   Hat sie gesagt, ob sie eine Verabredung _____ ?

7. Ela disse aonde iria? _____ ?

8. Ela disse que me encontraria aqui. _____ .

9. Você gostaria de telefonar mais tarde? _____ ?

10. Por favor, diga a ela que eu telefonei. _____ .

Resultado: _____ %

Respostas: 1. sei; 2. sei; 3. gehen; 4. würde; 5. würde; 6. hätte; 7. Hat sie gesagt, wohin sie gehen würde? 8. Sie sagte, sie würde mich hier treffen. 9. Möchten Sie später anrufen? 10. Sagen Sie ihr bitte, daß ich angerufen habe.

passo 23 CONDIÇÕES E SUPOSIÇÕES

Sätze wie: "Wenn es morgen regnet,
ZÉTse: vi:: "vén es MÓRguen RE:Gnet,
Períodos como: "Se chover amanhã,

werden wir nicht ans Meer fahren."
VÉ:Rden viâr niçht á:ns meâr FA:ren."
não iremos para a prăia."

oder: "Wenn er kommt, werde ich
O:dâr: "vén é:r ko:mt, VÉ:Rde: içh
ou: "Se ele vier, eu

ihm die Nachricht geben."
i:m di: NA:ÇHriçht GUE:ben."
lhe darei o recado."

sind einfache Annahmen, die
zint ÁINfacHe: Á:N-ná:men, di:
são suposições simples, que

nur die Zukunft gebrauchen.
nuâr di: TSU:ku:nft gue:BRAUcHen.
apenas usam o futuro.

In vielen Fällen jedoch ist die Annahme
in FI:len FÉlen ieDÓcH ist di: Á:N-na:me
Entretanto, em muitos casos a suposição é

viel unbestimmter, wie z.B.:
fi:l U:Nbe:chtimtâr, vi: tsu:m BAIchpi:l:
bem mais incerta, como por exemplo:

"Wenn Sie an meiner Stelle wären,
"vén zi: a:n MÁInâr CHTÉle: VE:ren,
"Se você estivesse em meu lugar,

was würden Sie tun?"
vas VÙRden zi: tun?"
o que você faria?"

"Wenn ich Sie wäre, würde ich nicht kündigen."
"vén içh zi: VE:re:, VÙRde: içh niçht KÙNdi:guen."
"Se eu fosse você, eu não pediria demissão."

Solche Annahmen nennen wir "unwirklich".
ZO:Lçhe: Á:N-ná:men NE:nen viâr "u:nVI:Rkliçh".
Tais suposições são chamadas de "irreais".

> *Condições "irreais"*
> *Suposições a respeito de alguma coisa que não pode ocorrer são expressas com o subjuntivo II (imperfeito) — as formas que você aprendeu no Passo 22 — numa das orações, enquanto o auxiliar* würde *ou outros auxiliares modais formam a outra oração da suposição.*
>
> *"Eu iria, se tivesse tempo" (*Ich würde gehen, wenn ich Zeit hätte*) mostra uma suposição — você "não" está indo, mas iria se pudesse. Algumas formas importantes são:* würde, möchte *("gostaria"),* könnte *("poderia"),* sollte *("deveria").*

Annahmen:
Á:N-ná:men:
Suposições:

— Was würden Sie tun, wenn Sie einen
  vas VÙRden zi: tun, vén zi: ÁInen
  O que você faria, se você

Einbrecher in Ihre Wohnung kommen hörten?
ÁINbréçhâr in I:re: VO:nung KO:men HÈRten?
ouvisse um assaltante entrar em sua casa?

— Ich würde meine Pistole holen
içh VǛRde: MÁIne pisTO:le: HO:len
Eu pegaria minha pistola

und den Einbrecher gefangennehmen.
unt den ÁINbréçhâr gue:FÁ:Nguen-ne:men.
e capturaria o assaltante.

— Aber wie würden Sie sich helfen,
A:bâr vi: VǛRden zi: ziçh HÉLfen,
Mas como você se socorreria,

wenn Sie keine Pistole fänden?
vén zi: KÁIne pisTO:le: FENden?
se não encontrasse nenhuma pistola?

— Dann würde ich natürlich sofort
dán VǛRde: içh naTǛRliçh zoFÓRT
Então eu naturalmente chamaria

die Polizei rufen.
di poli:TSÁI RU:fen.
imediatamente a polícia.

— Aber was würden Sie tun, wenn
A:bâr vas VǛRden zi: tun, vén
Mas o que você faria, se

die Polizei nicht antwortete?
di: poli:TSÁI niçht Á:NTvorte:te:?
a polícia não respondesse?

— Warum sollte ich die Polizei nicht erreichen können?
vaRU:M ZÓLte: içh di: poli:TSÁI niçht e:rRAIçhen KȆnen?
Por que eu não conseguiria localizar a polícia?

— Wenn der Einbrecher die Telefondrähte zerschneiden
vén de:r ÁINbréçhâr di: te:le:FO:Ndre:te: tse:rchNAIden
Se o assaltante cortasse os fios telefônicos

würde, könnten Sie gar keine Anrufe machen.
VǛRde: KĚNten zi: ga:r KÁIne Á:Nru:fe: MÁçhen.
você não poderia fazer nenhum telefonema.

Was sagen Sie dazu?
vas ZÁguen zi: daTSU:?
O que você me diz disso?

— Du lieber Himmel! Es klingt, als ob Sie
du: LI:bâr H̲Imel! es klinkt, a:ls ob zi:
Pelo amor de Deus! Parece que você

> *Exclamações*
> Du lieber Himmel! *(literalmente, "você, querido céu!")*
> *é uma exclamação comum.* Mein Gott! *("Meu Deus!")*
> *é um pouco mais forte.*

auf der Seite des Einbrechers wären,
auf de:r ZAIte: des ÁINbréçhârs VE:ren,
estaria do lado do assaltante,

anstatt auf meiner.
á:nCHTA:T auf MÁInâr.
e não do meu.

> *Em vez de*
> *Os termos* anstatt *e* statt *significam "em vez de" e são sempre seguidos pelo genitivo do substantivo, pronome ou adjetivo que os seguem.*

Und so drückt man Dinge aus,
unt zo drůkt má:n DINgue aus,
E é assim que se expressam coisas

die niemals passiert sind:
di: NI:ma:ls pa:sSÍÂRT zint:
que nunca ocorreram:

Wenn Marie-Antoinette
vén MAri:-á:ntuaNÉT
Se Maria Antonieta

Österreich nicht verlassen hätte,
ĚSte:r-raiçh niçht fe:rLA:Ssen H̠Éte:,
não tivesse deixado a Áustria,

dann hätte sie wahrscheinlich
dán H̠Éte: zi: va:rCHÁINliçh
ela provavelmente não

ihren Kopf nicht verloren.
I:ren kó:pf niçht fe:rLOren.
teria perdido a cabeça.

Wenn man den Erzherzog Ferdinand nicht erschossen hätte,
vén má:n de:n E:RTS-h̠e:rtso:g FE:Rdiná:nt niçht e:rCHÓ:Ssen H̠Éte:,
Se não tivessem atirado no arquiduque Ferdinando,

hätte dann der erste Weltkrieg stattgefunden?
H̠Éte: dán de:r É:RSte VELTkri:g chtátgue:FU:Nden?
a Primeira Guerra Mundial teria acontecido?

> *Suposições a respeito do passado*
> *Os dois exemplos referem-se a suposições a respeito de como as coisas "poderiam ter sido" se alguma outra coisa tivesse acontecido. Para expressar essas possibilidades remotas usamos o mais-que-perfeito do subjuntivo — ou seja, o imperfeito de* haben *ou* sein *com o particípio passado — nas duas orações da suposição. Os exemplos dados no texto exemplificam isso: Maria Antonieta foi para a França e foi decapitada, e o assassinato do arquiduque austríaco iniciou uma cadeia de acontecimentos que resultou na Primeira Guerra Mundial.*
>
> *Conforme o que se pretende dizer, o mais-que-perfeito pode ser usado em uma das orações da suposição, enquanto na outra aparece o subjuntivo imperfeito de* werden, *como no exemplo:*

Wenn der amerikanische Kongreß während der Revolution nicht Englisch statt Deutsch als Landessprache gewählt hätte, dann würden heute die Amerikaner Deutsch sprechen.

Se o Congresso americano, durante a Revolução, não tivesse votado no inglês mas sim no alemão como língua nacional, os americanos estariam falando alemão atualmente.

A propósito, parabéns! Você acaba de superar uma das combinações de tempos verbais mais complicadas da língua alemã. Agora você já conhece todas as formas verbais.

CONVERSAÇÃO: O QUE VOCÊ FARIA COM 100.000 MARCOS?

— Wenn Sie plötzlich einhunderttausend Mark erbten,
vén zi: PLĖTSliçh ein-HU:Ndert-TAUzent mark E:RPten,
Se de repente você herdasse cem mil marcos,

was würden Sie damit tun?
vas VǗRden zi: DAmit tun?
o que você faria com eles?

— Aber wer auf der Welt würde mir Geld vererben?
A:bâr vé:r auf de:r vélt VǗRde: miâr guélt fe:rE:Rben?
Mas quem no mundo me legaria qualquer dinheiro?

> *Como reconhecer um prefixo separável*
> Erben — *"herdar" — quando precedido do prefixo* ver *significa "legar", "deixar de herança". O prefixo* ver *não é separável, ele permanece junto ao verbo em todas as suas formas. Como um simples verbo básico alemão pode formar uma lista de verbos diferentes a partir da mudança de prefixo, você pode ficar atrapalhado em reconhecer quais são separáveis e quais permanecem com o verbo. Eis uma regra fácil: quando o acento recai no prefixo, ele é separável, caso contrário não é. Algumas vezes o mesmo verbo pode ter dois significados distintos, conforme a acentuação.* Wiederholen, *por exemplo, com acento no* wie *significa "ir pegar alguma coisa de novo", enquanto* wiederholen *com acento no* ho *significa "repetir". No primeiro exemplo o prefixo é separável, no segundo é inseparável.*

— Nun... nehmen Sie an, Sie hätten einen Verwandten
nu:n... NE:men zi: a:n, zi: HÉten ÁInen fe:rVÁ:Nten
Bom... suponha que você tivesse um parente

in Südamerika oder Australien, und er würde
in zŮda:ME:ri:ka O:dâr ausTRA:lien, unt é:r VŮRde:
na América do Sul ou na Austrália, e ele

Ihnen all sein Geld hinterlassen...
I:nen al záin guélt hinterLA:Ssen...
lhe deixasse todo seu dinheiro...

— Zuerst würden wir in ein größeres Haus umziehen.
tsu:É:RST VŮRden viâr in áin GRÉSseres haus U:Mtsi:en.
Primeiro nos mudaríamos para uma casa maior.

Das würde meine Frau glücklich machen.
da:s VŮRde: MÁIne frau GLŮKliçh MAçhen.
Isto deixaria minha mulher feliz.

Dann würde ich mir einen neuen Sportwagen kaufen.
dán VŮRde: içh miâr ÁInen NÓIen CHPÓRTvaguen KAUfen.
Daí eu compraria um novo carro esporte para mim.

Das würde mir Freude machen.
da:s VŮRde: miâr FRÓIde: MAçhen.
Isto me daria prazer.

Dann würden wir ins Rheinland zu meinen Eltern fahren.
dán VŮRden viâr ins RÁINlánt tsu: MÁInen ÉLtern FA:ren.
Então viajaríamos para a casa de meus pais na Renânia.

Ich würde ihnen neue, moderne Maschinen und Geräte
içh VŮRde: I:nen NÓIe:, moDERne: maCHI:nen unt gue:RE:te.
Eu lhes compraria máquinas e equipamentos novos, modernos,

für ihre Weinberge kaufen.
fůr I:re: VÁINbe:rgue: KAUfen.
para sua vinicultura.

Das würde ihre Arbeit leichter machen.
da:s VŮRde: I:re: A:Rbait LAIchtâr MAçhen.
Isto lhes tornaria o trabalho mais fácil.

— Würden Sie weiter in Ihrem Beruf arbeiten?
VǛRden zi: VAItâr in I:rem be:RU:F ARbaiten?
Você continuaria a trabalhar em sua profissão?

— Ja, natürlich, denn das Geld würde nicht
Iá, naTǛRliçh, den da:s guélt VǛRde: niçht
Sim, claro, pois o dinheiro não

für immer ausreichen.
fŭr Imâr AUSraicHen.
duraria para sempre.

— Aber es wäre doch ein schönes Leben,
A:bâr es VE:re: dócH áin CHĚnes LE:ben,
Mas bem que seria uma boa vida,

solange das Geld ausreichte, nicht wahr?
zoLÁ:Ngue: da:s guélt ausRAIçhte, niçht vá:r?
enquanto o dinheiro desse, não é?

— Allerdings! Da fällt mir ein, ich habe in der Tat
A:lerdinks! da: fe:lt miâr áin, içh HAbe: in de:r ta:t
Claro! Isto me faz lembrar que tenho de fato

einen entfernten Verwandten in Südafrika.
ÁInen entFERNten fe:rVÁ:Ndten in zŭdA:fri:ka:.
um parente distante na África do Sul.

Vielleicht sollte ich ihm einmal schreiben,
fi:LÁIçht ZÓLte: içh i:m AINma:l CHRAIben,
Talvez eu devesse lhe escrever

> **"Deveria"**
> O imperfeito de sollen é equivalente a "deveria", no sentido de "seria obrigatório".
>
> *Você deveria ver esse filme.*
> Sie sollten diesen Film sehen.

um mich zu erkundigen, wie es ihm geht.
u:m miçh tsu: erKU:Ndi:guen, vi: és i:m gue:t.
para saber como ele está passando.

TESTE SEU ALEMÃO

Preencha os espaços, nas frases 1 a 5, com as formas verbais adequadas. Complete os períodos de 6 a 10 com as orações que estão faltando. Marque 10 pontos para cada resposta correta. Vejas as respostas no final do exercício.

1. Se não chover amanhã, iremos à praia.
   Wenn es morgen nicht regnet, _____ wir ans Meer.

2. Se ele vier, eu lhe darei a carta.
   Wenn er kommt, _____ ich ihm den Brief _____.

3. Se eu fosse você, não iria.
   Wenn ich Sie _____, _____ ich nicht gehen.

4. Ele o faria se tivesse tempo.
   Er _____ es tun, wenn er Zeit _____

5. Se ele ouvisse um assaltante, ele chamaria a polícia.
   Wenn er einen Einbrecher _____, _____ er die Polizei rufen.

6. Se você estivesse em meu lugar, o que faria?
   Wenn Sie an meiner Stelle wären, _____ ?

7. Se nos mudássemos para uma casa nova, minha esposa ficaria feliz.
   Wenn wir in ein neues Haus umzögen, _____

8. Eu compraria um carro esporte, se tivesse o dinheiro.
   Ich würde einen Sportwagen kaufen, _____

9. Se os alemães tivessem descoberto a América, os americanos falariam alemão hoje?
   Wenn die Deutschen Amerika entdeckt hätten, _____ ?

10. Se eu tivesse um tio na África do Sul, escreveria uma carta para ele.
    _____ , würde ich ihm einen Brief schreiben.

Respostas: 1. werden - fahren; 2. werde - geben; 3. wäre - würde; 4. würde - hätte; 5. hörte - würde; 6. was würden Sie tun? 7. würde meine Frau glücklich sein. 8. wenn ich das Geld hätte. 9. würden die Amerikaner heute Deutsch sprechen? 10. Wenn ich einen Onkel in Südafrika hätte.

Resultado: _____ %

passo 24 COMO LER O ALEMÃO

Hier sind einige Ratschläge, um Ihnen
Eis alguns conselhos, para lhe

das Lesen im Deutschen zu vereinfachen.
facilitar a leitura do alemão.

In Geschäftsbriefen
Em correspondência comercial

verwendet man oft
utiliza-se com freqüência

den Konjunktiv, um besonders die Höflichkeit
o subjuntivo, principalmente para enfatizar

zu unterstreichen:
a cortesia:

> Sehr geehrter Herr!
> *Prezados senhores,*
>
> Wir wären Ihnen dankbar, wenn Sie
> *Agradeceríamos se*
>
> uns sobald wie möglich
> *nos enviassem o mais breve possível*
>
> die Ware senden würden, die wir bestellt haben.
> *a mercadoria que solicitamos.*
>
> Es wäre unbedingt nötig, daß
> *Seria absolutamente necessário que*

wir sie vor November erhalten.
a recebêssemos antes de novembro.

Falls es unmöglich sein sollte,
Caso seja impossível

die Ware rechtzeitig abzusenden,
despachar a mercadoria a tempo,

wären wir Ihnen sehr verbunden,
agradeceríamos muito

wenn Sie uns mit umgehender Post benachrichtigen würden.
se nos comunicassem de imediato.

In der Hoffnung, sobald wie möglich von
Esperando receber notícias o mais breve possível,

Ihnen zu hören, grüβen wir Sie,
despedimo-nos,

Hochachtungsvoll!
Atenciosamente.

Wenn Sie die Zeitung lesen,
Quando você ler o jornal,

wird Ihnen auffallen, daβ die Nachrichten
vai notar que as notícias

hauptsächlich das Imperfekt benutzen.
utilizam principalmente o imperfeito.

Achtung!
Em português, porém, a tradução se alterna entre o pretérito perfeito (no caso do jornal, por ex.) e o pretérito imperfeito (nas narrativas).

Sie werden aber auch bemerken,
Também vai perceber

daß die Sätze meistens sehr lang sind,
que os períodos na maioria das vezes são muito longos,

und daß erst nach
e que o verbo principal só

mehreren Nebensätzen das Verb kommt.
aparece após várias orações subordinadas.

> ***A palavra principal no final***
> *Ao praticar a leitura de textos em alemão em jornais e revistas, tente olhar para o final dos períodos mais longos, à procura do verbo principal que dá o sentido da frase.*
> *Depois de algum tempo você se acostumará a essa peculiaridade da língua alemã. Esses períodos longos, que parecem muito complicados, acabarão se tornando fáceis e naturais para você.*

Ein typischer Zeitungsbericht:
Um típico artigo de jornal:

Als der Präsident der Vereinigten Staaten
Quando o presidente dos Estados Unidos

am Montag der vergangenen Woche
chegou ao aeroporto de Bonn

am Bonner Flughafen ankam,
na segunda-feira da semana passada,

wurde er vom deutschen Bundeskanzler,
foi saudado pelo chanceler da República Federativa da Alemanha,

dem Außenminister und anderen
pelo ministro do Exterior e por outros

Mitgliedern der Regierung begrüßt.
membros do governo.

Es waren viele Presseleute und Fotografen
Havia muitos jornalistas e fotógrafos

anwesend, und eine große Volksmenge war versammelt.
presentes, e uma grande multidão estava reunida.

Die Verhandlungen zwischen dem
As discussões entre o

Bundeskanzler und dem amerikanischen Präsidenten
chanceler e o presidente americano

wurden geheimgehalten.
foram mantidas em segredo.

Jedoch berief der Bundeskanzler am Dienstag
Entretanto, o chanceler convocou na terça-feira

in Bonn eine Pressekonferenz
em Bonn uma conferência com a imprensa,

und erklärte, daß die Unterredung
e anunciou que a discussão

höchst erfolgreich *gewesen sei.*
tinha sido muito bem-sucedida.

Das Imperfekt wird hauptsächlich auch
O imperfeito também é muito usado

in der Literatur gebraucht,
na literatura,

wie z.B. in Romanen, Kurzgeschichten
como por exemplo em romances, contos

und Anekdoten.
e anedotas.

Als der Kaiser Franz-Joseph von Österreich regierte,
Quando o imperador Francisco José da Áustria reinava,

sollte einmal ein Botschafter aus einem kleinen
um embaixador de um pequeno país

Balkanland dem Kaiserlichen Hof
da região dos Bálcãs devia se apresentar

vorgestellt werden.
à corte imperial.

Da er nicht sehr gut Deutsch sprach,
Como ele não falava alemão muito bem,

gab man ihm einen Dolmetscher.
deram-lhe um intérprete.

Als er dann Seiner Majestät dem Kaiser vorgestellt wurde,
Quando então ele foi apresentado à Sua Majestade o Imperador,

sprach der Botschafter zuerst nur in seiner Landessprache.
o embaixador falou a princípio apenas em sua língua natal.

Dann blieb er still und überließ
Então ele ficou em silêncio e deu

das Wort dem Dolmetscher.
a palavra ao intérprete.

Dieser begann dann eine hochtrabende Rede,
Este começou então um discurso patético,

voll von Lob und Bewunderung für die
cheio de louvores e admiração pela

majestätische Größe des Kaisers.
grandeza majestosa do imperador.

Als seine Lobrede zu Ende war,
Quando terminou seu discurso de louvação,

nahm ihn der Botschafter beiseite und sagte:
o embaixador o chamou de lado e disse:

"Ich habe Ihre Übersetzung verstanden, mein Herr,
"Entendi sua tradução, senhor,

aber es war in keinem Fall, was ich gesagt hatte."
mas não foi absolutamente o que eu disse."

"Sie haben Recht, Exzellenz",
"Tem razão, Excelência",

antwortete der Dolmetscher, "das war nicht,
respondeu o intérprete, "não foi

was Sie gesagt hatten,
o que o senhor disse,

aber das war unbedingt,
mas foi exatamente

was Sie hätten sagen sollen."
o que o senhor deveria ter dito."

Deutsche Gedichte und Lieder sind mit Recht
As poesias e canções alemãs são com justiça

in der ganzen Welt berühmt.
famosas no mundo inteiro.

Fast alle Deutschen kennen
Quase todos os alemães sabem de cor

die erste Strophe des *Erlkönig*
os primeiros versos do "Rei dos Elfos"

von Goethe auswendig:
de Goethe:

    Wer reitet so spät durch Nacht und Wind?
    Quem cavalga tão tarde através da noite e do vento?

    Es ist der Vater mit seinem Kind.
    É o pai com seu filho.

    Er hat den Knaben wohl in dem Arm.
    Ele leva o garoto nos braços,

    Er faßt ihn sicher, er hält ihn warm.
    segura-o com força, mantém-no aquecido.

    "Mein Sohn, was birgst du so bang dein Gesicht?"
    "Meu filho, por que parece tão assustado?"

    "Siehst Vater, du den Erlkönig nicht?
    "Pai, não está vendo o Rei dos Elfos?

    Den Erlkönig, mit Kron und Schweif?"
    O Rei dos Elfos, com coroa e manto?"

    "Mein Sohn, es ist ein Nebelstreif"...
    "Meu filho, é uma nuvem de neblina"...

Eines der berühmtesten deutschen Volkslieder
Uma das mais famosas canções populares

ist ein Gedicht von Heine — *Die Lorelei.*
é um poema de Heine — A Lorelei.

Die ersten Zeilen sind
Os primeiros versos são

jedem, der Deutsch spricht, bekannt.
conhecidos por qualquer um que fala alemão.

Ich weiß nicht, was soll es bedeuten,
Eu não sei o que deve significar

Daß ich so traurig bin.
o fato de eu estar tão triste.

Ein Märchen aus alten Zeiten,
Uma lenda dos velhos tempos

Das kommt mir nicht aus dem Sinn...
não sai de meu pensamento...

Em países de língua alemã você vai encontrar muitas situações em que se usa o alfabeto gótico, como por exemplo em sinalizações, documentos e livros antigos. Eis os primeiros versos do poema Die Lorelei, que você acabou de ler, escrito em gótico:

Die Lorelei

Ich weiß nicht, was soll es bedeuten,
Daß ich so traurig bin;
Ein Märchen aus alten Zeiten,
Das kommt mir nicht aus dem Sinn.

Depois de algum treino, o alfabeto gótico não é difícil de ser lido. Eis as 26 letras, minúsculas e maiúsculas:

𝔄	a	A	a		𝔊	g	G	g
𝔅	b	B	b		ℌ	h	H	h
ℭ	c	C	c		ℑ	i	I	i
𝔇	d	D	d		ℑ	j	J	j
𝔈	e	E	e		𝔎	k	K	k
𝔉	f	F	f		𝔏	l	L	l

𝔐 m	M m	𝔗 t	T t
𝔑 n	N n	𝔘 u	U u
𝔒 o	O o	𝔙 v	V v
𝔓 p	P p	𝔚 w	W w
𝔔 q	Q q	𝔛 x	X x
𝔑 r	R r	𝔜 y	Y y
𝔖 ſ s	S s	𝔖 z	Z z

Die deutsche Sprache ist so klar und eindeutig,
A língua alemã é tão clara e inequívoca,

daß es möglich ist,
que é possível

hervorragende Übersetzungen aus anderen Literaturen zu machen.
fazer traduções excelentes de outras literaturas.

Alles, was Sie auf deutsch lesen,
Tudo o que você ler em alemão,

ob es Theaterstücke, Romane,
seja peças de teatro, romances,

oder Kunst-oder Geschichtsbücher sind,
ou livros de arte ou de história,

wird Ihre Kenntnis der deutschen Sprache
aumentará seu conhecimento da língua alemã

erweitern und wird Ihnen außerdem viel Freude bereiten.
e além disso lhe dará muita alegria.

Aber am wichtigsten ist es natürlich,
Mas o mais importante, naturalmente, é

viel zu sprechen und zuzuhören, wenn
falar muito e ouvir quando

andere sprechen, denn um eine Sprache
outros estão falando, pois, para aprender bem uma língua

gut zu lernen, muß man bei jeder Gelegenheit üben.
devemos praticá-la em todas as oportunidades.

VOCÊ SABE MAIS ALEMÃO DO QUE IMAGINA

Agora você está familiarizado com os elementos essenciais para se falar alemão. Sem dúvida, ao ler livros, revistas e jornais em alemão, você encontrará muitas palavras que não estão incluídas neste livro. Certamente, no entanto, terá muito mais facilidade para compreendê-las, pois o idioma de que fazem parte já não lhe é estranho.

Ao ler um texto em alemão ou ao ouvir o alemão no cinema, na televisão ou em conversas, é evidente que você não poderá consultar o dicionário a cada palavra nova que aparecer, e nem é conveniente que o faça, pois senão será impossível aprender o sentido geral do que está sendo lido ou ouvido. Portanto, faça antes um esforço no sentido da compreensão global, tentando fazer com que o significado das palavras se torne evidente através do contexto. Depois — e isso se aplica basicamente ao caso da leitura — é importante que você volte ao texto, consultando o dicionário para verificar a pronúncia e o sentido das palavras que não conhecia.

No entanto, não se esqueça de que as palavras não devem ser traduzidas isoladamente. É importante você utilizá-las sempre em frases e expressões. Leia textos em alemão, em voz alta, sempre que possível. Sugerimos que você grave sua leitura e vá comparando os resultados ao longo do tempo.

Levando a sério estes procedimentos, você conseguirá formar frases com desembaraço cada vez maior e ficará surpreendido com o desenvolvimento de sua capacidade para se comunicar em alemão.

VOCABULÁRIO PORTUGUÊS-ALEMÃO

Este vocabulário irá completar sua habilidade para o uso do alemão corrente. Inúmeras palavras que você encontrará nele não foram utilizadas ao longo do livro. É interessante notar que, na conversação diária em qualquer idioma, a maioria das pessoas usa menos do que 2.000 palavras. Neste vocabulário você encontrará cerca de 2.000 palavras, selecionadas de acordo com a freqüência de sua utilização.

Observações:

1. Antes do substantivo, em alemão, aparecerá entre parênteses o artigo definido singular masculino *(der)*, feminino *(die)*, ou neutro *(das)*, indicando assim o seu gênero.
2. Quando um substantivo comum tiver uma forma para o masculino e outra para o feminino (como, por exemplo, filho/filha), a forma do masculino aparecerá primeiro, seguida pela forma do feminino depois de uma barra (/).
3. A terminação do plural de cada substantivo será indicada após o registro da palavra, seguida de vírgula. Também haverá indicação precisa para os substantivos que receberem *Umlaut* no plural. A ausência de indicação significa que o substantivo não se modifica no plural.
4. Os verbos são dados no infinitivo. As formas irregulares dos particípios passados dos verbos "fortes" são indicadas entre parênteses após o infinitivo.
5. Nos verbos de prefixos separáveis, estes aparecerão em itálico.
6. Quando uma mesma palavra tiver várias possibilidades de tradução para o alemão, de igual importância, elas serão registradas, separadas por ponto-e-vírgula (;).

A

a die *(fem.)*, das *(neutro)*
a fim de um zu
a menos que es sei denn
a mim mir
a que distância wie weit
abaixo unten *(adv.)*; unter *(adj.)*
abandonar ver lassen
abatimento *(der)* Rabatt, -e
aberto offen
aborrecer ärgern
aborrecido ärgerlich
abridor de latas *(der)* Büchsenöffner
abril *(der)* April
abrir öffnen *(geöffnet)*
absolutamente nada gar nichts
ação *(bolsa de valores)* *(die)* Aktie, -n
aceitar annehmen
acento *(der)* Akzent, -e
acidentalmente zufällig
acidente *(der)* Unfall, Unfälle
acima über
aço *(der)* Stahl, Stähle
acompanhante *(der)* Gefährte/Gefährtin, -nen
aconselhar raten
acontecer geschehen
acordar *aufwachen*
acostumado a gewöhnt an
acreditar glauben

acrescer *hinzu*kommen
açúcar *(der)*, Zucker
acusar beschuldigen
adega *(der)* keller
adiante voran; vorne
adicionar hinzufügen
admirar bewundern
admissão *(der)* Eintritt, -e
adquirir Kaufen
adulto groß; erwachsen
advogado *(der)* Anwalt, Anwälte
aeroplano *(das)* Flugzeug, -e
aeroporto *(der)* Flugplatz, -plätze
afiado scharf
África *(das)* Afrika
agência de viagens *(das)* Reisebüro, -s
agência *(die)* Agentur, -en
agente *(der)* Agent, -en
agora mesmo soeben
agora jetzt
agosto *(der)* August
agradar gefallen
agradável angenehm
agradecer danken
agradecido dankbar
água *(das)* Wasser
aguardente *(der)* Schnaps, Schnäpse
águia *(der)* Adler
agulha *(die)* Nadel, -n
ainda noch

ainda não noch nicht
ajudar helfen
alameda *(die)* Allee, -n
álcool *(der)* Alkohol
alegre froh
além disso außerdem
Alemanha *(das)* Deutschland
alemão *(der)* Deutsche, -n/ Deutsche, -n
alemão deutsch *(adj.)*
alface *(der)* Kopfsalat, -e
alfaiate *(der)* Schneider/ Schneiderin, -nen
alfândega *(der)* Zoll
alfinete *(die)* Nadel, -n
algo etwas
algodão *(die)* Baumwolle
alguém jemand; irgendeiner
alguém mais Sonst noch jemand?
algum irgendein
alguma coisa etwas
alguns einige
aliás sonst
alimentar speisen
almoço *(das)* Mittagessen
alto *(som)* laut
alto *(tamanho)* groß; hoch
alugar mieten
aluguel *(die)* Miete, -n
amanhã morgen
amar lieben
amarelo gelb
amável lieblich; liebvoll; liebenswürdig; freundlich
ambos beide
América do Norte *(das)* Nordamerika
América do Sul *(das)* Südamerika
América *(das)* Amerika

americano amerikanisch *(adj.)*
americano *(der)* Amerikaner/ Amerikanerin, -nen
amigo *(der)* Freund, -e/ Freundin, -nen
amor *(die)* Liebe, -n
amplo breit
andar *(de um prédio) (der)* Stock-Stöcke; *(das)* Stockwerk, -e
andar gehen
andar *(com um veículo)* fahren
anel *(der)* Ring, -e
anestésico *(das)* Betäubungsmittel
animal *(das)* Tier, -e
aniversário *(der)* Jahrestag, -e; (der) Geburtstag, -e
ano *(das)* Jahr, -e
antes de vor
antes vor
antigamente früher
anti-séptico antiseptisch
anúncio *(die)* Anzeige, -n
apagar *(a luz)* ab stellen
aparelho de barbear *(der)* Rasierapparat, -e
apartamento *(die)* Wohnung, -en
apenas nur
apertado eng
apesar de trotzdem
apetite *(der)* Appetit
após nach
aposta *(die)* Wette, -n
apreciar *(avaliar)* schätzen
apreciar genießen
aprender lernen
apresentar vorstellen
apressar-se eilen; sich beeilen
aprisionar verhaften
aprovar billigen

aproximadamente etwa; ungefähr
aquecer heizen
aquecimento *(die)* Heizung, -en
aqui hier
ar *(die)* Luft, Lüfte
ar-condicionado *(die)* Klimaanlage, -n
árabe arabisch *(adj.)*
árabe *(der)* Araber, -/Araberin, -nen
área *(das)* Gebiet, -e
argumento *(das)* Argument, -e
arma *(die) Waffe, -n*
arquiteto *(der)* Architekt, -en
arquitetura *(die)* Architektur, -en
arranjar *an*ordnen
arredores *(die)* Umgebung, -en
arroz *(der)* Reis
arte *(die)* Kunst, Künste
artificial Künstlich
artista *(der)* Küstler/Küstlerin, -nen
árvore *(der)* Baum, Bäumen
às vezes manchmal
Ásia *(das)* Asien
asneira *(der)* Unsinn
aspargo *(der)* Spargel
aspirina *(das)* Aspirin
assar braten *(gebraten)*
assassinar ermorden
assassino *(der)* Mörder/Mörderin, -nen
assento *(der)* Sitz, -e
assim como so, wie; as... as so... wie
assim so
assinar unterschreiben
assinatura *(die)* Unterschrift, -en
atadura *(die)* Binde, -n
até logo! Auf Wiedersehen
até bis
atenção! Vorsicht!
atenção *(die)* Achtung
atenciosamente hochachtungsvoll
atirar werfen
Atlântico *(der)* Atlantik
ator *(der)* Schauspieler/Schauspielerin, -nen
atrás hinter
atrasado spät
através *(por meio de)* durch
através quer über; quer durch
atravessar *(rua)* überqueren
atraso *(die)* Verzögerung, -en
aula *(die)* Stunde, -n
aula particular *(die)* Privatstunde
ausência *(die)* Abwesenheit, -en
ausente abwesend
Austrália *(das)* Australien
australiano australisch *(adj.)*
australiano *(der)* Australier, -/Australierin, -nen
Áustria *(das)* Österreich
austríaco *(der)* Österreicher/Österreicherin, -nen
austríaco österreichisch *(adj.)*
auto-estrada *(die)* Autobahn, -en
automático automatisch
automóvel *(das)* Auto, -s
autor *(der)* Autor, -en /Autorin, -nen
avaliar bewerten
avançar *vor*rüken; *fort*schreiten
ave *(der)* Vogel,Vögel
aventura *(das)* Abenteuer, -
avião *(das)* Flugzeug, -e
avô *(der)* Groβvater, -väter/Groβmutter, -mütter

azar *(das)* Pech
azeitona *(die)* Olive, -n
azul blau

B

bacon *(der)* Speck
bagagem *(das)* Gepäck; *(die)* Gepäckstücke
baía *(die)* Bucht, -en
baixo niedrig
baldear *(de trem)* umsteigen
banana *(die)* Banane, -n
barco *(das)* Boot, -e
banco *(die)* Bank, -en
banda *(die)* Kapelle, -n
banheiro *(das)* Badezimmer
banho *(de banheira) (das)* Bad, Bäder
banho *(de chuveiro) (die)* Dusche, -n; *(die)* Brause, -n
bar *(die)* Bar, -s
barato billig
barba *(der)* Bart, Bärte
barbear rasieren
barulho *(der)* Lärm
batalha *(die)* Schlacht, -en
batata *(die)* Kartoffel, -n
bateria *(die)* Batterie, -n
bêbado betrunken
bebê *(das)* Baby, -s; *(das)* Kindchen
beber trinken *(getrunken)*
beijar küssen
beijo *(das)* Kuß, Küsse
beleza *(die)* Schönheit, -en
belga belgisch *(adj.)*
belga *(der)* Belgier/Belgierin, -nen
Bélgica *(das)* Belgien
bem gut

bem-vindo Willkommen
bicicleta *(das)* Fahrrad, -räder
bife *(das)* Steak, -s
bigode *(der)* Schnurrbart, -bärte
blusa *(die)* Bluse, -n
boa noite! *(ao chegar)* Guten Abend!
boa noite! *(ao se despedir)* Gute Nacht!
boate *(das)* Nachtlokal, -e
boca *(der)* Mund, Münder
bocejar gähnen
bola *(der)* Ball, Bälle
bolo *(der)* Kuchen
bolsa *(de valores)* (die) Börse, -n
bolsa *(der)* Handtasche, -n
bolso *(die)* Tasche, -n
bom dia! *(pela manhã)* Guten Morgen!
bom dia! Guten Tag!
bom gut
bomba *(die)* Bombe, -n
bombom *(das)* Bonbon, -s
boné *(die)* Mütze, -n
bonito hübsch; schön
bosque *(der)* Wald, Wälder
bota *(der)* Stiefel
botão *(der)* Knopf, Knöpfe
braço *(der)* Arm, -e
branco weiß
Brasil *(das)* Brasilien
brasileiro brasilianisch *(adj.)*
brasileiro *(der)* Brasilianer/Brasilianerin, -nen
breque *(die)* Bremse, -n
breve kurz
brilhar scheinen
brincar *(gracejar)* scherzen
brincar spielen
brinde *(der)* Toast, -e/-s

brinquedo *(das)* Spielzeug, -e
brisa *(die)* Brise, -n

C

cabaré *(das)* Kabarett, -e
cabeça *(der)* Kopf, Köpfe
cabeleireiro *(der)* Friseur, -e/Frisöse, -n
cabelo *(das)* Haar, -n
cabra *(die)* Ziege, -n
cachimbo *(die)* Pfeife, -n
cachorro *(der)* Hund, -e
cada um jeder, jede, jedes
cada jeder, jede, jedes
cadeia *(das)* Gefängnis, -se
cadeira *(der)* Stuhl, Stühle
café da manhã *(das)* Frühstück
café *(der)* Kaffee
cair fallen
cais *(der)* Pier, -e
caixa de correio *(der)* Briefkasten, -Kästen
caixa *(profissão)* *(der)* Kassierer/Kassiererin, -nen
caixa *(die)* Schachtel, -n
calça *(die)* Hose, -n
calma! Ruhig!
calmo ruhig
calor *(die)* Hitze
cama *(das)* Bett, -en
camarão *(die)* Krabbe, -n
camareira *(das)* Zimmermädchen
cambiar *um*tauschen
câmbio *(der)* Kurs, -e
câmera *(die)* Kamera, -s
caminhão *(der)* Lastwagen, -
caminho *(der)* Weg, -e

camisa *(das)* Hemd, -en
camponês *(der)* Bauer/Bäuerin, -nen
Canadá *(das)* Kanada
canadense *(der)* Kanadier/Kanadierin, -nen
canção *(das)* Lied, -er
canivete *(das)* Messer
cansado müde
cantar singen
canto *(música)* *(der)* Gesang, Gesänge
canto *(die)* Ecke, -n
cantor *(der)* Sänger/Sängerin, -nen
capa de chuva *(der)* Regenmantel, -mäntel
capaz fähig
capitão *(mar)* *(der)* Kapitän, -e
capitão *(polícia ou exército)* *(der)* Hauptmann, Hauptleute
capote *(der)* Mantel, Mäntel
caranguejo *(die)* Krabbe, -n; *(der)* Krebs, -e
carburador *(der)* Vergaser
cardápio *(sie)* Speisekarte, -n
carne de porco *(das)* Schweinefleisch
carne de vaca *(das)* Rindfleisch
carne *(das)* Fleisch
caro teuer
carrega tragen
carro (der) Wagen
carta *(der)* Brief, -e
cartão-postal *(die)* Postkarte, -n
carteira de motorista *(der)* Führerschein, -e
carteira *(die)* Brieftasche, -n
carteiro *(der)* Briefträger
casa *(das)* Haus, Häuser

315

casaco de pele *(der)* Pelzmantel, Pelzmäntel
casado *(der)* Mantel, Mäntel
casado verheiratet
casal *(das)* Paar, -e
casamento *(cerimônia) (die)* Hochzeit, -en
casamento *(die)* Heirat, -en
castelo *(die)* Burg, -en; *(das)* Schloβ, Schlösser
catedral *(der)* Dom, -e
católico Katholisch
cavalgar eiten
cavalheiro *(der)* Herr, -en
cavalo *(das)* Pferd, -e
cebola *(die)* Zwiebel, -n
cedo früh
celebração *(die)* Feier, -n
celibatário *(der)* Junggeselle, -n
cem hundert
cemitério *(der)* Friedhof, Friedhöfe
cenoura *(die)* Karotte, -n
centro *(das)* Zentrum, Zentren
cerca de ungefähr; etwa
cercar umgeben
cérebro (das) Gehirn, -e
cereja *(die)* Kirsche, -n
certamente sicher; bestimmt; gewiβ
certo richtig; gut
cerveja *(das)* Bier, -e
céu *(der)* Himmel
chá *(der)* Tee, -s
chamada *(der)* Anruf, -e
chamar rufen
chão *(der)* Fuβboden, Fuβböden
chapéu *(der)* Hut, Hüte
charmoso charmant
charuto *(die)* Zigarre, -n
chave *(der)* Schlüssel

chefe *(der)* Chef, -s
chegada *(die)* Ankunft, -künfte
chegar ankommen
cheio voll
cheque *(der)* Scheck, -s
China *(das)* China
chinês chinesisch *(adj.)*
chinês *(die)* Chinese, -n/Chinesin, -nen
chocolate *(die)* Schokolade
chorar weinen
chover regnen
chuva *(der)* Regen
cidade *(die)* Stadt, Städte
ciência *(die)* Wissenschaft, -en
cigarro *(die)* Zigarette, -n
cinco fünf
cinema *(das)* Kino, -s
cinqüenta fünfzig
cinto *(der)* Gürtel
cintura *(die)* Taille, -n
cinza grau
circundar umgeben
citação *(jur.) (die)* Vorladung, -en
ciumento eifersüchtig
claro klar
clima *(das)* Klima, -s
cobertor *(die)* Decke, -n
cobrir bedecken
coelho *(das)* Kaninchen
cogumelo *(der)* Pilz, -e
coisa *(das)* Ding, -e; *(die)* Sache, -n
colcha *(die)* Decke, -n
colheita *(die)* Ernte, -n
colher *(der)* Löffel
colina *(der)* Hügel
colocação *(die)* Stellung, -en
com mit
combinado abgemacht

combustível *(der)* Treibstoff
começar *an*fangen; beginnen
comédia *(die)* Komödie, -n
comentário *(der)* Kommentar, -e
comer essen *(gegessen)*
comerciante *(das)* Geschäftsmann, Geschäftsleute
cômico Komisch
comida *(das)* Essen
como wie
cômodo *(quarto) (das)* Zimmer
cômodo bequem
compaixão *(das)* Mitleid
companhia *(die)* Gesellschaft, -en
comparar vergleichen
completamente ganz
completo vollständig
complicado Kompliziert
comprar Kaufen *(gekauft)*
comprido lang
compromisso *(die)* Verabredung, -en
computador *(der)* Komputer
comunicação *(die)* Mitteilung, -en
comunicar *mit*teilen; benachrichtigen
comunista Kommunist
concerto *(das)* Konzert, -e
concha *(die)* Schale, -n
concordar übereinstimmen
concorrência *(die)* Konkurrenz
condutor *(veículo) (der)* Fahrer/Fahrerin, -nen
conferência, encontro *(die)* Konferenz, en
confiável zuverlässig
confidencial vertraulich
conforme wie
confortável bequem; praktisch

confusão *(die)* Verwirrung, -en
congelado gefroren
congratular beglückwünschen
conhecer kennen
conselho *(der)* Rat
consentir billigen
consertar reparieren
conserto *(die)* Reparatur
conservador konservativ
conservar behalten
considerar betrachten; erwägen
consolar trösten
construir bauen
cônsul *(der)* Konsul, -n
consulado *(das)* Konsulat, -e
conta *(bancária) (das)* Konto, -ten
conta *(cálculo) (die)* Berechnung, -en
contente froh
continuar *fort*setzen
contra gegen
contrato *(der)* Vertrag, -träge
contribuição *(die)* Steuer, -n
conversa *(die)* Unterhaltung, -en
conversar reden; sprechen
convidar *ein*laden
convite *(die)* Einladung, -en
cópia *(die)* Kopie, -n
copo *(das)* Glas, Gläser
cor *(die)* Farbe, -n
coração *(das)* Herz, -en
corda *(das)* Seil, -e
cordeiro *(das)* Lamm, Lämmer
coronel *(der)* Orberst, -en
corpo *(der)* Körper
corporação *(die)* Gesellschaft, -en
correio *(die)* Post
correio *(agência) (das)* Postamt, -ämter

correr laufen; rennen
correspondência *(die)* Post
correto korrekt; richtig
corrida *(das)* Rennen, -n
cortar schneiden
corte de cabelo *(das)* Haarschnitt, -e
costa *(die)* Küste, -n
costas *(der)* Rücken, -
costeleta *(das)* Kotelett, -e, -s
costurar nähen
cotovelo *(der)* Ellbogen
couro *(das)* Leder
couve *(der)* Kohl
cozinha *(die)* Küche, -n
cozinhar kochen
cozinheiro *(der)* Koch, Köche/Köchin, -nen
crédito *(der)* Kredit
creme *(die)* Sahne, -n
crer glauben
criança *(das)* Kind, -er
crime *(das)* Verbrechen
criminoso *(der)* Verbrecher/Verbrecherin, -nen
crise *(die)* Krise, -n
criticar kritisieren
cruel grausam
cruz *(das)* Kreuz, -e
cruzamento *(die)* Kreuzung, -en
cruzeiro *(viagem) (die)* Rundreise, -n
cuidado! Vorsicht!
cuidadoso vorsichtig
cultura *(die)* Kultur, -en
cumprimentar grüβen
cumprimento *(das)* Kompliment, -e
cumprimentos *(der)* Glückwunsch, -wünsche

cunhado *(der)* Schwagen, Schwager/Schwägerin, -nen
curar heilen
custar kosten

D

dançar tanzen
dar um passeio *spazieren*gehen
dar uma volta *herum*fahren
dar geben *(gegeben)*
data *(das)* Datum, Daten
datilógrafa *(die)* Stenotypistin, -nen
de *(origem)* von; aus
de antemão vorher
de jeito nenhum durchaus nicht
de vez em quando dann und wann; gelegentlich
de volta zurück
decepcionado enttäuscht
decidir entscheiden
décimo *(der, die, das)* zehnte
decisão *(die)* Entscheidung, -en
dedão do pé *(der)* Zehe, -n
dedo *(der)* Finger
defeito *(der)* Fehler
deitar *hin*legen
deixar levar holen lassen
deixar para trás *hinter*lassen
deixar *(lugar ou pessoa)* verlassen
deixar lassen
dela ihr
dele sein
delicioso köstlich
demasiado allzu
democrático demokratisch
dente *(der)* Zahn, Zähne
dentista *(der)* Zahnarzt, -ärzte

dentro in
depois *(prep. tempo)* nach
desagradável unangenehm
descansar sich *aus*ruhen
descer *aus*steigen
descobrir entdecken
desconfortável unbequem
descuidado sorglos, fahrlässig
desculpar-se sich entschuldigen
desculpe! Entschuldigung!
desde seit
desejar wünschen *(gewünscht)*
desempregado arbeitslos
desonesto unehrlich
desvio *(die)* Umleitung, -en
Deus *(der)* Gott, Götter
dever *(dívida)* schulden
dever müssen
devolver *wieder*geben
dez zehn
dezembro *(der)* Dezember
dezenove neunzehn
dezesseis sechzehn
dezessete siebzehn
dezoito achtzehn
dia *(der)* Tag, -e
diabo *(der)* Teufel
diante de vor
dicionário *(das)* Wörterbuch, -bücher
diferente anders; verschieden
difícil schwierig; schwer
dinheiro *(das)* Geld, -er
direção *(die)* Richtung, -en
direita rechts
discutir besprechen
disenteria *(die)* Ruhr
disparate, tolice *(der)* Unsinn
dispor *(arranjar)* *an*ordnen

dispor verfügen *(über)*
disputa *(der)* Streit, -e
distância *(die)* Entfernug, -en
distinguir *heraus*finden
distrito policial *(die)* Polizeiwache, -n
distrito *(der)* Bezirk, -e; *(der)* Kreis, -e
divertido amüsant; unterhaltend
divertimento *(das)* Vergnügen
divertir unterhalten
divisão *(die)* Abteilung, -en
divorciar scheiden *(geschieden)*
dizer sagen *(gesagt)*
doce süß
doente krank
dois zwei
dólar *(der)* Dollar, -s
dolorido schmerzhaft
domingo *(der)* Sonntag, -e
dono *(der)* Besitzer/Besitzerin, -nen
dor *(der)* Schmerz, -en
dormir schlafen
doutor *(forma de tratamento)* Herr Doktor
doze zwölf
droga *(das)* Rauschmittel
drogaria *(die)* Drogerie, -n; *(die)* Apotheke, -n
duas vezes zweimal
dupla *(das)* Paar, -e
durante während
duro hart; zäh

E

e und
economizar sparen

edifício *(das)* Gebäude
editor *(der)* Verleger
editora *(der)* Verlag
ela mesma sie selbst; sich
ela sie
ele er
elefante *(der)* Elefant, -en
elétrico elektrisch
elevador *(der)* Aufzug, Aufzüge
elogiar loben
elogio *(der)* Preis, -e
em algum lugar irgendwo
em frente geradeaus
em nenhum lugar nirgends
em ordem in Ordnung; gut
em volta de um
em in
embaixada *(die)* Botschaft, -en
embora obwohl
embrulhar *ein*packen
embrulho *(das)* Paket, -e
emergência *(die)* Notlage, -n
empacotar packen
empregado *(der)* Angestellte, -n
empregador *(der)* Arbeitgeber
empregar *an*stellen
emprego *(der)* Gebrauch, Gebräuche
emprego *(uso)* *(die)* Arbeit, -en; *(die)* Stelle, -n
empresário *(der)* Geschäftsführer; *(der)* Betriebsleiter
emprestar leihen; borgen
empurrar schieben
em vez de anstatt
encantador reizend
encher füllen
encomenda postal *(das)* Paket, -e
encontrar *(alguém)* treffen

encontrar finden *(gefunden)*
encontro *(compromisso)* *(die)* Verabredung, -en
encontro *(das)* Zusammentreffen, -
endereço *(die)* Adresse, -n
enfermeira *(die)* Krankenschwester, -n
enfermo krank
engano *(mal-entendido)* *(das)* Miβverständnis, -se
engraxar sapatos putzen
enquanto während
ensinar lehren
então dann
entender mal miβverstehen
entender verstehen
entrada *(der)* Eintritt, -e
entrada proibida Eintritt verboten
entrada *(bilhete)* *(die)* Eintrittskarte, -n
entrar *ein*treten; betreten
entre! Herein!
entre unter, zwischen *(prep.)*
entretanto jedoch; doch; denoch
envergonhado scheu
enviar senden; schicken
equívoco *(der)* Irrtum, tümer
errado, falso falsch
erro *(der)* Fehler; *(der)* Irrtum, tümer
esbanjar, perder *(tempo)* verschwenden
escada *(die)* Treppe, -n
esclarecer erklären
escocês *(der)* Schotte, -n/Schottin, -nen
escocês schottisch
Escócia *(das)* Schottland
escola *(die)* Schule, -n

320

escolha *(die)* Auswahl
escova de cabelo *(die)* Haarbürste, -n
escova de dente *(die)* Zahnbürste, -n
escova *(die)* Bürste, -n
escrever schreiben *(geschrieben)*
escritor *(der)* Schriftsteller/Schriftstellerin, -nen
escritório *(das)* Büro, -s
escrivaninha *(der)* Schreibtisch, -e
escuro dunkel
esforço *(die)* Mühe, -n
espaço *(der)* Raum, Räumer
Espanha *(das)* Spanien
espanhol spanisch *(adj.)*
espanhol *(der)* Spanier/Spanierin, -nen
especial besonder
especialmente besonders
espelho *(der)* Spiegel
esperar *(alguém)* warten
esperar hoffen
esperto klug; gescheit; begabt
esporte *(der)* Sport, -arten
esposa *(die)* Ehefrau, -en; *(die)* Frau, -en
esposo *(der)* Mann, Männer; *(der)* Ehemann, -männer
esquecer vergessen
esquerda links
esquina *(die)* Ecke, -n
estação *(der)* Bahnhof, -höfe
estação *(do ano)* *(die)* Jahreszeit, -en
estacionar parken
estado *(der)* Staat, -en
Estados Unidos *(die)* Vereinigten Staaten
estátua *(das)* Standbild, -er; *(die)* Statue, -n
estrada *(die)* Landstraße, -n
estrangeiro *(der)* Ausländer/Ausländerin, -nen
estranho *(der)* Fremde, -n
estranho sonderbar
estreito eng
estrela *(der)* Stern, -e
estudante *(der)* Student, -en/Studentin, -nen
estudar studieren
estúpido dumm
eu preferiria Ich würde lieber
eu ich
Europa *(das)* Europa
europeu europäisch *(adj.)*
europeu *(der)* Europäer/Europäerin, -nen
evitar vermeiden
exatamente genau
exato genau
excelente ausgezeichnet
exceto außer
exército *(die)* Armee, -n
experiência *(die)* Erfahrung, -en
experimentar anprobieren
explicação *(die)* Erklärung, -en
explicar erklären
exportar exportieren
exposição *(die)* Ausstellung, -en

F

fábrica *(die)* Fabrik, -en
faca *(das)* Messer
face *(das)* Gesicht, -er
fachada *(die)* Vorderseite, -n
fácil mühelos; leicht
falar sprechen *(gesprochen)*

falso falsch
família *(die)* Familie, -n
faminto hungrig
famoso berühmt
fantasma *(das)* Gespenst, -e
farmácia *(die)* Apotheke, -n; *(die)* Drogerie, -n
faxineira *(die)* Putzfrau, -en
fazenda *(der)* Bauernhof, -höfe
fazendeiro *(der)* Bauer
fazer machen *(gemacht)*; tun *(getan)*
febre *(das)* Fieber
fechado geschlossen
fechar schließen *(geschlossen)*
feijão *(die)* Bohne, -n
feio häßlich
feira *(exposição) (die)* Messe, -n
feira anual *(der)* Jahrmarkt, -märkte
felicitações *(die)* Glückwünsche
felicitar beglückwünschen
feliz glücklich
férias *(die)* Ferien; *(der)* Urlaub, -e
ferir verletzen
ferramenta *(das)* Werkzeug, -e
ferrovia *(die)* Eisenbahn, -en
festa *(die)* Party, -ties
fevereiro *(der)* Februar
ficar stehen; bleiben
fígado *(die)* Leber, -n
filho *(der)* Sohn, Söhne/Lochter, Löchter
filme *(der)* Film, -e
fim de semana *(das)* Wochenende, -n
fim *(das)* Ende, -n
finalmente endlich
fino dünn

fio *(der)* Bindfaden, -fäden
fisionomia *(das)* Gesicht, -e
fita cassete *(das)* Band, Bänder; *(die)* Kassete, -n
flor *(die)* Blume, -n
floresta *(der)* Wald, Wälder
fogo *(das)* Feuer,
folha *(das)* Blatt, Blätter
fome *(der)* Hunger
fonte *(der)* Springbrunnen
fora! Hinaus!; Weg!
fora draußen
força aérea *(die)* Luftwaffe, -n
força *(die)* Macht, Mächte
forma *(die)* Form, -en
fornecer liefern
forte stark
fósforo *(das)* Streichholz, -hölzer
fotografia *(das)* Photo, -s; *(das)* Bild, -er
fraco schwach
França *(das)* Frankreich
francês französisch *(adj.)*
freguês *(der)* Kunde, -n
francês *(der)* Franzose, -n/Französin, -nen
freqüentar *(escola)* eine Schule besuchen
frequëntemente oft
fresco Kühl; frisch
frigideira *(die)* Pfanne, -n
frio kalt
frios *(die)* Wurst, Würste; *(der)* Aufschnitt, -e
fronteira *(die)* Grenze, -n
fruto *(die)* Frucht, Früchte
fumar rauchen

funcionário *(der)* Beamte, -n/ Beamtin, -nen
futuro *(die)* Zukunft

G

galinha *(das)* Huhn, Hühner
ganhar verdienen
ganso *(die)* Gans, Gänse
garagem *(die)* Garage, -n
garçom *(die)* Kellner/Kellnerin, -nen
garfo *(die)* Gabel, -n
garganta *(die)* Gurgel, -n; *(der)* Hals, Hälse
garoto *(der)* Funge, -n; *(der)* Knabe, -n
garrafa *(die)* Flasche, -n
gasolina *(das)* Benzin
gastar *aus*geben
gato *(die)* Katze, -n
geladeira *(der)* Kühlschrank, -schränke
gelo *(das)* Eis
general *(der)* General, Generäle
generoso freigebig
genro *(der)* Schwiegersohn, -söhne/Schwiegertochter, töchter
gentil liebenswürdig; freundlich
genuíno echt
geral allgemein
geralmente meistens
goela *(die)* Gurgel
gordo dick
gostar gern, haben
gosto *(der)* Geschmack, -schmäcker
governo *(die)* Regierung, -en

gracejar scherzen
grande groß
grátis kostenlos; frei
gravador *(das)* Tonbandgerät, -e
gravata *(die)* Krawatte, -n
grávida schwanger
Grécia *(das)* Griechenland
grego *(der)* Grieche, -n/Griechin, -nen
grego griechisch *(adj.)*
greve *(der)* Streik, -s
grosso dick
grupo *(die)* Gruppe, -n
guarda-chuva *(der)* Regenschirm, -e
guardanapo *(die)* Serviette, -n
guerra *(der)* Krieg, -e
guia turístico *(der)* Reiseführer/Reiseführerin, -nen
guitarra *(die)* Gitarre, -n

H

há es gibt
habitual gewöhnlich
havia es gab
hindu *(der)* Inder/Inderin, -nen
hindu indisch *(adj.)*
história *(die)* Geschichte, -n
hoje heute
hoje à noite heute abend; heute nacht
holandês *(der)* Holländer/Holländerin, -nen
holandês holländish *(adj.)*
homem *(der)* Mann, Männer
hora *(intervalo de tempo)* *(die)* Stunde, -n

hora *(marcada pelo relógio) (die)* Wie spät ist es? Wieviel Uhr ist es?
hortaliça *(das)* Gemüse
hospital *(das)* Krankenhaus, -häuser
hotel *(das)* Hotel, -s
húngaro *(der)* Ungar/Ungarin, -nen
húngaro ungarisch *(adj.)*
Hungria *(das)* Ungarn

I

iate *(die)* Jacht, -en
ida e volta hin und zurück
idade *(das)* Alter
idioma *(die)* Sprache, -n
idiota *(der)* Idiot, -en
igreja *(die)* Kirche, -n
ilha *(die)* Insel, -n
imaginar sich *vor*stellen
imediatamente! Sofort!
importação *(der)* Import, -e
importante wichtig
importar importieren
impossível unmöglich
imposto *(die)* Steuer, -n
inclusive einsschließlich
inconsciente unbewußt
Índia *(das)* Indien
indiano *(der)* Inder/Inderin, -nen
indiano indisch *(adj.)*
indústria *(die)* Industrie, -n
infelizmente leider
informação *(die)* Auskunft, -künfte
Inglaterra *(das)* England
inglês *(der)* Engländer/Engländerin, -nen
inglês englisch *(adj.)*
iniciar *an*fangen
inquilino *(der)* Mieter
instrumento *(das)* Werkzeug, -e
inteiro gesamt
inteligente klug; intelligent
interessado interessiert
interessante interessant; unterhaltend
intérprete *(der)* Dolmetscher
inútil nutzlos
inverno *(der)* Winter
ir gehen
Irlanda *(das)* Irland
irlandês *(der)* Ire, -n/Irin, -nen
irlandês irisch *(adj.)*
irmão *(der)* Bruder, Brüder/ Schwester, -n
irritado ärgerlich
irritar ärgern
Israel *(das)* Israel
israelense *(der)* Israelit, -en/Israelitin, -nen
Itália *(das)* Italien
italiano italienisch *(adj.)*
italiano *(der)* Italiener/ Italienerin, -nen

J

já schon
janeiro *(der)* Januar
janela *(das)* Fenster
jantar *(das)* Abendessen
Japão *(das)* Japan
japonês japanisch *(adj.)*

japonês *(der)* Japaner/Japanerin, -nen
jaqueta *(die)* Jacke, -n
jardim *(der)* Garten, Gärten
joelho *(das)* Knie
jogar spielen
jogo *(das)* Spiel, -e
jóia *(der)* Schmuck
jornal *(die)* Zeitung, -en
jovem *(der)* Junge, -n; *(der)* Knabe, -n
jovem jung
judeu *(der)* Jude/Jüdin, -nen
judeu jüdisch *(adj.)*
julho *(der)* Juli
junho *(der)* Juni
juntar sammeln
junto de vorbei
junto zusammen
justamente genau; richtig
justo richtig
juventude *(die)* Jugend

L

lã *(die)* Wolle
lá dort
lá adiante dort drüben
lábio *(die)* Lippe, -n
lado *(die)* Seite, -n
ladrão *(der)* Dieb, -e
lago *(der)* See, -n
lagosta *(der)* Hummer
lama *(der)* Schlamm
lâmina de barbear *(die)* Rasierklinge, -n
lápis *(der)* Bleistift, -e
lar *(das)* Haus, Häuser

laranja *(die)* Apfelsine, -n; *(die)* Orange, -n
lastimar bedauern
lata *(die)* Büchse, -n
lavar waschen
lavrador *(der)* Bauer/Bäuerin, -nen
leão *(der)* Löwe, -n
legumes *(das)* Gemüse
leite *(die)* Milch
lembranças a Grüße an...
lenço *(das)* Taschentuch, -tücher
lençol *(das)* Laken, -; (das) Bettuch, -tücher
ler lesen
leste Osten
letra *(do alfabeto) (der)* Buchstabe, -n
letra *(caligrafia) (die)* Schrift, -en
levantar *(içar) auf*heben
levantar-se *auf*stehen
levar junto *mit*nehmen
leve leicht
liberdade *(die)* Freiheit, -en
libra *(das)* Pfund, -e
limão *(die)* Zitrone, -n
limite *(die)* Grenze, -n
limpar putzen; reinigen; säubern
limpo rein
língua *(idioma) (die)* Sprache, -n
língua *(die)* Zunge, -n
lingüiça *(die)* Wurst, Würste
linha *(fio) (der)* Faden, Fäden
linho *(das)* Leinen
lista *(die)* Liste, -n
livraria *(die)* Buchhandlung, -en; *(die)* Bücherstube, -en
livre frei
livro *(das)* Buch, Bücher
lobo *(der)* Wolf, Wölfe

logo bald
loiro blond
loja de departamentos *(das)* Kaufhaus, -häuser
loja *(der)* Laden, Läden
longe weit
louco verrückt
lua *(der)* Mond, -e
luar *(der)* Mondschein
lucro *(der)* Profit, -e
lutar kämpfen
luxo *(der)* Luxus
luxurioso üppig
luz *(das)* Licht, -er

M

maçã *(der)* Apfel, Äpfel
macaco *(der)* Affe, -n
macho männlich
machucar verletzen
macio weich
madame *(die)* gnädige Frau
madeira *(das)* Holz, Hölzer
mãe *(die)* Mutter, Mütter
mágoa *(der)* Schmerz, -en
maiô *(der)* Badeanzug, -anzüge
maio *(der)* Mai
maioria *(die)* Mehrzahl
mais alto höher
mais tarde später
mais uma vez noch einmal
mais mehr
mais ou menos mehr oder weniger
mais que mehr als
major *(der)* Major, -e
mal-entendido *(das)* Miβverständnis, -se

mala *(der)* Koffer
maluco verrückt
mancha *(der)* Fleck, -en
maneira *(die)* Art, -en
manhã *(der)* Morgen
manso zahm
manteiga *(die)* Butter
manter behalten
mão *(die)* Hand, Hände
mapa *(die)* Karte, -n
máquina de escrever *(die)* Schreibmaschine, -n
máquina *(die)* Maschine, -n
mar *(die)* See, -n; *(das)* Meer, -e
maravilhoso wunderbar
março *(der)* März
marido *(der)* Mann, Männer; *(der)* Ehemann, -männer
marinha *(die)* Marine; *(die)* Flotte, -n
marinheiro *(der)* Seemann, Seeleute
marrom braun
mas aber
matar töten
me mich
mecânico *(der)* Mechaniker
média *(der)* Durchschnitt
medicina *(die)* Medizin
médico *(der)* Arzt, Ärzte/Ärztin, -nen
mediterrâneo *(das)* Mittelmeer
medo *(die)* Angst, Ängste
meia soquete *(die)* Socke, -n
meia *(der)* Strumpf, Strümpfe
meia-noite *(die)* Mitternacht
meio quilo *(das)* Pfund, -e
meio *(die)* Mitte, -n
meio-dia *(der)* Mittag
meio halb

melhor *(das)* Beste
melhor *(comp.)* besser
membro *(sócio) (das)* Mitglied, -er
menos weniger
mensagem *(die)* Mitteilung, -en
mentir lügen
mentira *(die)* Lüge, -n
mentiroso *(der)* Lügner/Lügnerin, -nen
menu *(die)* Speisekarte, -n
mercado *(der)* Markt, Märkte
merecer verdienen
mês *(der)* Monat, -e
mesa *(der)* Tisch, -e
mesmo sogar
metal *(das)* Metall, -e
metrô *(die)* Untergrundbahn, -en *(abrev. U-bahn)*
meu mein, -e
mexicano *(der)* Mexikaner/Mexikanerin, -nen
México *(das)* Mexico
mil *(das)* Tausend, -e
milha *(die)* Meile, -n
milhão *(die)* Million, -en
milho *(der)* Mais
milionário *(der)* Milionär, -e/Milionärin, -nen
ministro *(religioso) (der)* Geistliche, -n
minuto *(die)* Minute, -n
mistério *(das)* Geheimnis, -se
mistura *(die)* Mischung, -en
misturar mischen
moça *(das)* Mädchen
modelo *(das)* Muster
moderno modern
modesto bescheiden
modo *(die)* Art, -en

moeda *(die)* Münze, -n
molhado naβ
molho *(die)* Soβe, -n
momento *(der)* Augenblick, -e
montanha *(der)* Berg, -e
monumento *(das)* Denkmal, -mäler
morto tot
mostarda *(der)* Senf
mostrar zeigen
motivo *(der)* Grund, Gründe
motocicleta *(das)* Motorrad, -räder
motor *(der)* Motor, -en
motorista *(der)* Fahrer/Fahrerin, -nen
móvel *(die)* Möbel
mover bewegen
mudar *um*ziehen
muito sehr; viel
muitos viele
mulher *(die)* Frau, -en
multidão *(die)* Menge
mundo *(die)* Welt, -en
músculo *(der)* Muskel, -n
museu *(das)* Museum, Museen
música *(die)* Musik
músico *(der)* Musiker/Musikerin, -nen

N

nacionalidade *(die)* Nationalität, -en
Nações Unidas *(die)* Vereinigten Nationen
nada mais sonst nichts
nada nichts
nadar schwimmen

namorado *(der)* Freund, -e/Freundin, -nen
não tem importância Macht nichts!
não *(neg. verbo)* nicht
não nein
narcótico *(das)* Betäubungsmittel; *(das)* Rauschmittel
nariz *(die)* Nase, -n
nascer geboren *(geboren)*
naturalmente natürlich
navio *(das)* Schiff, -e
necessário notwendig; nötig
negociante *(das)* Geschäftsmann; Geschäftsleute
negócio *(das)* Geschäft, -e; *(die)* Beschäftigung, -en
nem...nem weder...noch
nervo *(der)* Nerv, -en
nervoso nervös
neve *(der)* Schnee
ninguém niemand
no entanto doch
noite *(der)* Abend, -; *(die)* Nacht, Nächte
noivo *(der)* Bräutigam, -e/Braut, Bräute
nome *(der)* Name, -n
nono *(der, die, das)* neunte
nordeste *(der)* Nordosten
norte *(der)* Norden
Noruega *(das)* Norwegen
norueguês norwegisch *(adj.)*
nos *(a nós)* uns
nós wir
nosso unser
notar bemerken; beobachten
notícias *(die)* Nachrichten
novamente wieder
nove neun

novembro *(der)* November
noventa neunzig
novo neu
número *(die)* Nummer, -n
nunca nie: niemals
nuvem *(die)* Wolke, -n

O

o mesmo derselbe, dasselbe
o que é isso? Was ist das?
o quê? was?
o *(art.)* der *(masc.)*, das *(neutro)*
obedecer gehorchen
objeto *(die)* Sache
obrigado danke
obrigar zwingen; verpflichten
oceano *(der)* Ozean, -e; *(das)* Meer, -e
óculos *(die)* Brille, -n
ocupar besetzen *(bezetzt)*
ocupar-se sich beschäftigen
oeste *(der)* Westen
oferecer anbieten
oficial *(der)* Offizier, -e
oitavo *(der, die, das)* achte
oitenta achtzig
oito acht
óleo *(das)* öl, -e
olhar para *an*sehen
olho *(das)* Auge, -e
ombro *(die)* Schulter, -n
omelete *(das)* Omelett, -e, -s
onde? wo
onde mais? wo anders?
ônibus *(der)* Bus, -se
ontem gestern
onze elf

ópera *(die)* Oper, -n
operação *(die)* Operation, -en
opinião *(die)* Meinung, -en
oportunidade *(die)* Gelegenheit, -en
opulento üppig
orar beten
ordem *(der)* Befehl, -e
ordenado *(salário)* *(das)* Gehalt, Gehälter
ordenar bestellen; befehlen
orelha *(das)* Ohr, -er
órfão *(das)* Waisenkind, -er
organizar anordnen
orgulhoso stolz
originalmente ursprünglich
orquestra *(das)* Orchester
ostra *(die)* Auster, -n
ou oder
ou...ou entweder...oder
ouro *(das)* Gold
outono *(der)* Herbst, -e
outro anderer
outrora früher; einmal
outubro *(der)* Oktober
ouvido *(das)* Ohr, -en
ouvir hören (gehört); *zu*hören
ovelha *(das)* Schaf, -e
ovo *(das)* Ei, -er
oxigênio *(der)* Sauerstoff

P

pacote *(das)* Päckchen
padaria *(die)* Bäckerei, -en
pagar zahlen; bezahlen
página *(die)* Seite, -n
pai *(der)* Vater, Väter
pais *(die)* Eltern
país *(das)* Land, Länder
paisagem *(die)* Landschaft, -en
palácio *(das)* Schloß, Schlösser
palavra *(das)* Wort, Wörtet
panela *(der)* Topf, Töpfe
pão *(das)* Brot, -e
papa *(der)* Papst, Päpste
papel *(das)* Papier, -e
panorama *(die)* Aussicht, -en
par *(das)* Paar, -e
para cima hinauf
para trás rückwärts
para *(direção)* zu, zum, zur
para für
parabéns *(die)* Glückwünsche
parada *(die)* Parade, -n
parceiro *(der)* Partner/Partnerin, -nen
pare! Halt!
parecer scheinen
parecido ähnlich
parede *(die)* Wand, Wände
parentes *(die)* Verwandten
parque *(der)* Park, -s
parte *(der)* Teil, -e
partido *(die)* Partei, -en
passado *(die)* Vergangenheit, -en
passageiro *(der)* Fahrgast, -gäste; (der) Passagier, -e
passagem *(de ônibus, etc.)* *(die)* Fahrkarte, -n
passaporte *(der)* Paß, Pässe
passar *(o tempo)* verbringen
passar roupa bügeln
passar *vorbei*gehen
pássaro *(der)* Vogel, Vögel
passear spazieren gehen
passear a pé *spazieren*gehen
pasta de dente *(die)* Zahnpasta

pasta de documentos *(die)* Aktentasche, -n
pato *(die)* Ente, -n
paz *(die)* Friede, -n
pé *(der)* Fuβ, Füβe
peça *(de teatro)* *(das)* Schauspiel, -e; *(das)* Theaterstück, -e
peça *(das)* Stück, -e
pedestre *(der)* Fuβgänger/Fuβgängerin, -nen
pedir bestellen; befehlen
pedra *(der)* Stein, -e
peito *(die)* Brust, Brüste
peixe *(der)* Fisch, -e
pele *(die)* Haut, Häute
pêlo *(der)* Pelz, -e
pena *(de ave)* *(die)* Feder, -n
pensão *(die)* Pension, -en
pensar denken
pente *(der)* Kamm, Kämme
pequeno Klein; Kurz
Perdão! Entschuldigung!
perder *(um trem)* verpassen
perder verlieren *(verloren)*
perfeito vollkommen
perfume *(das)* Parfüm, -e
pergunta *(die)* Frage, -n
perguntar fragen
perguntar-se sich fragen
perigo *(die)* Gefahr, -en
perigoso gefährlich
permanecer bleiben
permanente dauernd
permitir gestatten; erlauben
permita-nos...! Lassen Sie uns...! Laβt uns...!
perna *(das)* Bein, -e
personalidade *(die)* Persönlichkeit, -en

persuadir überreden
pertencer gehören
perto de bei; an; neben
perto nahe
perturbar stören
pesado schwer
pesar wiegen
pescar fischen; angeln
pescoço *(der)* Nacken
peso bruto brutto
peso líquido netto
peso *(das)* Gewicht, -e
pesquisa *(die)* Erkundigung, -en; *(die)* Anfrage, -en
pessoa *(die)* Person, -en
pessoas *(die)* Leute
piada *(der)* Witz, -e
piano *(das)* Klavier, -e
pijama *(der)* Pyjama, -s
pílula *(die)* Pille, -n
pimenta *(der)* Pfeffer
pintar malen
pintura *(das)* Gemälde
pior schlimmer
piscina *(das)* Schwimmbad, -bäder; *(das)* Schwimmbecken
pistola *(die)* Pistole, -n
planeta *(der)* Planet, -en
plano *(der)* Plan, Pläne
planta *(vegetal)* *(die)* Pflanze, -n
plástico plastisch
pneu *(der)* Reifen
pobre arm
poder *(die)* Macht, Mächte
poder Können
poderoso mächtig
poema *(das)* Gedicht, -e
polícia *(die)* Polizei

policial *(der)* Polizist, -en/Polizistin, -nen
polido höflich
polonês *(der)* Pole, -n/Polin, -nen
polonês polnisch *(adj.)*
Polônia *(das)* Polen
ponte *(die)* Brücke, -n
ponto de ônibus *(die)* Bushaltestelle, -n
pontualmente pünktlich
popular beliebt
pôr em pé *auf*stellen
por favor! Bitte!
por fim zuletzt
por que não? Warum nicht?
por quê? warum?
porão *(der)* Keller
porcentagem *(das)* Prozent, -e
porco *(das)* Schwein, -e
porque weil
porta *(die)* Tür, -en
porta-níquel *(der)* Geldbeutel; *(das)* Portemonnaie, -s
portão *(das)* Tor, -e
Portugal *(das)* Portugal
positivamente bestimmt
positivo bestimmt
posse *(der)* Besitz, -e
possível möglich
posso Ich Kann
posso? Darf ich?
possuir besitzen; haben
posto de gasolina *(die)* Tankstelle, -n
pouco wenig, wenige
praça *(der)* Platz, Plätze
praia *(der)* Strand, Strände
prata *(das)* Silber
praticar üben

prático praktisch
prato *(der)* Teller
prazer *(das)* Vergnügen
precioso kostbar
precisamente gerade
precisar müssen; brauchen
preço *(der)* Preis, -e
prédio *(das)* Gebäude
preferir *vor*ziehen
preguiçoso faul
preocupação *(die)* Sorge, -n
preocupado besorgt
preparar vorbereiten
presente *(tempo)* *(die)* Gegenwart
presente *(das)* Geschenk, -e
presidente *(der)* Präsident, -en
pressa *(die)* Eile
prestar atenção *auf*passen
preto schwarz
prevenir verhindern
primavera *(der)* Frühling, -e
primeiramente zuerst
primeiro *(der, die, das)* erste
primo *(der)* Vetter, -n/Kusine, -n
principal *(prefixo)* Haupt-
príncipe *(der)* Prinz, -en/Prinzessin, -nen
principiar *an*fangen
prisão *(das)* Gefängnis, -se
prisioneiro *(der)* Gefangene, -n
privado privat
problema *(das)* Problem, -e
procurar suchen
produção *(die)* Produktion; *(die)* Herstellung
produto líquido *(der)* Reingewinn, -e
produzir produzieren; *her*stellen
professor *(der)* Lehrer/Lehrerin, -nen; *(der)* Professor, -en

profissão *(der)* Beruf, -e
profundo tief
programa *(das)* Programm, -e
progressivo progressiv
proibir verbieten *(verboten)*
promessa *(das)* Versprechen
prometer versprechen
pronto bereit; fertig
pronúncia *(die)* Aussprache, -n
pronunciar *aus*sprechen
propaganda *(política) (die)* Propaganda
propaganda *(die)* Publizität; *(die)* Werbung
prosperidade *(der)* Wohlstand
proteção *(der)* Schutz
proteger schützen
protestante protestant; protestantisch
protestar protestieren
prova *(der)* Beweis, -e
provar *(o sabor)* schmecken
provar beweisen
provavelmente wahrscheinlich
proximidade *(die)* Nähe
próximo *(perto)* nahe
próximo *(seguinte)* nächst
prudente weise; klug
psiquiatra *(der)* Psychiater
publicidade *(die)* Publizität; *(die)* Werbung
público öffentlich
pulmão *(die)* Lunge, -n
pulôver *(der)* Sweater; *(der)* Pullover; *(der)* Pulli
pulseira *(das)* Armband, -bänder
pulso *(das)* Handgelenk, -e
puro rein
puxar ziehen

Q

quadro *(das)* Bild, -er
qual o problema? Was ist los?
qual welcher, welche, welches
qualidade *(die)* Qualität, -en
qualquer coisa irgend etwas
quando als; wenn
quando? wann?
quantia *(der)* Betrag, -träge
quantidade *(die)* Menge, -n
quarenta vierzig
quarta-feira *(der)* Mittwoch
quarto *(ordinal) (der, die, das)* vierte
quarto *(dormitório) (das)* Schlafzimmer
quase beinahe; fast
quase sempre meistens
quatorze vierzehn
quatro vier
que *(conj.)* daβ
quebrar brechen *(gebrochen)*
queda *(der)* Sturz, Stürze
queijo *(der)* Käse
queimar brennen; verbrennen
quem? wer?
quem mais? wer sonst?
quente heiβ; warm
querer wollen
querido lieb *(adj.)*
quieto ruhig; still
quinta-feira *(der)* Donnerstag, -e
quinto *(der, die, das)* fünft
quinze fünfzehn

R

rabo *(der)* Schwanz, Schwänze
raça *(die)* Rasse, -n

rádio *(das)* Radio, -s
raio x *(der)* Röntgenstrahlen
rápido rasch; schnell
raposa *(der)* Fuchs, Füchse
raramente selten
raro selten
rasgar reißen
ratazana *(die)* Ratte, -n
rato *(die)* Maus, Mäuse
razão *(der)* Grund, Gründe
realmente wirklich
receber bekommen; erhalten
receita *(dinheiro)* *(das)* Einkommen
receita *(das)* Rezept, -e
recente frisch
recentemente Kürzlich
recibo *(die)* Quittung, -en
recomendar empfehlen
recompensa *(die)* Belohnung, -en
reconhecer erkennen
recordar-se sich erinnern
recusar *ab*schlagen; verweigern
rede *(das)* Netz, -e
reembolsar *zurück*zahlen; *zurück*erstatten
refeição *(das)* Essen
regular regelrecht *(adj.)*
rei *(der)* König, -e/Königin, -en
relatório *(der)* Bericht, -e
religião *(die)* Religion, -en
relógio *(die)* Uhr, -en
remédio *(die)* Arznei
remeter schicken
rendimento *(das)* Einkommen, -
repartição *(die)* Abteilung, -en
repentinamente plötzlich
repetir widerholen
repita, por favor! Wiederholen Sie, bitte!
representação *(die)* Vorstellung, -en
representante *(der)* Repräsentant, -en/Repräsentantin, -nen; *(der)* Vertreter/Vertreterin, -nen
representar repräsentieren, vertreten
resgatar retten
respirar atmen
responder antworten
responsável verantwortlich
resposta *(die)* Antwort, -en
restaurante *(das)* Restaurant, -s; *(das)* Wirtshaus, -häuser
restituir *zurück*zahlen; *zurück*erstatten
resto *(der)* Rest; *(der)* Überrest; *(das)* Übrige
retornar *(devolver)* *wieder*geben
retornar *zurück*kommen; *zurück*gehen; *um*kehren
retrato *(das)* Porträt, -s
revista *(die)* Illustrierte, -n
revolta *(der)* Aufruhr, -e
revolução *(die)* Revolution, -en
rico reich
ridículo komisch
rígido hart
rio *(der)* Fluß, Flüsse
rir lachen
risco *(das)* Risiko, -s
roda *(das)* Rad, Räder
romance *(der)* Roman, -e
rosto *(das)* Gesicht, -er
rota *(der)* Weg, -e
roubar stehlen
roupa de baixo *(die)* Unterwäsche
roupa para lavar *(die)* Wäsche
roupas *(die)* Kleider
rua *(die)* Straße, -n

rua de mão única *(die)* Einbahnstraße, -n
ruim schlecht
Rússia *(das)* Rußland
russo russisch *(adj.)*
russo *(der)* Russe, -n/Russin, -nen

S

sábado *(der)* Sonnabend; *(der)* Samstag
sabão *(die)* Seife, -n
saber wissen *(gewußt)*
sábio weise; klug
sabonete *(die)* Seife, -n
saborear genießen *(genossen)*
saca-rolhas *(der)* Korkenzieher
sacerdote *(der)* Priester
saia *(der)* Rock, Röcke
saída *(der)* Ausgang, -gänge
sal *(das)* Salz
sala de estar *(das)* Wohnzimmer
sala de jantar *(das)* Speisezimmer; *(das)* Eßzimmer
salada *(der)* Salat, -e
salão de beleza *(der)* Schönheitssalon, -s
salário *(der)* Lohn, Löhne
salsicha *(die)* Wurst, Würste
sanduíche *(das)* Butterbrot, -e
sangue *(das)* Blut
santo *(der)* Heilige, -n/Heilige, -n
sapato *(der)* Schuh, -e
satisfeito sehr erfreut
saudar grüßen
saúde *(die)* Gesundheit
seção *(die)* Abteilung, -en

secretário *(der)* Sekretär, -e/Sekretärin, -nen
século *(das)* Jahrhundert, -e
seda *(die)* Seide
sedento durstig
segredo *(das)* Geheimnis, -se
seguir adiante weitergehen
siga adiante! Gehen Sie weiter!
segunda-feira *(der)* Montag, -e
segundo *(der, die, das)* zweite
seguramente sicherlich
segurar halten
seguro sicher
seio *(die)* Brust, Brüste
seis sechs
selo *(die)* Briefmarke, -n
selvagem wild
sem dúvida sicher
sem ohne
semana *(die)* Woche, -n
sempre immer; je; stets
senha da bagagem *(der)* Gepäckschein, -e
senhor *(der)* Herr, -en
senhora *(die)* Dame, -n
senhorita *(das)* Fräulein
sentar *(estar sentado)* sitzen
sentar-se sich setzen
sentir falta vermissen
sentir fühlen
sinto muito! Es tut mir leid!
separar trennen *(getrennt)*
ser, estar sein *(gewesen)*
série *(die)* Serie, -n
serviçal *(der)* Diener/*(das)* Dienstmädchen
serviço de quarto *(die)* Zimmerbedienung

serviço *(der)* Dienst, -e
sessenta sechzig
sete sieben
setembro *(der)* September
setenta siebzig
sétimo *(der, die, das)* Siebte
seu sein
sexta-feira *(der)* Freitag
sexto *(der, die, das)* sechste
significar meinen, bedeuten
silêncio *(die)* Ruhe; *(das)* Schweigen
silencioso ruhig
sim ja
similar ähnlich
simpático nett
simples einfach
sinal *(das)* Zeichen
sincero aufrichtig
sinfonia *(die)* Symphonie, -n
sintoma *(das)* Symptom, -e
sistema *(das)* System, -e
só *(apenas)* nur
só *(sozinho)* allein
sob unter
sobre *(a respeito de)* über
sobre *(em cima de)* über
sobrinho *(der)* Neffe, -n/Nichte, -n
socorrer helfen
socorro! Hilfe!
sofá *(das)* Sofa, -s
sofrer leiden
sogro *(der)* Schwiegervater, -väter/Schwiegermutter, -mütter
sol *(die)* Sonne
soldado *(der)* Soldat, -en
solo *(der)* Boden, Böden
solteirão alter Junggeselle
solteiro *(der)* Junggeselle, -n

solto locker; los
sombra *(der)* Schatten
sonhar träumen
sonho *(der)* Traum, Träume
sopa *(die)* Suppe, -n
sorte *(das)* Glück
sortimento *(die)* Auswahl
sorvete *(die)* Eiscreme
souvenir *(das)* Andenken
sozinho allein
suave sanft
subir *ein*steigen
submarino *(das)* Unterseeboot, -e
subúrbio *(der)* Vorort, -e
sucesso *(der)* Erfolg, -e
suco *(der)* Saft, Säfte
suco de laranja *(der)* Orangensaft, -säfte
suficiente genug
sugerir *vor*schlagen
sugestão *(der)* Vorschlag, Vorschläge
Suíça *(die)* Schweiz
suíço schweizerisch *(adj.)*
suíço *(der)* Schweizer/Schweizerin, -nen
sujo schmutzig
sul *(der)* Süden
surpresa *(die)* Überraschung, -en
sutiã *(der)* Büstenhalter

T

tabaco *(der)* Tabak, -e
tal solch
talento *(das)* Talent, -e
talentoso begabt
talvez vielleicht

335

tamanho *(die)* Größe, -n
também auch
tanto quanto... soviel...
tapete *(der)* Teppich, -e
taquígrafo *(der)* Stenograph, -en/Stenographin, -nen
tarde *(der)* Nachmittag, -e
tarifa *(der)* Farhrpreis, -e
taxa *(die)* Taxe, -n
táxi *(das)* Taxi, -s
tcheco *(der)* Tscheche, -n/Tschechin, -nen
Tchecoslováquia *(die)* Tschechoslowakei
teatro *(das)* Theater
telefonar anrufen
telefone *(das)* Telefon, -e
telegrama *(das)* Telegramm, -e
televisão *(das)* Fernsehen
telhado *(das)* Dach, Dächer
temer sich fürchten; Angst haben
temperatura *(die)* Temperatur, -en
tempestade *(der)* Sturm, Stürme
tempo *(clima)* *(das)* Wetter
tempo *(die)* Zeit, -en
temporário vorübergehend
tenente *(der)* Leutnant,
tênis *(das)* Tennis
tenro zart
tentar versuchen
ter haben (gehabt)
terça-feira *(der)* Dienstag
terceiro *(der, die, das)* dritte
terminar beenden *(transitivo)*; enden *(intrans.)*
terno *(der)* Anzug, Anzüge
terra *(die)* Erde
terraço *(die)* Terrasse, -n
terrível furchtbar

tesoura *(die)* Schere, -n
tesouro *(der)* Schatz; Schätze
testar prüfen
testemunha *(der)* Zeuge, -n/Zeugin, -nen
teu, seu dein
tigre (der) Tiger
time *(die)* Mannschaft, -en
tímido scheu
tio *(der)* Onkel/Tante, -n
típico typisch
tipo *(die)* Art, -en
tirar wegnehmen
toalete *(die)* Toilette, -n
toalha *(das)* Tuch, Tücher
toalha de banho *(das)* Badetuch, -tücher
toalha de mão *(das)* Handtuch, -tücher
toalha de mesa *(das)* Tischtuch, -tücher
tocar berühren
tocar *(instrumento)* spielen
todo ganz
todos alle
tolo albern
tomar nehmen
tomara! hoffentlich!
tomar café da manhã frühstücken
tomate *(die)* Tomate, -n
tonto schwindlig
tornozelo *(der)* Knöchel, -
torrada *(der)* Toast, -e/-s
torre *(der)* Turm, Türme
tossir husten
total *(der)* Gesamtbetrag, -beträge
trabalhar arbeiten
trabalho *(die)* Arbeit, -en; *(die)* Stelle, -n
tradução *(die)* Übersetzung, -en

tradutor *(die)* Übersetzer/Übersetzerin, -nen
traduzir übersetzen
tragédia *(die)* Tragödie, -n
trágico *tragisch*
trajeto *(der)* Weg, -e
trânsito *(der)* Verkehr
transporte *(der)* Transport, -e
travessa *(para alimentos)* *(die)* Schale, -n; *(die)* Schüssel, -n
travessa *(rua transversal)* *(die)* Querstraβe, -n
travesso *wild*
travesseiro *(das)* Kissen
trazer bringen; *her*bringen; *mit*bringen
trem *(der)* Zug, Züge
três drei
treze dreizehn
trinta dreiβig
triste traurig
trocar ändern
trocar *(dinheiro)* *um*tauschen; *aus*wechseln
troco *(das)* Trinkgeld, -er
trovão *(der)* Donner
tu, você du
tubarão *(der)* Haifisch, -e
tudo alles
túmulo *(die)* Grabstätte, -n; *(das)* Grab, Gräber
turco *(der)* Türke, -n/Türkin, -nen
turco türkisch *(adj.)*
turista *(der)* Tourist, -en/Touristin, -nen
Turquia *(die)* Türkei

U

um *(art.)* ein
um *(num.)* eins
um pouco *ein biβchen*
uma eine
uniforme *(die)* Uniform, -en
universidade *(die)* Universität, -en
urgente dringend
urso *(der)* Bär, -en
usar *(roupas)* tragen
usualmente gewöhnlich
útil nützlich
utilizar gebrauchen
uva *(die)* Weintraube, -n

V

vaca *(die)* Kuh, Kühe
vacinação *(die)* Schutzimpfung, -en
vagaroso langsam
vago frei
vale *(geografia)* *(das)* Tal, Täler
valente tapfer
valioso wertvoll
valor *(der)* Wert, -e
variedade *(die)* Abwechslung, -en
vários mehrere
vassoura *(der)* Besen
vazio leer
vela *(de embarcação)* *(das)* Segel
velho alt
vencer gewinnen
venda *(der)* Verkauf, -käufe; *(der)* Ausverkauf, -käufe
vendedor *(der)* Verkäufer/Verkäuferin, -nen
vender verkaufen

veneno *(das)* Gift, -e
venenoso giftig
venha junto Komm mit! Komm weiter
vento *(der)* Wind, -e
ver *sehen*
verão *(der)* Sommer,
verbo *(das)* Zeitwort, Zeitwörter
verdade *(die)* Wahrheit, -en
verdadeiro wahr
verde grün
vermelho rot
veste *(die)* Weste, -n
vestido *(das)* Kleid, -er
vestir anlegen; anziehen
vestuário *(die)* Garderobe, -n
via aérea *(die)* Luftpost
viagem *(curta)* *(die)* Fahrt, -en
viagem *(longa)* *(die)* Reise, -n
viajante *(der)* Reisende, -n
viajar fahren; reisen
vida *(das)* Leben
vila *(das)* Dorf, Dörfer
vinagre *(der)* Essig
vinhedo *(der)* Weinberg, -e
vinho *(der)* Wein, -e
vinte zwanzig
violão *(die)* Gitarre, -n
violência *(die)* Gewalt
vir kommen
virar umdrehen
visão *(das)* Augenlicht
visita *(der)* Besuch, -e
visitar besuchen

vista *(die)* Aussicht, -en
visto *(das)* Visum, Visa
vitória *(der)* Sieg, -e
viúvo *(der)* Witwer/Witwe, -n
viver leben
vizinho *(der)* Nachbar, -n/Nachbarin, -nen
voar fliegen
você *(formal)* Sie; *(informal)* du
voltar *zurück*kommen; *zurück*gehen; *um*kehren
vôo *(der)* Flug, Flüge
vosso, seu *(formal)* Ihr
voto *(die)* Stimme, -n
voz *(die)* Stimme, -n
vulgar ordinär; vulgär

X

xale *(der)* Schal, -s
xampu *(das)* Shampoo, -s
xícara *(die)* Tasse, -n

Z

zangado ärgerlich
zero *(die)* Null
zíper *(der)* Reiβverschluβ; -verschlüsse
zona *(die)* Zone, -n
zoológico *(der)* Zoo, -s